LOGIAS MILITARES

Robert Freke Gould

LOGIAS MILITARES

El mandil y la espada
o la masonería bajo las armas

SERIE AZUL
[TEXTOS HISTÓRICOS Y CLÁSICOS]

60 08
MASONICA
Ediciones del Arte Real

Logias militares
(El mandil y la espada o la masonería bajo las armas)
ROBERT FREKE GOULD

Título original:
Military Lodges
(The Apron and The Sword, or Freemasonry under Arms)

Traducción:
Ildefonso Muñiz Torres

Imagen de cubierta:
Funeral militar
(Boston Public Library)

Diseño y maquetación:
EЯA | ALTA RESOLUCIÓN EDITORIAL

MASONICA®
www.masonica.es
SERIE AZUL (Textos históricos y clásicos)

ENTREACACIAS, SL
[Sociedad Editora]
Covadonga, 8
33002 Oviedo - Asturias (España)
info@masonica.es

Primera edición: mayo, 2026

ISBN: 979-13-88300-06-6
Depósito Legal: AS 00042-2026

«Las asperezas que caracterizaron a los distintos sistemas masónicos nunca encontraron cabida en las logias del ejército. Allí donde los miembros de los servicios de mar o tierra estaban destinados, en medio de la contienda o el cautiverio, la masonería siempre florecía».

Robert Freke Gould

PRESENTACIÓN DE LA OBRA

por Ildefonso Muñiz Torres

La fraternidad bajo el acero: la epopeya de las logias militares

La publicación por primera vez en lengua española de *Logias militares* (*Military Lodges: The Apron and the Sword or Freemasonry under Arms,* 1899) representa un valioso hito para la historiografía contemporánea y, muy especialmente, para el estudio sociológico de las instituciones fraternales europeas. Robert Freke Gould (1836-1915), su autor, supera con mucho la imagen de anticuario confinado entre las polvorientas paredes de una biblioteca, pues fue un hombre de acción que encarnó a la perfección la dualidad de la que trata su obra. Abogado de profesión y soldado por vocación, Gould sirvió como oficial en el ejército británico durante campañas decisivas en China, la India, Gibraltar y el Cabo de Buena Esperanza. Esta experiencia vital en las trincheras y en los campamentos militares le otorgó una comprensión íntima de la psicología del soldado, de la crudeza del combate y, sobre todo, de la imperiosa necesidad humana de encontrar un refugio de fraternidad y orden en medio del caos de la guerra. Años más tarde, ya retirado de la vida militar, Gould volcaría su formidable intelecto en la investigación, convirtiéndose en uno de los pilares fundamentales de la llamada «escuela auténtica» de la historiografía masónica y en uno de los insignes fundadores de la célebre logia de investigación Quatuor Coronati n.º 2076 de Londres. Con un rigor implacable, Gould despojó a la historia masónica de sus mitos románticos y leyendas infundadas para cimentarla sobre la roca firme de la evidencia documental, los libros de actas y los registros de los regimientos.

El fenómeno que Gould disecciona en esta obra es, sin exageración, el motor principal de la globalización de la francmasonería. Hasta principios del siglo XVIII, la masonería era una institución predominantemente estática, vinculada a las tabernas londinenses y a las logias locales de las Islas Británicas, conformada en su mayoría por burgueses y aristócratas. Sin embargo, en 1732, la Gran Logia de Irlanda introdujo una innovación administrativa que cambiaría el curso de la historia: la emisión de la primera patente «ambulante» o itinerante (el *travelling warrant*). Este documento otorgaba a un grupo de militares el derecho a constituir y celebrar una logia en cualquier parte del mundo adonde su regimiento fuera destinado, transformando el arca masónica, con sus herramientas y registros, en un elemento más del equipaje militar. A través de este mecanismo, las logias militares británicas, irlandesas y escocesas se convirtieron en las auténticas sembradoras del Oficio a nivel mundial. Fueron estos soldados quienes, al ser desplazados por los imperativos geopolíticos del Imperio británico, llevaron la escuadra y el compás a las costas de Norteamérica, a las vastas llanuras de la India, a las selvas de Australasia, a Sudáfrica y a las islas del Caribe, fundando las primeras logias civiles en territorios donde la institución era hasta entonces una absoluta desconocida.

Lo que dota a esta obra de una profundidad extraordinaria es su minucioso análisis de las dinámicas sociales dentro de los propios regimientos. Gould nos revela una paradoja fascinante: en una de las instituciones más jerárquicas y estratificadas del mundo, como era el ejército británico de los siglos XVIII y XIX, la logia militar funcionaba como un espacio de insólito igualitarismo. Dentro del cuarto de banderas o de la tienda de campaña erigida como templo, las distinciones de rango militar quedaban momentáneamente suspendidas. El autor demuestra, con el respaldo de numerosas actas, que en la inmensa mayoría de los casos estas logias no fueron fundadas por la oficialidad, sino por el celo y la dedicación de la tropa y los suboficiales (los *rank and file*). Era frecuente que un sargento o un cabo ocupara la silla del Venerable Maestro, dirigiendo los trabajos y confiriendo los grados a oficiales de alto rango, coroneles e incluso generales, quienes se sometían dócilmente a la autoridad masónica de sus subordinados militares. Sin embargo, este igualitarismo intramuros no socavaba la disciplina castrense en el exterior; muy al contrario, como subraya Gould, la educación moral, la rectitud y el fuerte sentido del honor que inculcaba la logia elevaban el carácter del soldado, convirtiendo a los hermanos en combatientes más leales y disciplinados.

El libro traza un arco histórico deslumbrante que abarca los grandes conflictos bélicos que rediseñaron el mapa del mundo moderno. Gould nos transporta a la guerra de los Siete Años, detallando la presencia masónica en las históricas batallas de Minden y en la toma de Quebec, donde personajes de la talla de Thomas Dunckerley operaban logias navales a bordo de los buques de guerra. Posteriormente, se adentra en las complejidades de la guerra de la Independencia de los Estados Unidos, un conflicto fratricida donde la masonería jugó un papel humanizador crucial. Es en estos capítulos donde el autor relata episodios asombrosos, fundamentados en cartas y registros reales, como la captura del arca masónica del 46.° de Infantería británico por parte de las tropas independentistas, la cual fue devuelta bajo una guardia de honor por orden expresa del general George Washington; o la famosa misiva del general estadounidense Samuel H. Parsons, quien restituyó la patente capturada a la logia del 17.° regimiento británico recordando que, aunque los intereses de los Estados los obligaran a enfrentarse en el campo de batalla, como masones estaban desarmados de resentimiento y seguían siendo hermanos.

Para el lector de habla hispana, los capítulos dedicados a las guerras napoleónicas, y en particular a la guerra de la Independencia de España (la *Peninsular War*), revisten un interés capital. La Península Ibérica se convirtió en el gran tablero de ajedrez donde las tropas británicas, aliadas con las españolas, se enfrentaron a las fuerzas imperiales francesas. Gould documenta exhaustivamente cómo, en medio de la carnicería de batallas como La Coruña o Vitoria, y en los campamentos de prisioneros de guerra o las ciudades de guarnición, la fraternidad masónica tendió puentes sobre ríos de sangre. El libro recoge testimonios conmovedores de oficiales franceses que, al descubrir emblemas masónicos en el equipaje capturado a regimientos ingleses o irlandeses, ordenaban su devolución inmediata bajo bandera de tregua, así como relatos de soldados rasos que, a punto de perecer o ser abandonados en la retirada, salvaron sus vidas al realizar un signo masónico que fue reconocido por un enemigo convertido instantáneamente en protector y samaritano. El caso del general sir Charles James Napier, salvado y auxiliado en su cautiverio por un hermano francés, ilustra a la perfección el triunfo del lazo místico sobre el odio nacionalista.

Además de la crónica bélica, *Logias militares* es una obra indispensable para comprender las turbulencias internas de la masonería especulativa. El texto aborda de frente el gran cisma inglés entre las Grandes Logias de los «Modernos» (aristocráticos y elitistas) y los «Antiguos» (más pragmáticos y cercanos a las clases trabajadoras e inmigrantes irlandeses). Gould demuestra de forma fehaciente que fueron las logias del ejército las que decantaron la balanza a favor de los «Antiguos». Al otorgar patentes militares con mucha mayor facilidad y permitir que las logias del ejército trabajaran el grado del Arco Real, los «Antiguos» dominaron por completo el panorama castrense, exportando su ritual y su visión de la masonería a todos los rincones del Imperio y asegurando que, en la Gran Unión de 1813, sus prácticas fueran asimiladas como el estándar definitivo.

El ocaso de esta era dorada de la masonería militar también es analizado con rigor analítico. Tras la batalla de Waterloo en 1815 y la instauración de una paz prolongada en

Europa, la reducción drástica de los ejércitos al pasar de un pie de guerra a uno de paz diezmó el número de logias. A esto se sumaron las nuevas políticas restrictivas adoptadas por la Gran Logia Unida de Inglaterra bajo el mandato del duque de Sussex, que prohibieron la iniciación de soldados por debajo del rango de cabo y dificultaron enormemente las operaciones de las logias ambulantes, forzando a muchas a desaparecer o a anclarse permanentemente como logias estacionarias en diversas colonias. No obstante, como el propio Gould concluye, su misión ya había sido cumplida: habían sembrado el mundo de masonería.

Traducir y editar esta obra monumental al español ha supuesto enfrentarse no solo al lenguaje técnico castrense y masónico del siglo XIX, sino también al desafío de trasladar intacta la pasión erudita de un autor que amaba profundamente las dos instituciones a las que dedicó su vida: el ejército y el Oficio. Esta introducción es una invitación abierta a sumergirse en una lectura que desafía los paradigmas convencionales de la historia militar. A través de las páginas de *Logias militares,* Robert Freke Gould nos demuestra de manera irrefutable que, incluso en las horas más oscuras y destructivas de la humanidad, cuando el estruendo de los cañones amenaza con ahogar toda razón, la luz de la fraternidad, custodiada en el modesto arca de un regimiento itinerante, ha sido capaz de preservar intacta la dignidad del espíritu humano.

(portadilla original)

LOGIAS MILITARES
EL MANDIL Y LA ESPADA, O A MASONERÍA BAJO LAS ARMAS;

SIENDO UNA CRÓNICA DE

LAS LOGIAS EN REGIMIENTOS Y BUQUES DE GUERRA,

Y DE LOS

SOLDADOS Y MARINEROS FAMOSOS

(DE TODOS LOS PAÍSES)

QUE HAN PERTENECIDO A LA SOCIEDAD.

JUNTO CON

biografías de ilustres hermanos militares y navales, y anécdotas que muestran la influencia de la masonería en la guerra.

POR

ROBERT FREKE GOULD

ANTIGUO MIEMBRO DEL 31.º REGIMIENTO DE INFANTERÍA
ABOGADO

PASADO GRAN PRIMER DIÁCONO DE INGLATERRA

Pasado Maestro de las logias n.º 92 y 2076 de Londres;

153 de Gibraltar; 570 de Shanghái;

y 743 del 1er Batallón del Regimiento de East Surrey, etc.

Autor de *La historia de la masonería* y otras obras.

GALE & FOLDEN, LTD., 2, AMEN CORNER, PATERNOSTER ROW, E.C.
Y
ALDERSHOT

PREFACIO

«Aprobad, o buscad defectos; haced lo que os plazca: Sea bueno o malo, no es más que la suerte de la guerra». TROILO Y CRÉSIDA

Se ha ofrecido una breve reseña de las logias navales y de campaña en una obra anterior (*Historia de la masonería*, capítulo XXX); y en la actual, el curioso e interesante tema de la «masonería bajo las armas» se ha tratado a mayor escala.

En la preparación de este volumen he recibido la valiosa ayuda de W. H. Rylands, quien ha revisado amablemente las pruebas de imprenta y a cuyo juicioso consejo debo mucho; del teniente general sir Charles Warren; del vicealmirante A. H. Markham; G. W. Speth; W. J. Hughan; John Lane; W. J. Chetwode Crawley; E. Conder; el reverendo C. H. Malden; L. de Malczovich; y C. Kupferschmidt, todos ellos miembros de mi propia logia (Quatuor Coronati n.º 2076).

También debo un agradecimiento especial al almirante de la flota, el honorable sir Henry Keppel; a D. Murray Lyon, Gran Secretario de Escocia; a H. E. Flavelle, Gran Secretario Adjunto de Irlanda; a H. Sadler, subbibliotecario de la Gran Logia de Inglaterra; a G. W. Bain; a William Officer; a D. C. Willis; a F. C. Crossle; a T. J. Mitchell; y al mayor R. H. Murdoch.

En cuanto a los datos alemanes, estoy en gran deuda con el Gran Maestro Carl Wiebe, de Hamburgo; con Mathias Hildebrandt; y con el Dr. W. Begemann.

En el Nuevo Mundo, los amigos que más me han ayudado son E. T. Schultz, historiador de Maryland; los Pasados Grandes Maestros J. H. Graham (Quebec), Sereno D. Nickerson (Massachusetts) y T. S. Parvin (Iowa); y por último, pero no menos importante, el general John Corson Smith (Illinois).

El autor
Woking, 1 de octubre de 1899

CAPÍTULO I

«La historia, en toda época, solo es popular entre unos pocos hombres reflexivos. Era apenas conocida o comprendida en las primeras edades del mundo, pero el lugar de la historia fue ocupado en todas partes por mitos y leyendas». DE GROOT

Según un erudito clérigo del siglo pasado, que es justamente estimado como el padre de la historia masónica, «los francmasones siempre tuvieron un libro en manuscrito llamado el Libro de las Constituciones, que contenía no solo las obligaciones y reglamentos, sino también la historia de la arquitectura desde el principio de los tiempos».

De estas Constituciones Manuscritas aún existen muchas copias antiguas y, como tradición escrita, la Leyenda del Oficio, o Historia del Gremio, es contemporánea a la primera parte del siglo XV.

La Leyenda relata que la masonería (o geometría) tuvo su origen antes del «diluvio de Noé», después de lo cual cobró gran prominencia en la construcción de la Torre de Babel. Nimrod, el poderoso cazador y rey guerrero, era él mismo masón, y en la fundación de la ciudad de Nínive envió a sesenta artesanos para ayudar en su construcción.

El siguiente comandante militar que tomó a los masones bajo su protección fue David, a quien sucedió el «Rey Sabio», que terminó el Templo que su padre había comenzado. En la construcción del Templo del rey Salomón hubo un «hombre curioso» llamado Naymus Graecus, cuyos días fueron ciertamente largos en la tierra, ya que el aventurero griego, habiendo completado sus estudios en Jerusalén, abandonó después Oriente y pasó a Francia, donde enseñó la ciencia de la masonería a Carlos Martel.

El nombre de este patriarca, que algunas autoridades suponen que es una corrupción de «Marcus Graecus», cuyos escritos en el siglo IX (o XIII) revelan el secreto de la fabricación de la pólvora, aparece bajo toda variedad de ortografías en las tradiciones escritas o Constituciones Manuscritas de los francmasones, y siempre está aliado con el de Carlos Martel. Pero el instructor del Portador del Martillo en la tradición masónica debe seguir siendo siempre un personaje muy mítico, y será difícil extender nuestra creencia más allá de la suposición de que alguien experto en el saber griego o judío pudo haber enseñado el arte de la fortificación, de forma rudimentaria, al conquistador en la extraordinaria serie de conflictos obstinados que se denominan colectivamente la batalla de Tours.

Se dice que el primer masón inglés fue san Albano, tras cuya muerte sobrevinieron grandes guerras, de modo que la buena regla de la masonería fue destruida hasta la época del rey Athelstan, quien trajo a la tierra descanso y paz, y construyó muchas grandes obras.

El guerrero más poderoso que jamás se sentó en el trono de la Inglaterra sajona, al igual que el salvador de la cristiandad, Carlos Martel, y otros patronos militares del Oficio de fechas anteriores, amaba mucho a los masones. Pero su hijo Edwin los amaba aún más, y obtuvo para ellos del rey, su padre, una carta o comisión para celebrar cada año una asamblea, y para corregir dentro de sí mismos los defectos y transgresiones que se hicieran en el Oficio. El propio Edwin celebró una asamblea en York, y desde aquel día hasta hoy se han mantenido y observado las costumbres de los masones.

Hasta aquí la historia de la masonería, tal como está registrada en las antiguas Constituciones Manuscritas de hace muchos siglos, y sin mirar demasiado atrás en las brumas de la antigüedad, se pueden asignar ciertas razones por las que a los nombres de aquellos valientes soldados, el intrépido Carlos Martel y nuestro propio «Glorioso Athelstan», se les ha concedido tal prominencia en las tradiciones de los francmasones.

Hacia el año 1260, Étienne Boileau, preboste de París durante el reinado de san Luis, codificó en su *Livre des Métiers* las costumbres de cien gremios de artesanos de esa capital. Entre las reglas para los oficios de la construcción se encontraba la siguiente: «Los fabricantes de mortero están exentos del servicio de guardia, así como todos los canteros desde la época de Carlos Martel, según los prohombres han oído decir, de padre a hijo».

Vemos así que, ya en el siglo XIII, corría por Francia la tradición de que Carlos Martel había concedido favores especiales a los canteros. Por lo tanto, no deja de ser singular que las Constituciones Manuscritas inglesas aludan también de forma tan señalada al conquistador de Tours como un gran patrono y protector de la masonería. Esta comunidad de tradición, que impregnaba las mentes de los masones medievales en la Galia y Britania, es un hecho notable, y confirma la opinión de aquellos escritores que afirman que, a petición de ciertos reyes anglosajones, Carlos Martel envió canteros a Inglaterra.

Con respecto a la tradición británica, la circunstancia de que Athelstan hubiera sido el primer rey de toda Inglaterra, puede considerarse quizá como la fuente más natural de la que cabe suponer que surgió la creencia legendaria en la concesión de una carta real a los masones. Es, además, un hecho bien establecido que el nombre de Athelstan, en virtud de sus leyes y cartas, se convirtió en uno de los favoritos como patrono legendario de los gremios.

Ningún período de la historia anglosajona fue más glorioso ni es menos conocido que el reinado de Athelstan, pero que el gran rey no tuvo hijos, al menos en la línea real, está satisfactoriamente atestiguado por el acuerdo general sobre este punto de los primeros cronistas.

Haríamos bien en recordar, sin embargo, que los principales héroes de los cantares de gesta no son, en general, seres ideales, sino héroes morales, formados por varias personas reales cuyas hazañas se han combinado y atribuido a un solo individuo. Así, muchos de los cronistas francos atribuyeron las hazañas de todos los Carlos de la estirpe, desde los tiempos del Portador del Martillo, a Carlomagno, a quien se suponía naturalmente el más famoso de ese nombre.

A veces también confundían a un Carlos con otro; Carlos Martel, de este modo, a menudo era confundido con Carlos el Calvo, y por tanto, se le hacía figurar como el nieto, en lugar del abuelo del gran emperador de Occidente.

Siempre que las historias o romances salían de las localidades donde se habían originado, pero seguían transmitiéndose mediante el canto y la recitación, debía de producirse una transformación del mismo tipo.

El juglar o trovador de los anglosajones olvidaba a veces unos versos, o un largo pasaje; a veces perdía un verso o una palabra, y se veía obligado a inventar una para suplir su lugar, o a tomar prestada una que su memoria le proporcionara, y en otras ocasiones cambiaba pasajes concretos para adaptarlos a la ocasión o para complacer a su propia imaginación.

Las «Antiguas Constituciones» están sorprendentemente de acuerdo con respecto a que Edwin era el patrono, y York el centro tradicional de la primitiva masonería británica.

Que el Edwin de la tradición masónica fuera el primer rey cristiano de Northumbria no puede afirmarse de forma categórica, pero el balance de probabilidades se inclina fuertemente en esa dirección.

San Edwin, rey y mártir, pues el celo y el trágico destino del gran *Bretwalda* han consagrado su nombre en el calendario, fue un indudable patrono de la masonería operativa, y la catedral de San Pedro en York se comenzó por sus órdenes en el año 627 d. C.

Después de muchos años, cuando Athelstan marchaba contra los escoceses, se detuvo en York en el año 936 d. C., y allí suplicó a los ministros de la iglesia de San Pedro, que entonces se llamaban *colidei* (o *culdees*), que ofrecieran sus oraciones por él y por su expedición, prometiéndoles que, si regresaba victorioso, conferiría el honor adecuado a la iglesia y a sus ministros. En consecuencia, tras una exitosa campaña, volvió a visitar esta iglesia, y observando que los *colidei*, que mantenían a un buen número de pobres, tenían muy poco de qué vivir, les concedió a ellos y a sus sucesores para siempre una gavilla de grano de cada tierra de labranza de la diócesis de York, una donación de la que se siguió disfrutando hasta una época tardía.

Se verá que dos incidentes principales en la Leyenda del Oficio se reúnen aquí en un centro común: la catedral de York, que Edwin fundó y cuyos ministros fueron dotados por Athelstan.

Si, de hecho, en la madeja de fábulas de la que se compone la leyenda masónica, hubiera un hilo solitario de realidad, me parece que debemos buscarlo entre aquellas de nuestras tradiciones que puedan asociarse de algún modo con la ciudad de York y su catedral.

Puede suponerse con seguridad que la fundación de la iglesia catedral por san Edwin, y la marcha victoriosa de Athelstan, deben haberse conservado durante mucho tiempo en la memoria del pueblo; también que estos acontecimientos históricos se transmitirían de una generación a otra mediante el canto y la recitación, no dejando así en el caso presente casi ningún lugar a dudas de que el nombre y la fama de cada uno de esos grandes soldados siguen siendo conmemorados en la historia legendaria de nuestra Sociedad.

Pero hay un documento del Oficio aún más antiguo que las «Constituciones» que acabo de examinar. Se le conoce mejor como el «Poema masónico», o Manuscrito Regius, y data de la primera parte del siglo XV.

También contiene una leyenda, pero de carácter más fragmentario que la que se encuentra en las Constituciones Manuscritas.

Se hace referencia incidental al «diluvio de Noé», y a la «torre de Babilonia», aunque, en lugar de Nimrod, a quien ordinariamente se asocia con este edificio, nos encontramos con Nabucodonosor. No se hace mención de David, Salomón, Naymus Graecus, Carlos Martel, san Albano, la ciudad de York, ni siquiera del príncipe Edwin, pero se afirma que la introducción de la masonería en Inglaterra tuvo lugar en la época del «Buen Rey Athelstan», cuyos estatutos y asamblea se mencionan con cierta extensión.

Una característica distintiva del Poema, sin embargo, es el pasaje encabezado *Ars Quatuor Coronatorum,* que es una invocación a los «Cuatro Santos Mártires», los santos tutelares de los oficios de la construcción, de cuya historia puede darse un esbozo en pocas palabras.

Durante el reinado del emperador Diocleciano, cinco masones, o escuadradores de piedra (*mirificos in arte quadrataria*) se negaron a ejecutar la estatua de un dios pagano (Esculapio), y en consecuencia fueron condenados a muerte. Se encontraron otros artistas que realizaron la obra para el emperador. Al regreso de Diocleciano a Roma, ordenó que todos los soldados de esa ciudad desfilaran y arrojaran incienso sobre el altar de Esculapio. Cuatro oficiales, sin embargo, que eran *cornicularii,* se negaron, por ser contrario a sus principios, al haber abrazado la fe cristiana, y también sufrieron la muerte. Se supone que el martirio de los cinco tuvo lugar el 8 de noviembre del 298 d. C., y el de los cuatro el mismo día del año 300, aunque según algunas autoridades estas fechas se retrasan al 302 y 304 d. C. respectivamente.

Los nueve fueron finalmente enterrados en el mismo lugar, reservándose una única festividad, el 8 de noviembre, para los cinco cuyos nombres se habían conservado, y para los cuatro que solo eran conocidos por su rango militar. A estos últimos, el papa Melquíades —en el 310 d. C.— les otorgó el título de *Quatuor Coronati*, o Cuatro Coronados, por el cual se les describe en los antiguos misales y otros formularios de devociones públicas, aunque en conjunción con los Cinco, a quienes se hace referencia por su nombre, y como Santos Mártires.

En el siglo VII, el papa Honorio I erigió una hermosa iglesia, en forma de basílica, a la memoria de los Cuatro, sobre las ruinas de un templo de Diana, en la colina de Celio. A esta, la iglesia de los *Quatuor Coronati*, se trasladaron, en el 848 d. C., los restos de los Nueve Mártires. Fueron enterrados en un oratorio bajo el altar. Las reliquias de los Cuatro Soldados se colocaron en dos sarcófagos a cada lado, y en otros dos los restos de los Cinco Masones. De ahí ha surgido cierta confusión, y los Cuatro oficiales en lugar de los Cinco Masones se han convertido en los santos patronos de los oficios de la construcción, mientras que la ocupación de los Cinco ha sobrevivido bajo el nombre de los Cuatro.

La iglesia, que aún existe, lleva ahora el nombre de los *Quattro Incoronati*; según algunas autoridades, *Incoronati* en italiano moderno es idéntico al *Coronati* del latín medieval; mientras que otros suponen que la palabra es una forma corrupta del término militar *cornicularii,* que ha sido devuelto al latín desde el italiano como *Coronati.*

También se ha sugerido que, como había dos clases de soldados condecorados en el ejército romano, siendo los superiores conocidos como *coronati* y los inferiores como *cornicularii,* es muy probable que los Cuatro recibieran un nombramiento honorífico póstumo a manos de los fieles, suposición que cobra mayor fuerza si tenemos en cuenta que las coronas del martirio también están implícitas en la palabra *coronati.*

Sea como fuere, es al menos seguro que cuando en la Edad Media se formaron asociaciones de trabajadores, según la costumbre de la época eligieron santos patronos, y que los oficios de la construcción seleccionaron a los *Quatuor Coronati,* o Cuatro Mártires Coronados, por presentar la mayor aproximación a hombres de su propia profesión.

Así, en las ordenanzas de la Fraternidad de Canteros de Estrasburgo de 1459, se encuentra la siguiente invocación:

> En el nombre del Padre, y del Hijo, y del Espíritu Santo, y de nuestra clemente Madre María, y también de sus benditos siervos, los Santos Cuatro Mártires Coronados de memoria eterna...

Una invocación similar y casi idéntica precede a las Ordenanzas de Torgau de 1462, y en ambos casos resultará evidente que la vocación militar de los Cuatro ha sido olvidada, mientras que se les ha atribuido el oficio de los Cinco, que no son mencionados en absoluto.

Que la leyenda de los Cuatro Mártires Coronados debió penetrar en Britania en una fecha muy temprana está bastante claro, ya que encontramos registrado por Beda, en su *Historia eclesiástica,* que existía una iglesia en Canterbury dedicada a los *Quatuor Coronati,* en el 619 d. C.

También se les menciona, como ya se ha observado, e inferencialmente como los santos patronos de los masones, en el documento más antiguo del Oficio inglés, el Manuscrito Regius o Poema Masónico, que data de la primera parte del siglo XV.

Después de esto desaparecen de la historia o tradición masónica británica, aunque como hemos visto, su memoria continuó siendo venerada hasta una fecha mucho más tardía por los canteros de Alemania.

Pero como un período de más de siglo y medio separa a las Constituciones Manuscritas (como documentos escritos) del Poema, la omisión de cualquier alusión en las primeras, ya sea a la Santísima Virgen o a los Cuatro Santos, se comprende fácilmente cuando consideramos que tales invocaciones en un país protestante durante el último cuarto del siglo XVI —y ninguna forma fechada de las antiguas Constituciones puede reclamar una antigüedad mayor que el 1583 d. C.— habrían sido incompatibles con los principios de la Reforma.

El hecho, sin embargo, sigue siendo que durante el esplendor de la masonería operativa medieval, y hasta el período de su decadencia, los santos patronos legendarios de los oficios de la construcción fueron esos soldados y mártires: los *Quatuor Coronati.*

Pasando de la leyenda a la historia, los *collegia* que sabemos por inscripciones que existieron en Britania durante su ocupación por las legiones romanas, se dice que fueron los progenitores de los gremios sajones; y de estos últimos, se afirma además que los masones operativos medievales, y posteriormente los francmasones modernos, pueden trazar una descendencia directa.

Pero, en primer lugar, es muy dudoso que los gremios sajones descendieran de los *collegia* romanos, o que fueran siquiera imitaciones de ellos. Tampoco parecen haber surgido cuerpos organizados de masones hasta mucho después de la aparición de gremios entre los otros oficios.

La razón es obvia: la necesidad de trasladarse de un lugar a otro a medida que el trabajo los llamaba, impediría durante mucho tiempo que tuvieran asociaciones como aquellas por las que se fortalecían y controlaban los otros oficios, y cuya esencia era (como en el caso de los *collegia*) un domicilio fijo. Por lo tanto, me veo obligado a pronunciarme, por muy a mi pesar que sea, en contra de la teoría popular de que los gérmenes de nuestra actual francmasonería fueron introducidos en este país por las legiones de la Roma imperial.

Los logros arquitectónicos de los grandes soldados en la mayoría de las naciones de Europa y Asia, aunque presentan un tema tentador, es uno sobre el que no puedo hacer más que echar un vistazo pasajero. Existe evidencia documental que demuestra sin lugar a dudas que en el siglo VIII Carlomagno (nieto de Carlos Martel) invitó a masones y otros artesanos de todos los países de Europa en los que estaban establecidos, a erigir su magnífica iglesia en Aquisgrán.

Podrían citarse libremente otros ejemplos, pero hay que hacer una selección, y por lo tanto, a continuación pondré como ejemplo a David I de Escocia, en cuyo reinado se fundaron y ampliaron muchos obispados, y a la misma época, también, pertenecen las casas religiosas de Holyrood, Melrose, Jedburgh, Kelso, Dryburgh, Newbattle y Kinross. De este rey, se nos dice que los masones escoceses «lo veneraban como su benefactor Gran Maestro», una tradición que no haré más que relatar; pero es seguro, en todo caso, que la munificencia, o más bien la prodigalidad de David en la construcción de edificios eclesiásticos, empobreció gravemente las rentas reales. Un antiguo cronista observa: «El rey Jacobo I, cuando llegó al sepulcro de David en Dunfermline, dijo: 'fue un santo muy gravoso para la corona', con lo que quería decir que el rey David dejó a la Iglesia demasiado rica, y a la Corona demasiado pobre».

Como comandante militar, David parece haber mostrado gran habilidad y recursos, aunque la gloria de sus primeras campañas se haya visto algo oscurecida por la señalada derrota que sufrió en la famosa «batalla del Estandarte», cerca de Northallerton, en 1138.

Pasando a nuestro propio Ricardo «Corazón de León», si damos crédito al historiador de la Guerra Santa, el conquistador de Saladino construyó las murallas de Acre, Porfiria, Ascalón y Jope.

Un rey inglés posterior, Eduardo I, que también tomó la cruz, construyó a su regreso muchas torres y castillos que en forma y fuerza eran imitaciones de lo que realmente había visto en el Levante y Tierra Santa.

Esto nos lleva a los cruzados, cuya influencia, tanto en el arte oriental como occidental, fue grande y duradera. Hace setecientos años, Palestina debió estar tan densamente cubierta de iglesias como lo está ahora Inglaterra.

En 1187, Jerusalén fue tomada por Saladino y los cristianos fueron expulsados poco después de la mayor parte de Tierra Santa, aunque Antioquía no fue tomada hasta 1268, ni Acre hasta 1291. Así, miles de hombres hábiles acostumbrados a trabajar bajo la dirección de los cruzados fueron devueltos a Alemania, Francia y Britania.

A continuación puede observarse que la mayoría de los signos característicos ahora llamados marcas de cantero se desarrollaron originalmente en un período muy temprano en Oriente, y se han utilizado como signos distintivos, de algún tipo, desde la Edad Media hasta la época actual. Parece que se introdujeron en este país en el primer cuarto del siglo XII, o muchos años después de la conquista de Jerusalén por los cruzados.

Sin embargo, desde tiempos muy antiguos se utilizó en Oriente un tipo peculiar de marcas de herramientas, que no se introdujo en Inglaterra hasta finales del siglo XII, el período inicial de nuestra hermosa arquitectura gótica temprana (*Early English*), cuando sustituyó rápidamente a otro estilo, cuyo origen había estado en Occidente.

Como tan bien resumió mi amigo, el profesor Hayter Lewis: «Había un estilo de masonería, así como de arquitectura, distinto tanto en Inglaterra como en Palestina hacia mediados del siglo XII. También había otro tipo peculiar de masonería y marcas de herramientas de una fecha anterior que apenas se conocía en este país hasta aproximadamente la época en que los cruzados fueron expulsados de Palestina, es decir, en 1187. La arquitectura de los cruzados en Palestina fue diseñada y llevada a cabo principalmente bajo la superintendencia de arquitectos y masones occidentales, y hubo una fuerte influencia oriental en la masonería inglesa del siglo XIII después del regreso de los cruzados».

Antes de esa época, y durante el período temprano del estilo normando de arquitectura, Francia e Inglaterra fueron de la mano en su progreso, pero tras la expulsión de Palestina, el arte francés e inglés siguieron caminos muy diferentes y desde centros diferentes.

Después de esto tenemos una escuela de arte distintivamente inglesa y, en opinión de la eminente autoridad cuyas observaciones estoy transcribiendo, debió de estar regida por algún cuerpo central como los francmasones.

Restringiendo, sin embargo, el campo de investigación, y pasando a la arquitectura militar, puede observarse que lo que se ha denominado apropiadamente el estilo de los cruzados fue introducido por Eduardo I en 1272, y el estilo de Windsor por Eduardo III en 1350.

Muchos de los barones que habían adquirido riquezas mediante el rescate de prisioneros tomados en Poitiers y Crécy, se enorgullecían de aplicarlas a la decoración y ampliación de sus castillos, ya que el ejemplo que el rey había dado en Windsor suscitó en ellos una rivalidad de imitación.

Tampoco la construcción de un castillo era una cuestión de mera habilidad ordinaria. Estos edificios, tanto en Inglaterra como en el extranjero, se erigían según principios científicos bien conocidos y aplicados con regularidad. Podemos suponer que un castillo medieval, con toda su guarnición, se asemeja a un moderno buque de guerra, en la disposición de las diferentes partes, la completa ocupación del espacio y el perfecto dominio de cada división del mismo.

El espléndido reinado de Eduardo III fue una época muy favorable para la mejora arquitectónica; él comenzó las obras en Windsor hacia 1350 y, unos años más tarde, a sugerencia, según se dice, de los reyes de Francia y Escocia, que se encontraban allí retenidos como prisioneros de guerra, fue inducido a ampliar el castillo, y de una manera que sus consejeros apenas podrían haber previsto, si hemos de dar crédito a Stow, quien relata que nuestro rey-soldado inglés aprobó los dichos de sus cautivos, «añadiendo amablemente 'que ampliaría el castillo, y que los gastos del mismo se sufragarían con sus dos rescates', como sucedió después».

Posteriormente se prosiguió con las obras bajo la dirección de Guillermo de Wykeham, y se convocó a artesanos de varios condados mediante órdenes de Eduardo III. En esta época, se ha afirmado, los masones formaron una asociación para no trabajar sin un aumento de salario, y acordaron ciertas señales y signos por los que pudieran reconocerse unos a otros y prestarse ayuda mutua para no ser reclutados a la fuerza.

Acordaron además no trabajar en absoluto si no era como hombres libres y según sus propias condiciones, por lo que se les llamó francmasones. Hay probabilidad en mucho de esto, pero por lo que yo sé, ninguna autoridad, más allá de la circunstancia de que las órdenes de reclutamiento forzoso en relación con la reconstrucción del castillo de Windsor son mencionadas por Ashmole en su *Historia de la Orden de la Jarretera.*

Pero aunque la masonería operativa floreció ciertamente bajo la Casa de Plantagenet, los últimos años de esta dinastía fueron testigos del inicio de su decadencia.

En 1337 comenzó la guerra de los Cien Años con Francia, y en 1349 se produjo la primera visita de la peste negra. Aproximadamente la mitad de los trabajadores de Inglaterra fueron barridos. La población antes de la mortandad era de cuatro millones, un total que no se volvió a alcanzar hasta el reinado de Isabel. Luego siguió la revuelta campesina de 1381 y, a principios del siglo siguiente, bajo los sucesores de los Plantagenet, comenzó la larga y salvaje contienda por la supremacía entre los respectivos partidarios de la Rosa Roja de Lancaster y la Rosa Blanca de York.

Durante la continuación de la lucha, la nación retrocedió en muchos aspectos respecto al refinamiento del siglo XIV. La población disminuyó aún más. Las artes perdieron su vigor y belleza.

Finalmente, en el siglo XVI, la Reforma asestó el golpe mortal a la arquitectura medieval, que, junto con los monasterios, llevaba mucho tiempo decayendo, y ambos, tal vez, se habrían extinguido pronto de forma natural, si no hubieran sido suprimidos prematuramente.

Es razonable suponer que la masonería, como ciencia especulativa, declinó o cayó en decadencia a la par que la masonería como arte operativo, o para decirlo de otra manera, permítanme declarar en beneficio de aquellos lectores que no son de nuestra fraternidad que, si bien el simbolismo del Oficio es de gran e indudable antigüedad, solo ha llegado a nosotros una porción muy fragmentaria de lo que debió existir en el pasado.

Después de la Reforma, no se construyeron más iglesias, al menos durante un largo período de tiempo. Los constructores casi se extinguieron, y los gremios de estos hombres, al haber perdido su razón de ser, se disolvieron de forma natural. Unos pocos, sin embargo, por causas que no podemos rastrear, lograron escapar al gran cataclismo de la Reforma, y encontramos que estas uniones o logias toman un nuevo rumbo hacia el año 1717. Pero para entonces los cuerpos masónicos aparecen bajo un nuevo cariz. Aunque seguían conservando muchas formas y ceremonias, que habían heredado de sus antepasados directos, los masones trabajadores, descubrimos que la conexión con la masonería operativa casi había llegado a su fin y que la masonería especulativa (o simbólica), con un remanente de las antiguas formas, había sido sustituida en su lugar.

La evidencia, si no es que falte por completo, es sin embargo del todo insuficiente para proporcionar algo más que una visión ocasional de la manera en que el antiguo sistema fue sucedido gradualmente y, en última instancia, suplantado por el nuevo. El registro auténtico más antiguo de que un no operativo fuera miembro de una logia masónica se encuentra en un acta de la Logia de Edimburgo, con fecha del 8 de junio de 1600. John Boswell, el *laird* de Auchinleck (antepasado del conocido biógrafo del Dr. Johnson) estuvo presente en la reunión y, al igual que sus hermanos operativos, atestiguó el acta con su marca. Pero puede deducirse con seguridad que la masonería especulativa o simbólica floreció junto a la masonería operativa en un período muy anterior, a partir de la solemne declaración de un sínodo presbiteriano en 1652, de que los ministros de esa confesión habían sido francmasones «en los tiempos más puros de esta Iglesia», refiriéndose probablemente a los años inmediatamente posteriores a la Reforma de 1560, y sin duda adelantándose considerablemente a la introducción del episcopado en 1610.

En el sur de Inglaterra, solo en relación con la Compañía de Masones de la ciudad de Londres encontramos alguna prueba real de la existencia de alguna forma de masonería simbólica o especulativa a principios del siglo XVII.

Hacia el año 1530, esta Compañía dejó de utilizar su antiguo título de «Hermandad de Masones» y pasó a conocerse como la «Compañía de Francmasones», título que conservó hasta 1653. Lamentablemente, faltan la mayoría de los registros, pero a partir de un antiguo libro de cuentas que se ha conservado por casualidad, queda claro que antes de 1620 y, por deducción, desde un pasado más remoto, ciertos hermanos que eran miembros de la Compañía, junto con otros que no lo eran, según se supone, se reunían en logia en el Masons' Hall, Londres, y eran conocidos por la Compañía como los «Masones Aceptados».

Siete personas fueron recibidas en la «Aceptación» o logia en 1620-21, todas las cuales ya eran miembros de la Compañía, lo que es suficiente para probar que los dos cuerpos eran asociaciones distintas, aunque, como muestran las cuentas, la segunda tenía un control total sobre la primera y sus finanzas. De esto, en efecto, hay un ejemplo más llamativo en el caso de Nicholas Stone, el Maestro Masón del rey, quien, a pesar de ser Maestro de la Compañía en 1633, y nuevamente en 1634, no fue inscrito entre los «masones aceptados» de la logia hasta 1639.

En Escocia, el titular de un cargo similar, si no idéntico, se había convertido en miembro de la rama especulativa de la Sociedad en una fecha ligeramente anterior. Sir Anthony Alexander, segundo hijo del primer conde de Stirling, Maestro de Obra del rey, junto con su hermano mayor, el vizconde de Canadá, y sir Alexander Strachan, fue admitido en la Logia de Edimburgo como Compañero del Oficio (*Fellow of Craft*), el 3 de julio de 1634.

Lord Canada, entonces sir William Alexander, había sido nombrado algunos años antes caballero almirante de Nueva Escocia, y zarpó hacia ese país en mayo de 1628 al mando de una escuadra de cuatro buques que transportaban a más de setenta colonos, que desembarcaron a salvo en Port Royal. El almirante y sus oficiales estaban debidamente comisionados para «apresar a todos los barcos franceses o españoles, y desahuciar a los franceses».

El tercer hijo del primer conde de Stirling, Henrie Alexander, que sucedió a sir Anthony como Guardián General y Maestro de Obra del rey, se hizo miembro de la Logia de Edimburgo en 1638. Posteriormente, al menos por un tiempo, al igual que su hermano mayor, fue oficial de la Marina Real, y sirvió como tal a las órdenes de lord Aboyne en 1639, cuando dicho noble, en interés de Carlos I, zarpó hacia la rada de Aberdeen con tres buques de guerra para resistir a los defensores del Pacto (*Covenant*).

Entre los miembros de la otra rama de la profesión de las armas que fueron recibidos en la masonería en la Logia de Edimburgo, el primero parece haber sido David Ramsay, cuya admisión consta en un acta de agosto de 1637.

Este soldado de fortuna, que fue caballerizo del hijo mayor de Jacobo I, parece haber obtenido, tras la muerte del príncipe Enrique, el cargo de capitán de una compañía en los Países Bajos y, en 1624, el grado de coronel de uno de los regimientos escoceses que sirvieron a las órdenes del conde de Mansfield en Holanda. Dos años más tarde figura en un papel totalmente nuevo, ya que lo encontramos como portador de una carta para el rey inglés de parte del embajador ante el Presidente de la Rosacruz, de lo cual el Dr. Birch ofrece un divertido relato en su obra *Court and Times of Charles I* (*La corte y la época de Carlos I*).

Se dice que fue por consejo de este mismo «embajador» por lo que Federico, el infortunado Elector Palatino, aceptó la corona de Bohemia, lo cual, de ser cierto, podría explicar por qué Ramsay fue elegido como enviado por los rosacruces, ya que sabemos, por la autoridad del obispo Burnet, que fue encarecidamente recomendado a Carlos I por el rey de Bohemia, «como alguien que le había servido fielmente en Alemania». Después de esto, sin embargo, cayó en desgracia, y es mencionado en la descripción que hace sir Walter Scott del último juicio que tuvo lugar en el antiguo Tribunal de Caballería.

Si, de hecho, los oficiales británicos que sirvieron en el continente durante la guerra de los Treinta Años fueron adoctrinados en alguna medida considerable con los postulados místicos de los rosacruces, debe seguir siendo un misterio, pero hay pruebas que demuestran que una sociedad secreta, o al menos ligada por juramentos, con costumbres que se aproximaban a las que se atribuyen por separado a los filósofos herméticos y a los francmasones, se estableció en un regimiento inglés que servía en el extranjero, y a través de él se introdujo en este país. En una carta de John Chamberlain, un caballero y erudito muy bien informado de lo que ocurría en el mundo que le rodeaba, a su íntimo amigo sir Dudley Carleton, el autor, a 6 de diciembre de 1623, observa:

> Se ha descubierto a un grupo o pandilla de gente que, bajo la apariencia de buena camaradería, han formado una asociación y prestado ciertos juramentos y órdenes ideadas entre ellos: en especial para ser leales y fieles a la Sociedad, y ocultar los secretos unos de otros, pero mezclado con una serie de otros juguetes ridículos para disimular el asunto; como tener un príncipe al que llamaban Otomano: llevar cintas azules o amarillas en sus sombreros o en otros lugares: tener ciertos apodos, como Tityre-tu, o parecidos, para sus distintas cofradías: y muchas otras concepciones extrañas, cuyo fondo aún no ha sido descubierto, aunque varios de ellos han sido interrogados y algunos encarcelados, como uno de los Windsor, y algunos otros. La mayoría de ellos son jóvenes caballeros que solían acudir en masa a las tabernas, treinta o cuarenta en un grupo. Esta asociación comenzó primero en los Países Bajos, en el regimiento de

lord Vaux, y desde entonces se ha extendido por aquí hasta alcanzar la cifra de ocho veintenas [ciento sesenta] ya conocidos. Qué maldad puede esconderse bajo la máscara, Dios lo sabe. Pero seguro que están confiados y presumen mucho de sí mismos para llevarlo tan abiertamente.

Volviendo, sin embargo, a la Logia de Edimburgo, Alexander Hamilton, general de artillería y Maestro de Ordenanza y Municiones, fue admitido como «Compañero y Maestro del Oficio» el 20 de mayo de 1640. Este oficial ocupó un alto mando en la fuerza expedicionaria enviada desde Escocia en 1631 para servir a las órdenes de Gustavo Adolfo, rey de Suecia, durante la guerra de los Treinta Años.

El general Hamilton estuvo presente con el ejército escocés en Newcastle en 1641 y, junto con otros miembros de la Logia de Edimburgo, participó en la primera iniciación en suelo inglés de la que nos hayan llegado las circunstancias que la rodearon.

Las tropas escocesas, tras haber cruzado el Tweed y derrotado a los realistas en Newburn, habían ocupado Newcastle, donde permanecieron durante las negociaciones que estaban en curso. Un acta de la logia —«En Newcastle, el día 20 de mayo de 1641»— registra la admisión del «Sr. el muy honorable Sr. Robert Moray, intendente general del ejército de Escocia».

De esto podemos concluir que hubo miembros de la Logia de Edimburgo que acompañaron a las fuerzas de los *covenanters* (pactantes) en 1641, y que fue a manos de estos artesanos militantes que el entonces intendente general del ejército de Escocia fue hecho masón. Dos meses más tarde

Newcastle fue evacuado por las fuerzas escocesas, y al regresar a Edimburgo se supone que los hermanos por quienes Moray fue admitido (a distancia de la logia) debieron de informar del procedimiento, el cual, siendo aprobado, quedó registrado en el libro de actas y atestiguado por las firmas del general Hamilton y de los demás que participaron en él, así como por la del miembro recién recibido.

Tanto Hamilton como Moray —habiendo el primero comandado entretanto la artillería en el bando vencedor en la batalla de Marston Moor— estuvieron de nuevo presentes en la Logia de Edimburgo en 1647, y firmaron las actas con motivo de la admisión de «William Maxwell, doctor en Medicina», un oficial al servicio del rey, cuyo nombre ocupa el primer lugar de todos en la lista de eminentes hermanos médicos que han dado lustre a nuestra Sociedad.

Antes de ocupar el cargo de intendente general en el ejército de los *covenanters*, sir Robert Moray (o Murray) sirvió con distinción en Francia bajo las órdenes de Richelieu. Estaba con el ejército escocés cuando Carlos I buscó refugio en el campamento de sus compatriotas en mayo de 1646, y planeó una estratagema para su huida, que, de no haber sido por la falta de resolución del rey, debió de haber sido coronada por el éxito. Después de la Restauración fue Secretario de Estado para Escocia y uno de los fundadores, así como el primer presidente, de la Royal Society.

Era muy estimado por hombres de todas las tendencias de opinión, pero pasaré por alto los encomios de sus amigos para dejar espacio a lo que dijo de él Anthony Wood con referencia a su afición por las ciencias ocultas. Según este diligente, aunque algo colérico escritor: «Era un hombre soltero, aborrecedor de las mujeres, un químico de lo más renombrado, un gran patrono de los rosacruces y un excelente matemático».

Puede mencionarse aquí convenientemente que, según una teoría bastante popular, se supone que el conocimiento místico o simbolismo del Oficio Masónico fue introducido en las logias por los filósofos herméticos o los adeptos rosacruces, cuyos estudios parecen haber abarcado los mismos objetos, y entre los cuales la única diferencia parece haber sido de título, siendo la primera denominación la más antigua de las dos, pero convirtiéndose la segunda (debido a la supuesta existencia de una Sociedad de Rosacruces) en el término más común con el que se aludía a los devotos del «arte químico» o «hijos del fuego».

Es bien sabido que las mujeres eran la aversión de la antigua escuela de hermetistas y rosacruces, y podemos concluir, por tanto, que la aversión que se dice que sir Robert Moray sentía por el sexo débil debió de ser un desafortunado resultado derivado de sus estudios como filósofo alquímico. Tal característica no pudo haber sido en modo alguno el efecto de su formación en la profesión de las armas, ni podemos creer por un instante que la adquiriera por su participación en la fraternidad del Oficio.

Sobre este punto, en efecto, la letra de la antigua canción, que ha llegado hasta nosotros con un sabor a antigüedad muy respetable, será considerada por todos los verdaderos creyentes en la tradición masónica como absolutamente concluyente:

Ningún mortal puede adorar más
A las damas
Que un Francmasón y Masón Aceptado.

Es muy de lamentar que, si bien se han conservado las actas y registros de varias logias escocesas que datan del siglo XVII (y en un caso aislado, del XVI), no encontremos ninguno en absoluto que se refiera o ilustre los procedimientos de las logias inglesas hasta un período mucho más tardío.

De la existencia, en efecto, de una francmasonería viva y real en el Sur, que posee como mínimo una antigüedad igual a la que prevalece en el Norte, no cabe duda. Pero las pruebas de las que dependemos son extremadamente escasas.

Que hubo masones aceptados o especulativos en Londres en los primeros años del siglo XVII lo demuestran ampliamente los registros de la Compañía a la que me he referido anteriormente; pero solo hay una mera mención de unos pocos nombres, y las actas de la logia o «Aceptación» han desaparecido por completo. La siguiente prueba en cuanto a fecha la aporta el «Diario de Elias Ashmole», del que extraigo lo siguiente:

> 16 de octubre de 1646, 4:30 p. m.
> Fui hecho francmasón en Warrington, en Lancashire, con el coronel Henry Mainwaring, de Kermincham, en Cheshire.

En esta época Ashmole era capitán del regimiento de lord Ashley, y también interventor de artillería en el bando del rey; mientras que Mainwaring, de quien se hace frecuente mención en los boletines de la Guerra Civil, era un incondicional parlamentario.

El diario también da «los nombres de los que entonces eran de la logia», lo que quizá justifique ampliamente la conclusión de que sus miembros tenían la costumbre de asociarse en fraternidad masónica desde hacía algún tiempo; pero aun si suponemos que la logia fue realmente formada o creada con el propósito de admitir a Ashmole y Mainwaring en la fraternidad, la asistencia de otros caballeros en la ocasión —pues es un hecho muy notable que ni un solo masón operativo parece haber estado presente en la tarde del 16 de octubre de 1646— muestra con la mayor claridad que la masonería simbólica inglesa debió de tener una existencia muy anterior, y apunta en la dirección de que la ascendencia especulativa (sobre el elemento operativo) ya estaba bien establecida, al menos en Warrington, en ese año.

Es singular, no obstante, que aunque muchos años antes de los acontecimientos de Newcastle y Warrington en 1641 y 1646 debió de haber caballeros francmasones en el reino del Sur, los tres primeros de cuya admisión en el Oficio se conocen detalles fuesen miembros de la profesión militar.

De Ashmole, Anthony Wood, que rara vez peca de exceso de panegírico, dice: «Fue el mayor virtuoso y curioso del que se haya sabido o leído jamás en Inglaterra antes de su tiempo. *Uxor Solis* fijó su morada en su pecho, y en su seno el gran Dios almacenó abundantemente los tesoros de todo tipo de sabiduría y conocimiento. Gran parte de su tiempo, cuando estaba en la flor de la vida, lo pasó en la química, facultad en la que al ser considerado famoso recibió dignamente el título de *Mercuriophilus Anglicus*».

Los motivos que llevaron a Ashmole, Mainwaring y a otros hombres de su clase a convertirse en francmasones han sido objeto de mucha curiosa especulación, y hace más de un siglo, Nicolai, un erudito librero de Berlín, adelantó una singular hipótesis. Consistía en que la masonería inglesa tenía su origen en la «Nueva Atlántida» de lord Bacon, y era el producto real de una fraternidad hermética y rosacruz, de la que Elias Ashmole y otros eran miembros destacados. «Se estableció en Warrington en 1646, y más tarde, para ocultar sus misteriosos designios, los miembros fueron admitidos en la Compañía de Masones de Londres, y tomaron el nombre de francmasones».

La teoría sobrevive, aunque en forma modificada, y en la actualidad hay muchos que creen que, debido a que los alquimistas, hermetistas y rosacruces no tenían ninguna asociación (u organización) propia en Inglaterra o Escocia, se unieron a las logias masónicas para reunirse unos con otros sin despertar sospechas.

Se supone además que a estos hombres, o a otros que heredaron sus opiniones, les debemos el Grado de Maestro y la introducción de símbolos herméticos y de otro tipo en la masonería, y que enmarcaron los tres grados del Oficio (tal como los tenemos ahora) con el propósito de comunicar sus doctrinas, veladas por sus símbolos, a los aptos para recibirlas, y dieron a todos los demás explicaciones morales trilladas de las mismas que pudieran comprender.

Si estos puntos de vista son sostenibles, se deduce necesariamente que debe establecerse una distinción entre la masonería moral-simbólica de la época actual y la masonería filosófico-simbólica de tiempos más antiguos; siendo la primera, por tanto, nuestra masonería «especulativa», un sistema de moralidad velado en símbolos, y la segunda algo muy diferente, en la que los símbolos ocultan, y para el adepto expresan, las grandes verdades filosóficas y religiosas de la antigüedad, o, tal vez, las doctrinas filosóficas de los hermetistas y rosacruces, que, como muestran sus libros, son (o eran) idénticas.

Es, en efecto, muy cierto que se descubrió que ciertas observancias e ideas existían y prevalecían entre el cuerpo masónico en el siglo XVII. También es patente (sin dar un énfasis indebido al caso de David Ramsay) que sir Robert Moray, Elias Ashmole y muy probablemente otros estudiosos de las ciencias ocultas fueron miembros de la Sociedad. Pero faltan por completo pruebas para demostrar que los hermetistas o rosacruces practicaran alguna vez entre ellos ceremonias místicas o simbólicas que pudieran haber transmitido a los francmasones, y lo que por tanto parece incapaz de prueba, debe ser pronunciado, por supuesto, igualmente incapaz de refutación.

Se ha dado mucho peso al hecho indudable de que Ashmole —como Moray antes que él— era a la vez un filósofo hermético y un francmasón. Aun así, no debe permitirse que la conjetura ocupe el lugar de las pruebas, y de esto solo es legítimo inferir que los francmasones no se habían fusionado con ninguna de las supuestas fraternidades rosacruces o herméticas —de cuya existencia real no hay pruebas— ni que fueran sus descendientes reales, o ellos mismos bajo otro nombre. Una opinión contraria sería, a mi juicio, ridícula, aunque para apaciguar la ira de nuestros modernos rosacruces, admito libremente que el tema del conocimiento hermético ha quedado fuera de mi curso de estudio y está, tal vez, más allá de mi esfera de comprensión.

Sin embargo, antes de dejar atrás a Moray, a Ashmole y al socio de este último en Warrington, el coronel Mainwaring, quedan por expresar unas pocas palabras.

Que estos tres hombres —pactante, realista y parlamentario— fueron los primeros francmasones de cuya iniciación en suelo inglés se conocen detalles, ya lo he demostrado; pero también vale la pena recordar que todas las admisiones se produjeron en el fragor de la gran Guerra Civil, y que cada hermano militar así recibido pertenecía a una sección separada y distinta de las fuerzas que tomaron parte en ella.

Volviendo a la masonería escocesa, descubrimos que de los cuarenta y nueve Compañeros del Oficio (o Maestros Masones) que pertenecían a la Logia de Aberdeen en 1670, menos de una cuarta parte eran del oficio de albañil. El Maestro era de noble cuna, y entre los miembros había clérigos, cirujanos, mercaderes y tres nobles, uno de los cuales (lord Errol) era entonces un anciano, y es de suponer, por tanto, que debió de unirse a la Sociedad en una fecha muy anterior.

Gilbert, décimo conde de Errol, que sucedió en el título en 1638, fue coronel de caballería en el ejército levantado para rescatar a Carlos I de las manos del bando parlamentario, conocido con el nombre de «El Desafortunado Compromiso» (*Unhappie Engagement*); y posteriormente levantó un regimiento para el servicio de Carlos II. James, cuarto y último conde de Dunfermline, que se convirtió en miembro de la misma logia en 1679, sirvió en su juventud a las órdenes del príncipe de Orange en varias expediciones memorables. Se unió al vizconde Dundee con una tropa de caballería en 1689, y luchó a la cabeza de ellos en la batalla de Killiecrankie en ese mismo año.

John, séptimo conde de Cassilis, posteriormente una figura prominente en la Revolución de 1688, fue diácono, o cabeza, de la Logia de Kilwinning en 1672. El mismo puesto fue ocupado por Alexander, octavo conde de Eglinton, en 1678, quien a su vez era un incondicional defensor de los *covenanters*, pero cuyo padre y abuelo, de acuerdo con la astuta política de cubrirse las espaldas, tan conocida en Escocia, habían luchado en bandos opuestos en la batalla de Marston Moor. El primero sirvió con el ejército realista, y el segundo, que fue apodado «Acero gris» (*Grey-steel*) por su intrépido valor, comandó los Lanceros de Ayrshire, uno de los regimientos de caballería escoceses en el «ala derecha de caballería» bajo el mando de sir Thomas Fairfax.

John, hijo mayor de sir Ewen Cameron de Locheil, jefe del clan Cameron, era miembro de la Logia de Dunblane en 1696. Este artesano «teórico» y otros hermanos destacados de la logia fueron actores prominentes en el bando de los Estuardo en el levantamiento de 1715.

Antes de abandonar el siglo XVII, algunas de las costumbres masónicas escocesas de esa época exigen una mención de pasada. Vemos que mientras la Logia de Kilwinning se contentaba con reunirse en el aposento superior de una vivienda ordinaria, los masones de Aberdeen celebraban su logia a campo abierto, excepto cuando hacía «mal tiempo», en cuyas ocasiones se reunían bajo techo, pero solo en alguna casa o edificio que no se usara como lugar de residencia.

De lo que ahora se denominan grados masónicos, en esta época, y durante mucho tiempo después, solo se conocía uno en las logias escocesas.

Consistía en una forma de recepción en la que, bajo juramento, los Aprendices recibían «el beneficio de la palabra del masón, junto con todo lo que implicaba la expresión».

Pero cuál era la antigua palabra del masón escocés sigue siendo desconocido. Todavía no se ha descubierto ni cuál era ni hasta qué punto era de uso general. Tampoco puede determinarse si en una fecha determinada antes de 1736 era la misma en Inglaterra que en Escocia.

En ambos países, durante el siglo XVII, hubo membresía operativa así como especulativa en las logias, sin embargo, se encuentra una diferencia que debe notarse. En Escocia, las logias existían para fines gremiales, y para cumplir aparentemente ciertas funciones operativas, cuya necesidad pudo haber pasado, o al menos no se ha registrado en el Sur.

Las logias escocesas, por lo tanto, cuando nos las encontramos en este período temprano, eran de un carácter esencialmente operativo, mientras que las logias inglesas de la fecha correspondiente, en la medida en que hay pruebas en las que podamos confiar, eran tan esencialmente especulativas tanto en su carácter como en su composición.

En la Unión de los dos países en 1707 había una marcada diferencia entre las observancias ceremoniales de las logias inglesas y escocesas. En el reino del Norte, el antiguo simbolismo de la masonería había descendido al nivel del artesano ordinario, mientras que en Gran Bretaña del Sur todavía existía una mayor parte del antiguo entramado.

Un militar (y distinguido hombre de letras) de la época nos ha proporcionado un vistazo fugaz a la francmasonería del Sur dos años después de la Unión entre los dos reinos, el capitán (luego sir Richard) Steele, en un ensayo del que extraigo lo siguiente:

> *9 de junio de 1709*
> Mi razón para molestarle en este momento es poner fin, si es posible, a un grupo insinuante de personas que asumen el nombre de *Pretty Fellows* (Petimetres), e incluso adoptan nombres nuevos. Tienen sus signos y contraseñas como los francmasones; echan pestes de las mujeres.

Sobre esta evidencia quedará bastante claro que una sociedad conocida como los francmasones, con ciertos modos de reconocimiento distintos, debió existir en Londres en 1709, y apenas cabe duda de que desde una fecha muy anterior.

Debe recordarse también que, además de ser un atento observador de lo que ocurría en Londres, Steele debió de estar plenamente familiarizado con las costumbres militares que prevalecían en su época. Por lo tanto, la práctica de adquirir «nombres nuevos» —referida en el ensayo— puede compararse útilmente con una costumbre similar que, como ya se ha relatado (con la autoridad de una carta de John Chamberlain a sir Dudley Carleton), fue una característica marcada de la «asociación» que surgió en el regimiento de lord Vaux mientras servía en los Países Bajos. Las últimas palabras de la cita parecerían indicar que la clase de personas que Steele tenía en mente, al escribir su ensayo, debían de compartir la peculiar sensibilidad de los rosacruces respecto al sexo débil y, como los miembros de esa sombría fraternidad, eran, en teoría al menos, grandes «aborrecedores de las mujeres».

El primer oficial naval del «Reino Unido» que puede identificarse como miembro del Oficio es el almirante Robert Fairfax, quien fue «admitido y juramentado en la honorable Sociedad y Fraternidad de Francmasones» en la ciudad de York el 7 de agosto de 1713.

Este distinguido oficial, que era nieto de sir William Fairfax, el primo y compañero de armas del gran general de las fuerzas parlamentarias, ingresó en la Armada en 1688 y se convirtió en capitán de navío en 1690. Estuvo presente en muchas batallas y libró varias acciones valerosas, distinguiéndose particularmente durante las operaciones frente a Granville y en la toma de Gibraltar, recibiendo por sus servicios en el primer caso una medalla de oro, y en el segundo una copa de plata, que le regaló la reina Ana. Alcanzó el grado de vicealmirante (posteriormente modificado a contralmirante) y fue nombrado miembro del Almirantazgo en 1708. Al año siguiente fijó su residencia en York, y al mes siguiente de su recepción en la fraternidad masónica, fue elegido representante parlamentario por dicha ciudad.

El almirante se había convertido en el cabeza de familia y poseedor de Steeton y Newton Kyme (en Yorkshire), en 1694, cuando al mando del *Ruby,* perseguía corsarios en el mar de Irlanda. Murió en Newton Kyme en 1725, a los sesenta años de edad. En los últimos años de su vida se pintó un buen retrato suyo. La mano izquierda descansa sobre un globo terráqueo, y en la derecha sostiene un compás.

Muchos francmasones prominentes tomaron precipitadamente las armas en los levantamientos jacobitas de 1715-16. Algunos fueron ejecutados y otros se embarcaron hacia el continente.

Entre estos últimos se encontraban George, décimo y último de los condes mariscales de Escocia, capitán de la tropa escocesa de Guardias Granaderos a Caballo, que había servido con distinción en las campañas de Marlborough y terminó su carrera al servicio de Federico el Grande; James Keith, su hermano —como soldado, sin duda, con mucho el más grande de todos los «escoceses en el extranjero»—; John Cameron de Locheil; y George Seton, conde de Winton, que escapó de la Torre después de que se dictara sentencia de muerte contra él, y en su vida posterior fue Maestro de la famosa «Logia Romana» (fundada por hermanos escoceses en Roma) en el momento de su supresión en 1737. Se verá en una página posterior que la masonería en Rusia, si no fue realmente introducida, se estableció sobre una base firme por el menor de los Keith; y si hemos de creer a los historiadores franceses, fue por otro de estos exiliados, James Radclyffe, quien, tras ser decapitado su hermano mayor, asumió el título de conde de Derwentwater, que se fundó la primera logia de Francia en París en 1725.

CAPÍTULO II

«Ni en la Antigüedad ni en los tiempos modernos ha dado el maestro de escuela un solo paso de progreso, si no es agarrándose a los faldones de la casaca del soldado. Los ejércitos regulares dieron el primer freno a la barbarie de la Edad Media, y fue solo bajo su protección como las artes, las ciencias, el comercio y la industria crecieron y se extendieron por Europa». MAYOR GENERAL J. MITCHELL

Aunque no escasean los Grandes Maestros legendarios —muchos de los cuales fueron grandes guerreros—, los prosaicos hechos de la historia nos aseguran que la primera de las Grandes Logias se estableció el 24 de junio de 1717. La fundación de la Gran Logia de Inglaterra fue un gran acontecimiento, pero la Sociedad de Francmasones organizada sobre una nueva base progresó muy lentamente en el favor del público. Anthony Sayer, «caballero», fue el primer Gran Maestro, mientras que Jacob Lamball, «carpintero», y el «capitán» Joseph Elliot, fueron los Grandes Vigilantes. Sayer fue sucedido por George Payne, del servicio civil, y este último (en 1719) por el Dr. John Theophilus Desaguliers, un ingenioso filósofo natural, y después de Elliot, el siguiente de los Grandes Oficiales que puede asociarse con la profesión militar, ya que recibió, aunque más tarde en su vida, el despacho como capellán en lo que hoy son los Lanceros 12.°, pero que entonces (1738) era el regimiento de dragones del coronel Phineas Bowles. En 1720, George Payne fue elegido para un segundo mandato, después del cual vino el primero de una larga e ininterrumpida serie de Grandes Maestros nobles: John, duque de Montagu, que fue instalado el 24 de junio de 1721, momento en el que la Sociedad saltó de un solo impulso a la notoriedad y la estima.

El duque, que entonces era coronel del ejército, murió de unas violentas fiebres en julio de 1749, a los cincuenta y nueve años, y en el momento de su muerte era jefe general de Artillería, general de Caballería, coronel del 2.º de Guardias Dragones, Gran Maestre de la Orden del Baño, caballero de la Jarretera (*K.G.*), miembro de la Royal Society (*F.R.S.*) y consejero privado.

Del primer noble Gran Maestro de los francmasones especulativos, puede en verdad decirse que fue también el primer Gran Maestro de los artilleros especulativos, habiendo consolidado por carta real en 1741 (cuando era jefe general), la Real Academia Militar, que se había establecido en 1719 como escuela de instrucción teórica en Woolwich. A partir de 1741, por lo tanto, la artillería (como la masonería en una fecha anterior) se fusionó en una ciencia especulativa fundada sobre un arte operativo.

El duque de Montagu fue uno de los hombres más notables de la época, y se han relatado muchas anécdotas de la generosa ayuda que prestaba en momentos de necesidad, tanto a sus hermanos de Oficio como a sus hermanos de armas. La siguiente, salida de la pluma del Dr. Stukeley, apareció en uno de los periódicos de Londres poco después de la muerte de su benefactor y amigo:

Concluida una guerra, cuando muchos oficiales quedaron reducidos a media paga, el duque, paseando por el parque, como era un excelente fisonomista, vio a un capitán, un hombre valiente del que tenía algún conocimiento, sentado en un banco con profundas marcas de dolor y abatimiento en el semblante. El duque se dirigió a él y pronto se enteró de su duro caso. Tenía mujer y cuatro hijos en el campo, a los que no podía mantener con el subsidio. Le ordenó que, quince días después, fuera a cenar con él. Mientras tanto, el duque mandó llamar a la ciudad a su mujer y a sus hijos, y los tuvo en su casa a cenar el día señalado. El capitán se sorprendió prodigiosamente al verlos. La alegría, mezclada con la preocupación por la dificultad que tenía para mantenerlos, causó un tumulto inexplicable en su pecho, pero el duque disipó la nube diciéndole que había estado solicitando un despacho mejor para él. Se lo presentó, y con él un billete de banco de 500 libras, y luego se puso su aire circunspecto, y se sentó a cenar con tanta compostura como si no hubiera hecho nada.

A este noble le sucedió en 1722 Philip, duque de Wharton, de cuya meteórica carrera se encontrará un esbozo en una página posterior, y el joven par, al año siguiente por James, conde de Dalkeith, nieto del infortunado duque de Monmouth, quien, a su vez, cedió el puesto al duque de Richmond, en 1724.

La Gran Logia de 1717 fue fundada por cuatro logias, dos de las cuales, la «Lodge of Antiquity» y la «Royal Somerset House and Inverness» (n.º 1 y n.º 4 respectivamente abajo), aún existen. Estos cuerpos se reunían en 1724:

1. En el Goose and Gridiron, en el atrio de San Pablo.

2. En el Queen's Head, Turnstile; antiguamente el Crown, en Parker's Lane.
3. En el Queen's Head, en Knave's Acre; antiguamente el Apple Tree, en Covent Garden.
4. En el Horne, en Westminster; antiguamente el Rummer and Grapes, en Channel Row.

A excepción de Anthony Sayer, el primer Gran Maestro, que figura en la lista de la n.º 3, todos los personajes eminentes que tomaron parte principal en la historia temprana de la masonería, inmediatamente después de la formación de una Gran Logia, eran miembros de la n.º 4. En 1724, la n.º 1 tenía veintidós miembros; la n.º 2, veintiuno; la n.º 3, catorce; y la n.º 4, setenta y uno. Las tres logias más antiguas no contaban entre ellas con ningún miembro de rango suficiente para ser descrito como *Esquire* (escudero o hidalgo), mientras que en la n.º 4 había diez nobles, tres honorables, cuatro baronets o caballeros, dos oficiales generales, diez coroneles, cuatro oficiales por debajo del grado de jefe y veinticuatro *esquires*. Payne y Desaguliers —antiguos Grandes Maestros—, junto con el reverendo James Anderson —el «padre de la historia masónica»— eran miembros de esta logia. También Charles, segundo duque de Richmond, Lennox y Aubigny, Maestro de la logia en 1723 y Gran Maestro de la Sociedad en 1724, que llegó a ser capitán en el Regimiento Real de Caballería de la Guardia en 1722, mayor general en 1742 y teniente general en 1745. En 1743 acompañó a Jorge II al escenario de la guerra y estuvo presente en la batalla de Dettingen en ese año. Posteriormente acompañó al duque de Cumberland en su expedición contra los rebeldes jacobitas en 1745.

Henry Scott, creado conde de Deloraine en 1706, hijo menor del duque de Monmouth y Buccleuch, fue nombrado para el mando de un regimiento de infantería en 1707, ascendido a coronel de la segunda tropa de Guardias Granaderos a Caballo (sucediendo a un artesano más infortunado, George Keith, décimo y último de los condes mariscales de Escocia) en 1715, y murió como mayor general en 1730.

Lord Carmichael, capitán de la infantería de la Guardia, que sucedió a su padre como tercer conde de Hyndford en 1737, fue enviado en misión especial a Alemania en 1741, para mediar entre Federico el Grande y la emperatriz María Teresa; y también a Rusia en 1744, donde sus hábiles negociaciones condujeron en gran medida a la paz de Aquisgrán.

Sir Adolphus Oughton, que fue capitán y teniente en el 1.º de la infantería de la Guardia en 1700 y edecán del duque de Marlborough durante su retiro en el continente en 1712, se convirtió después en general de brigada y coronel del 8.º de Dragones.

Sir Robert Rich, cuarto baronet, que ingresó en la Guardia de Granaderos en 1700 y sirvió bajo el mando del duque de Marlborough. Coronel del 13.º de Dragones Ligeros en 1722; teniente general en 1739. Se embarcó hacia Flandes para unirse al ejército del conde de Stair en 1742, y luchó en Dettingen en 1743. Ascendido a general en 1747 y a mariscal de campo el 20 de noviembre de 1757.

El conde de La Lippe, distinguido oficial al servicio de los Países Bajos, que participó activamente como teniente general en la batalla de Dettingen en 1743; y el barón Dieskau, valiente oficial militar, posteriormente comandante en jefe de las tropas francesas en América durante el período anterior a Montcalm, y famoso por la parte activa que tomó en las guerras entre ingleses y franceses durante dicho período. En su última campaña comandó la expedición enviada para derrotar a la de los ingleses que avanzaba para invadir Canadá en 1755. Pero aunque consiguió una brillante victoria sobre el ejército del coronel Williams, una segunda batalla en el mismo día se saldó con su total derrota a manos de sir William Johnson (un hermano masón), siendo el comandante francés hecho prisionero y además herido de mucha gravedad.

El conde Walzdorf y el marqués Des Marches, que también eran miembros de la logia, pudieron haber sido, y probablemente lo fueron, como La Lippe y Dieskau, oficiales militares extranjeros, pero más detalles sobre sus biografías han eludido hasta ahora mi investigación.

Muchos otros nobles extranjeros fueron iniciados en la logia durante la Maestría del duque de Richmond, y entre ellos el marqués Du Quesne (1730), capitán del servicio de la Marina Real Francesa, que descendía del gran Du Quesne, gran almirante de Francia. Fue un valiente y juicioso gobernador de Canadá desde 1752 hasta 1755, año este último en el que solicitó su destitución alegando que deseaba volver al servicio militar activo.

El duque de Wharton era Maestro de la logia en el King's Arms, en el atrio de San Pablo, y el duque de St. Albans de la del Queen's Head, en Bath, en 1725.

Charles Beauclerk, primer duque de St. Albans, hijo de Carlos II y Nell Gwynn, sirvió en el ejército imperial contra los turcos y estuvo presente en la toma de Belgrado. Después comandó un regimiento inglés de caballería y en 1693 partió hacia Flandes, donde sirvió bajo el mando de Guillermo III en la campaña de Landen. Fue un soldado valiente y muy apreciado por el rey.

El vizconde Cobham y el conde de Lichfield también eran miembros de la logia en el Queen's Head.

Richard Temple —nombrado barón Cobham en 1714, y vizconde en 1718— fue nombrado coronel de un regimiento de infantería en el primer año del reinado de la reina Ana; sirvió en Flandes y Alemania y, tras haberse distinguido particularmente en el asedio de Lille en 1708, fue enviado expresamente por el duque de Marlborough ante la reina con un relato de la rendición de aquella fortaleza. Mayor general, 1709; coronel del 4.º de Dragones, 1710; del 1.º de Dragones, 1715; y del 1.º de Guardias Dragones del Rey, 1721; enviado extraordinario y plenipotenciario ante el emperador Carlos VI, 1715; comandante de las fuerzas terrestres contra España, 1719; condestable del castillo de Windsor, 1716; y mariscal de campo, 1742.

George, segundo conde de Lichfield, era hijo de sir Edward Lee, quien, a raíz de su matrimonio con lady Charlotte Fitzroy, hija natural de Carlos II con Barbara Villiers, fue nombrado conde de Lichfield. Se ha afirmado que el «Alegre Monarca, quien nunca dijo una tontería y nunca hizo una cosa sabia», era él mismo francmasón, de lo cual, sin embargo, no hay pruebas; pero el número de sus descendientes cuyos nombres aparecen en las listas de las logias de 1724-25 es ciertamente grande, abarcando como lo hace a los duques de Richmond y St. Albans, y a los condes de Dalkeith, Lichfield y Deloraine.

La primera logia puramente militar (de la que se tiene algún registro claro) parece haber sido la que originalmente llevaba el número 51 en las listas, que se estableció en Gibraltar en 1728. Esta, sin embargo, era de carácter estacionario, ya que las logias ambulantes se pusieron en marcha por primera vez en una jurisdicción hermana, y al convertirse la práctica en algo general bajo las diversas Grandes Logias de las Islas Británicas, será necesaria una breve digresión en la que relataré las historias de estos cuerpos en la medida en que puedan ser materiales para una debida comprensión del relato general.

La Gran Logia de York se estableció en 1725, se reconstruyó en 1761 y expiró hacia 1792. Expidió una única autorización o patente militar (*Warrant*) al 6.º regimiento de Dragones de Inniskilling en 1770.

En Dublín existía en 1725 una Gran Logia, de la cual era Gran Maestro el conde de Rosse. Le siguió en 1726 la Gran Logia de Munster, cuyo Gran Maestro era el honorable coronel James O'Brien; y en 1729-30 la Gran Logia de Irlanda —que aún existe—, bajo la dirección de James, vizconde de Kingston, como G.M., quien previamente había sido Gran Maestro de Inglaterra en 1728 y Gran Maestro provincial de Munster en 1729.

La Gran Logia de Escocia se fundó en 1736, y John, conde de Crawfurd, el primer coronel de la Guardia Negra (hoy

1.er batallón de los Highlanders Reales), habría sido probablemente elegido Gran Maestro de no haber declinado el honor. William, conde de Home, que posteriormente vio mucho servicio activo, alcanzó el grado de teniente general y murió como gobernador de Gibraltar en 1761, parece haber ocupado después el lugar de lord Crawfurd como el candidato cuya elección habría sido más aceptable para las logias. Aunque en el resultado, y al término de un drama preacordado (cuyos pormenores se relatan en extenso en mi *Historia de la masonería*), William St. Clair de Roslin, destacado miembro de la Real Compañía de Arqueros (hoy Guardia de Corps de la Reina para Escocia), fue elegido Gran Maestro.

A esto siguió la elección del capitán John Young, de la «Kilwinning Scots Arms», como Diputado Gran Maestro, y entre los demás miembros de la logia en el mismo período se encontraban los condes de Crawfurd, Home, Cromarty y Kilmarnock, los dos últimos de los cuales volverán a ser mencionados en relación con el levantamiento jacobita de 1745.

Estos nombres no agotan en absoluto la lista de la nobleza escocesa que era miembro de la fraternidad en 1736, pero solo es necesario mencionar a unos pocos.

El duque de Perth, iniciado en la Logia de Dundee, que al unirse al Pretendiente en 1745 fue nombrado teniente general y sirvió con el ejército de las Tierras Altas hasta el desastre de Culloden.

El hermano menor y único del duque, lord John Drummond, era miembro de la Logia de Dunblane.

James, quinto conde de Balcarres, quien, tras haber servido en la Armada y obtenido el grado de teniente, se unió más tarde a los rebeldes y fue especialmente felicitado por el conde Mariscal, por orden del conde de Marr, por su gallardía en Sheriffmuir. Al recibir el indulto, reingresó en el servicio del rey como teniente en el 2.º de Dragones, o Británico del Norte (Scots Greys), y alcanzó una alta distinción como oficial militar, mostrando gran valor en las batallas de Dettingen y Fontenoy.

John, cuarto conde de Loudoun, quien en noviembre de 1736, cuando se erigió la Gran Logia de Escocia, ocupaba el cargo de Gran Maestro de Inglaterra, en el que había sido instalado a principios de ese mismo año. Lord Loudoun, que era coronel del 50.º de Infantería y gobernador del castillo de Edimburgo, tomó parte activa en la represión de la rebelión de 1745; mayor general en 1755; gobernador de Virginia en 1756; comandante en jefe de todas las fuerzas británicas en América en ese mismo año; teniente general en 1758. El título recayó finalmente en la única hija del quinto conde, Flora, que se convirtió en condesa de Loudoun por derecho propio, y en 1804 se casó con el Gran Maestro en funciones de los francmasones ingleses, Francis, conde de Moira (posteriormente marqués de Hastings), que entonces comandaba las fuerzas en el norte de Gran Bretaña, y quien, en 1806, fue elegido Gran Maestro en funciones de Escocia.

De 1736 a 1752, aunque se elegía anualmente un nuevo Gran Maestro de Escocia, el Diputado Gran Maestro —John Young— continuó ocupando el cargo ininterrumpidamente. Este ilustre personaje, que era capitán en 1736, llegó a ser mayor en 1745 y teniente coronel en el 60.º de Infantería, o «Royal Americans», cuerpo con el que sirvió a las órdenes del coronel Munroe en la capitulación y masacre de Fort William Henry en 1757.

En ese mismo año fue nombrado Gran Maestro Provincial sobre todas las logias (escocesas) en América y las Indias Occidentales.

Young fue trasladado al 46.º de Infantería, también en América, pero que poco después zarpó hacia las Indias Occidentales, en 1761. Su nombre figura en la lista del ejército del año siguiente como teniente coronel al mando del regimiento, pero desaparece en la de 1763. Hasta qué punto participó en la historia masónica del valeroso 46.º de Infantería debe seguir siendo una incógnita, pero su asociación con tan distinguido cuerpo, unida a los términos de su patente como Gran Maestro Provincial, puede al menos justificar la creencia de que uno de los masones más prominentes del Viejo Mundo debió de verse muy favorecido por circunstancias accidentales o fortuitas al llevar a cabo su misión en el Nuevo.

Volviendo a la Gran Logia de Escocia, George, tercer conde de Cromarty, sucedió a William St. Clair como Gran Maestro en 1737. Este noble participó más tarde en la rebelión de 1745 y, con 400 hombres de su clan, tomó parte en la batalla de Falkirk. Él y su hijo, lord Macleod, fueron hechos prisioneros. Ambos se declararon culpables, pero fueron indultados. El hijo, en 1777, fue nombrado coronel del 73.º (posteriormente el 71.º) de Infantería.

Durante el año de mandato del conde de Cromarty se resolvió que todas las logias dependientes de la Gran Logia se inscribieran según su antigüedad, a consecuencia de lo cual se concedió el primer lugar en la lista a la Logia de Edimburgo, y el segundo a la de Kilwinning. La validez de esta decisión no fue impugnada abiertamente en un principio por este último cuerpo. Pero había muchas influencias en juego, despertadas por el brillante discurso de un soldado de fortuna escocés, que proporcionaron a los masones de Ayrshire, en 1743, al menos una excusa razonable para reclamar una preeminencia para la Antigua Corte de la Masonería Operativa en Kilwinning, que estaba claramente ausente de sus pensamientos —al encontrarse en el seno del futuro— en 1737.

Andrew Michael Ramsay, más conocido como el caballero Ramsay, nació en Ayr y, hacia 1706, partió con los auxiliares ingleses a los Países Bajos, donde luchó a las órdenes de Marlborough durante la guerra de sucesión española. Convertido por Fénelon a la fe romana, posteriormente fue tutor durante un breve tiempo de los dos hijos del (Viejo) Pretendiente en Roma. Sus obras principales son *Travels of Cyrus* (*Los viajes de Ciro*), *Philosophical Principles of Religion* (*Principios filosóficos de la religión*) y las *Lives of Fénelon and Turenne* (*Vidas de Fénelon y Turenne*). El siguiente es un extracto del famoso discurso que pronunció como Canciller de la Gran Logia de París en 1737:

«En la época de las últimas cruzadas ya se habían erigido muchas logias en Alemania, Italia, España, Francia y desde allí en Escocia, debido a la estrecha alianza entre franceses y escoceses. James, lord gran senescal de Escocia, fue Gran Maestro de una logia establecida en Kilwinning, en el oeste de Escocia, en MCCLXXXVI, poco después de la muerte de Alejandro III, rey de Escocia, y un año antes de que John Baliol subiera al trono».

Este pasaje ha sido aprovechado por los inventores de supuestos ritos escoceses, pretendiendo todos ellos provenir de Kilwinning y afirmando la superioridad en cuanto a antigüedad y pureza de principios de la Gran Logia allí celebrada, cuerpo que, huelga casi decirlo, nunca existió. Mientras que el propio Ramsay, con igual desprecio por la verdad, ha sido descrito como partisano jacobita, misionero jesuita disfrazado, inventor del Arco Real y de muchos otros ritos y grados. Puede, sin embargo, afirmarse con seguridad respecto a este valeroso soldado y distinguido hombre de letras que toda tradición genuina respecto al lugar de nacimiento de la masonería escocesa fue barrida por su famoso discurso, que sustituyó a esta por una tradición espuria, otorgando la palma de la prioridad sobre todas las demás logias escocesas a la Logia de Kilwinning.

La llamada «masonería escocesa» del continente, que era desconocida antes de la fecha del discurso de Ramsay, apareció poco después y había alcanzado gran boga en 1743.

Fue en este año cuando la Logia de Kilwinning parece haber despertado a la convicción de que había sido relegada indebidamente a un rango secundario. La logia, por tanto, reasumió su independencia, a la que en materia de concesión de cartas patentes en realidad nunca había renunciado, y durante casi setenta años siguió existiendo como un Gran

Cuerpo independiente, dividiendo con la de Edimburgo el honor de formar ramas en Escocia así como en las posesiones británicas de ultramar.

Finalmente, se logró felizmente una reconciliación y la «Mother Kilwinning», habiendo regresado al seno de la Gran Logia, fue colocada a la cabeza de la lista sin número en 1808.

Pasaré ahora a un cisma aún mayor que, durante más de medio siglo, perturbó la paz de la masonería en todo el mundo.

La «Gran Logia de Inglaterra, según las Antiguas Instituciones», se estableció en 1751, en oposición a la Gran Logia matriz de la masonería inglesa (1717), de la que el cuerpo más joven afirmaba que había adoptado nuevos planes y se había apartado de los antiguos linderos (*landmarks*).

Los cismáticos, por tanto, al volver, según alegaban, a las «antiguas formas», se arrogaron el título de masones «Antiguos», otorgando a sus rivales el apelativo de «Modernos», y mediante estos epítetos distintivos se les ha descrito generalmente desde entonces.

Las dos Grandes Logias de Inglaterra se amalgamaron en 1813, pero durante la continuación del cisma, el cuerpo menor fue un factor importantísimo en la diseminación de particulares observancias ritualísticas en los países de ultramar, a través de la instrumentalidad de las logias militares.

Todas las Grandes Logias arriba mencionadas, así como la «Mother Kilwinning», establecieron logias en los regimientos británicos.

Las logias irlandesas, sin embargo, siempre trabajaron según el sistema en boga entre los llamados masones «Antiguos», y el resultado en América, donde la influencia de las logias militares se hizo sentir principalmente, fue muy marcado. Las costumbres de las logias regimentales escocesas estaban en armonía con las de las irlandesas, y la Gran Logia más antigua de Inglaterra estaba demasiado escasamente representada entre las fuerzas militares de la Corona como para ejercer alguna contra-influencia, si es que sus logias de campaña en el extranjero no adquirieron —como imagino que debió de ser generalmente el caso— el tono y el carácter de la gran mayoría de estas asociaciones.

Por lo tanto, el predominio en Norteamérica de los «Antiguos» sobre sus rivales, los titulares «Modernos», debe atribuirse a la afluencia de logias regimentales del Viejo Mundo, y a su diseminación de los principios y la práctica de lo que entonces se denominaba «masonería antigua» por todo el continente de América.

La primera patente que creó una logia ambulante de francmasones —a la que posteriormente se asignó el número 11— fue expedida al 1.º de Infantería —entonces el «Regimiento Real», hoy los «Royal Scots»— por la Gran Logia de Irlanda en 1732, y la fecha será conveniente para reanudar la narración general de los acontecimientos desde el punto donde lo dejé con el fin de presentar un breve esbozo de las Grandes Logias del Reino Unido.

Entre los prominentes hermanos militares cuyos nombres figuran en las listas inglesas, hasta el año 1732 inclusive, se encontraban el primer conde de Portmore, coronel del 2.º de

Infantería en 1703, que sirvió a las órdenes del duque de Ormonde en la guerra de sucesión española como teniente general en 1710, comandó las fuerzas en Escocia y llegó a ser general en 1710, y fue gobernador de Gibraltar en 1713. El teniente general Francis Columbine, gobernador de la misma fortaleza en 1738, pero que es más conocido por los estudiosos de la masonería por ostentar el grado de «coronel» en 1725, cuando ocupaba los cargos combinados de primer Gran Maestro Provincial y Maestro de la logia celebrada en el Sun, en Chester, en 1725. El coronel George (posteriormente segundo lord) Carpenter, del 3.º de Dragones, iniciado en 1724 y Gran Vigilante en 1730; el segundo conde de Dunbarton, teniente coronel de Infantería en 1715 y embajador en Rusia en 1716; y Francisco, duque de Lorena, el más antiguo de los francmasones de la realeza, que fue hecho Aprendiz Entrado y Compañero del Oficio en La Haya por el Dr. Desaguliers en 1731, y más tarde en el mismo año, Maestro Masón, junto con el duque de Newcastle, por lord Lovel, Gran Maestro, en Houghton Hall, en Norfolk, residencia de sir Robert Walpole, el primer ministro.

El duque de Lorena, que se casó con María Teresa, hija mayor del emperador Carlos VI, en 1736, fue nombrado poco después mariscal de campo del Imperio y generalísimo del ejército imperial. Fue en esa doble calidad que comandó, en 1738, el ejército austríaco contra los turcos. Francisco, quien (como tantos de los francmasones «especulativos» de una época aún anterior) era aficionado a la alquimia y buscador de la piedra filosofal, se convirtió en corregente con su esposa en 1740 y cinco años después fue elegido emperador.

Thomas Pelham, duque de Newcastle (1693-1768), junto con su hermano Henry, levantó una tropa en 1715 para servir contra el Pretendiente, por lo cual recibió su ducado; fue primer ministro en 1754.

La primera logia en el extranjero que obtuvo un lugar en la lista de la Gran Logia de Inglaterra fue constituida en Madrid por el duque de Wharton —que en aquel tiempo desempeñaba el papel de aventurero militar al servicio de España— en 1728.

Otro antiguo Gran Maestro de Inglaterra y también valeroso soldado, el duque de Richmond, asistido por el barón de Montesquieu, el célebre autor de *De l'Esprit des Lois* (*El espíritu de las leyes*), y por el general de brigada Churchill (miembro de la logia del Rummer, en Charing Cross, en 1724, teniente general en 1747), admitió en la Sociedad de Francmasones en casa de la duquesa de Portsmouth, en París, a muchas personas de distinción en 1734.

Una reunión similar en la capital francesa tuvo lugar al año siguiente, en el Hôtel Bussy, presidida por un Gran Maestro de Inglaterra aún anterior, el veterano Desaguliers. Varios nobles y caballeros —entre ellos el segundo duque de Kingston, general del ejército en 1772— fueron recibidos en la fraternidad, y entre los que asistieron al erudito filósofo natural en la admisión de los candidatos se encontraba lord Dursley, posteriormente cuarto conde de Berkeley, por entonces alférez en el 1.º de la infantería de la Guardia, y que posteriormente llegaría a ser general del ejército y ostentaría un mando contra los rebeldes en 1745.

Muchos partidarios del Viejo así como del Joven Pretendiente eran francmasones, como ya he tenido ocasión de señalar, y entre ellos se encontraba sir Duncan Campbell, de Lochnell, quien, el 28 de agosto de 1721, recibió en la Logia de Edimburgo los grados de Aprendiz Entrado y Compañero del Oficio.

A la muerte de la reina Ana, las simpatías de sir Duncan Campbell parecen, al igual que las de muchos otros escoceses eminentes, haberse alistado en la causa jacobita. A la muerte de su padre, el 10 de enero de 1714, mantuvo el cadáver insepulto hasta el 28 con el fin de que el funeral pudiera aprovecharse. «De ahí resultó que a la inhumación de Lochnell asistieran dos mil quinientos hombres, bien armados y pertrechados, quinientos de ellos de las propias tierras de Lochnell, comandados por el famoso Rob Roy, llevando consigo un par de banderas pertenecientes al conde de Breadalbane, y acompañados por los alaridos de trece gaitas».

Sir Duncan era capitán de una de las diez compañías independientes de la Guardia Negra —llamada así porque su vestimenta se componía de tartán negro, azul y verde— levantadas en 1729. De estas (posteriormente el 42.°, y ahora los Royal Highlanders), John, decimoséptimo conde de Crawfurd, fue el primer coronel.

Parece que, a pesar de su aparente lealtad (como oficial del ejército) a Jorge II, sir Duncan estaba de acuerdo con el príncipe Carlos Eduardo en 1745, y fue el primero en dar a conocer su llegada a Escocia a los partidarios de la causa Estuardo en Edimburgo. Ayudó a fundar la Logia de Inverary, actual St. John n.º 50. Su hermana estaba casada con John Cameron de Locheil, miembro de la Logia de Dunblane, y que sirvió con el conde de Mar en el levantamiento de 1715.

El conde de Crawfurd fue hecho masón en la Logia de Edimburgo en 1733, y cinco meses después fue presentado a la fraternidad inglesa por el conde de Strathmore —capitán de la infantería de Barrel—, a quien sucedió en el cargo de Gran Maestro en 1734. Lord Crawfurd fue durante varios años coronel de una compañía en el 3.º de la infantería de la Guardia, y posteriormente del 42.º de Infantería. Sirvió con los alemanes contra Francia, y con los rusos contra los turcos. Posteriormente se distinguió mucho en las batallas de Dettingen y Fontenoy. El mando de la segunda tropa de Guardias Granaderos a Caballo le fue conferido en 1740, y la coronelía del Regimiento Real de Dragones Británicos del Norte, ahora el 2.º de Dragones (Royal Scots Greys), en un período posterior.

Un segundo par escocés de renombre militar, el conde de Loudoun (del que se encontrará una breve reseña en una página anterior), fue colocado a la cabeza de la masonería inglesa en 1736. Este noble sirvió con gran distinción en el bando vencedor durante el levantamiento de 1745.

Pasaré ahora a la carrera más azarosa de otro conde escocés de igual rango en la jerarquía del Oficio, cuya desgracia fue haber estado alineado en el bando perdedor a lo largo de la desastrosa lucha que terminó en Culloden.

William, cuarto conde de Kilmarnock, el primer Maestro de la Kilmarnock Kilwinning (1734), y que ocupó el mismo cargo en la Logia de Falkirk y en la «Mother Kilwinning» cuando, en noviembre de 1742, fue elegido Gran Maestro Masón de Escocia. Fue por recomendación de este noble que, en 1743, se erigió la primera logia militar (bajo la Gran Logia), siendo los peticionarios algunos sargentos y centinelas pertenecientes al regimiento de infantería del coronel Lee (posteriormente el 55.º). Esta, sin embargo, parece no haber tenido nunca un lugar asignado en la lista oficial, donde, como veremos en breve, una logia de otro regimiento de infantería figura como la primera logia militar o del ejército patentada por la Gran Logia de Escocia.

El barón von Hund, que fue la figura principal en la organización del rito o sistema llamado de la Estricta Observancia (1764), declaró que hacia el año 1743 fue hecho Caballero Templario en presencia de lord Kilmarnock, y que el Gran Maestro del Temple en aquella época era o bien su señoría o el príncipe Carlos Eduardo Estuardo. No obstante, todavía no se ha aportado ninguna prueba de origen escocés sobre la conexión de lord Kilmarnock con la masonería continental, y ninguna en absoluto que justifique nuestra creencia de que el joven Pretendiente fuera miembro de la fraternidad.

El hijo mayor del conde de Kilmarnock, lord Boyd —Gran Maestro de Escocia en 1751—, fue elegido Maestro de la Logia de Falkirk, con sus hermanos, Charles y William Boyd, como Vigilantes, en 1749.

En el levantamiento de los Estuardo en 1745, el conde y su hijo mayor tomaron bandos diferentes. Lord Boyd era oficial en el ejército del rey Jorge, y como tal estuvo presente con su regimiento, el 21.º de Infantería, en la batalla de Culloden, luchando contra los insurgentes, en cuyas filas su padre ostentaba un alto mando. Charles Boyd se unió a los rebeldes junto a lord Kilmarnock, y tras la derrota del joven Pretendiente, logró escapar a duras penas. El hermano menor, William, estaba en la Marina Real y a bordo del barco del comodoro Barnett en la época de la ejecución de su padre. Más tarde (1761) fue capitán en el 114.º de Infantería.

El conde de Kilmarnock fue ejecutado en 1746. Lord Boyd, que a la muerte de su tía se convirtió en decimotercer conde de Errol, ofició de condestable de Escocia en la coronación de Jorge III en 1761; y habiendo descuidado por accidente quitarse el sombrero cuando entró el rey, se disculpó por su negligencia de la manera más respetuosa; pero Su Majestad le rogó que se cubriera, pues consideraba su presencia en la solemnidad como un honor muy particular.

Una logia militar, «La del Duque de Norfolk» (*The Duke of Norfolk's*), en el 12.º de Infantería, se situó en la lista escocesa como la n.º 58 en 1747. La petición aseveraba que la «Logia Masónica del Duque de Norfolk» había sido «erigida en cuerpo masónico, ostentando el título antedicho, ya en 1685», y, en verdad, no se podía haber afirmado una antigüedad mayor, puesto que el 12.º de Infantería se levantó precisamente en ese año. El hecho, sin embargo, sigue siendo que, a fines de la primera mitad del siglo XVIII, una logia en un regimiento inglés afirmaba haber existido más de treinta años antes de la formación de la primera de las Grandes Logias.

Hacia la misma época (1747) existía también una logia en el 2.º de Dragones (ahora los Royal Scots Greys), la fecha de cuya constitución es incierta, que, a través de la influencia del conde de Eglinton, había sido obtenida de Kilwinning. Es probable, en efecto, que las logias regimentales, aunque no de carácter autóctono, hubieran penetrado en Escocia antes de que la Gran Logia considerara favorablemente en 1743 la petición de ciertos «sargentos y centinelas» pertenecientes al 55.º de Infantería.

Como ya hemos visto, la Gran Logia de Irlanda estableció una logia en un regimiento británico (el 1.º de Infantería) en 1732. Otras cuatro logias similares —en regimientos que entonces llevaban los nombres de sus coroneles, pero que posteriormente se convirtieron en el 33.º, 27.º, 21.º y 28.º de Infantería—, haciendo un total de cinco, funcionaban bajo la misma jurisdicción a finales de 1734, y el número había aumentado a ocho cuando la Gran Logia de Escocia expidió la primera patente militar en 1743. Dos de ellas, fechadas en 1732 y 1734, y que llevaban los números 11 y 33, estaban adscritas al 1.º y al 21.º de Infantería respectivamente, ambos regimientos escoceses.

Además, tenemos noticia de otras logias militares en Escocia, aparte de las ya mencionadas, que existían bajo la Gran Logia y la «Mother Kilwinning» ya en 1744, año en el que las actas de la «St. John's Old Kilwinning» de Inverness registran la visita de «David Holland, Maestro de la Logia de Francmasones en el regimiento del general de brigada Guise» —posteriormente el 6.º de Infantería— entonces «acuartelado en Fort George». Esta logia parece haber carecido de carta o patente, pero es posible que los archivos perdidos de la Gran Logia de Irlanda aportaran una clave al misterio, y por diversas razones llego a la conclusión de que debió haber muchas logias irlandesas en el ejército británico (y en otras partes) de las que se ha perdido todo rastro.

El número de logias militares en el registro de Irlanda, sin embargo —según los datos de que dispongo—, había ascendido ciertamente a veintinueve, y de las que reclamaban un parentesco escocés al menos a cinco, cuando los primeros cuerpos de este tipo fueron establecidos por las Grandes Logias rivales en el sur de Gran Bretaña.

En febrero y septiembre de 1755 se constituyeron sendas logias en los regimientos de Infantería 8.° y 57.° respectivamente, la primera por los titulares «Modernos» (o Gran Logia Regular), y la segunda por los llamados «Antiguos» (o Cismáticos).

A partir de este momento las logias se multiplicaron en el ejército británico, y Abraham Savage, que fue autorizado por el Gran Maestro Provincial de Norteamérica, bajo los «Modernos», a «congregar a todos los Masones Libres y Aceptados en la Expedición contra Canadá en una o más logias», admitió en la masonería en Crown Point, tras la rendición de aquella plaza fuerte, a doce oficiales del 1.° de Infantería, en la logia que había establecido allí y de la que era Maestro, en 1759. Más tarde, ese mismo año, en Quebec, «el aniversario de san Juan Evangelista fue debidamente observado por las diversas logias de francmasones de la guarnición».

En 1768 —el 1 de octubre—, el 14.°, el 29.° y una parte del 59.° regimiento llegaron a Boston (EE. UU.), y poco después el 64.° y el 65.° de Infantería directamente desde Irlanda. En estos regimientos había tres logias, todas trabajando bajo lo que se conocía comúnmente como el «sistema Antiguo» — la n.º 58 (A.), 14.º de Infantería; 322 (I.), 29.º; y 106 (S.), 64.º — bajo las Grandes Logias de Inglaterra («Antiguos»), Irlanda y Escocia respectivamente. La presencia de estas tropas creó una intensa excitación. Sin embargo, los miembros de la St. Andrew's, una logia escocesa en Boston, vieron ante sí la oportunidad de formar una Gran Logia bajo la autoridad de la Gran Logia de Escocia, y con este fin no tuvieron escrúpulos en entrar en comunión fraternal con sus hermanos de los odiados regimientos y hacer uso de ellos.

Ninguna de estas logias del ejército estuvo presente en la instalación del Gran Maestro Provincial bajo Inglaterra (Gran Logia Regular) en noviembre, pero todas ellas se unieron a la St. Andrew's en diciembre de 1768, en una petición a la Gran Logia de Escocia solicitando el nombramiento de «un Gran Maestro de Masones Antiguos en América».

El Dr. Joseph Warren fue nombrado en 1769 «Gran Maestro de Masones en Boston y en un radio de cien millas de la misma»; pero en el intervalo el 64.º regimiento había sido retirado del puesto. La Gran Logia, sin embargo, fue inaugurada formalmente por la St. Andrew's y las logias 58 (A.) y 322 (I.) en el 14.º y 29.º de Infantería. Mediante una patente escocesa posterior (1772) Joseph Warren (posteriormente muerto en la batalla de Bunker Hill, donde, aunque ostentaba el grado de mayor general, luchó como voluntario) fue nombrado Gran Maestro para el continente de América.

La última patente fue concedida por el quinto conde de Dumfries, Gran Maestro de Escocia, 1771-72, coronel de la infantería de la Guardia; pero es a su inmediato predecesor en el cargo al que me referiré a continuación, el teniente general James Adolphus Oughton, quien, en el momento de su elección —noviembre de 1769— comandaba las fuerzas en Escocia en ausencia de lord Lorne, más tarde quinto duque de Argyll.

Los nombres de otros hermanos militares (además de los ya citados) que, en fecha anterior al general Oughton, se habían convertido en rectores del Oficio, como Grandes Maestros británicos o irlandeses, son muy numerosos. El comandante en jefe de Gran Bretaña del Norte en 1769 fue el vigesimoséptimo Gran Maestro Masón de Escocia, y de sus predecesores en el cargo al menos trece, o la mitad, ostentaron nombramientos en el ejército, entre ellos los condes de Leven, Eglinton y Kellie, lord Erskine, único hijo superviviente del undécimo conde de Mar (proscrito en 1715), y James, posteriormente decimosexto barón Forbes.

A estos ejemplos me contentaré de momento con añadir los nombres del marqués de Carnarvon, posteriormente tercer duque de Chandos (1754-56); los duques de Beaufort (1767-71) y Manchester (1777-82), Grandes Maestros de Inglaterra («Modernos»); todos los cuales fueron coroneles del ejército; lord George (eventualmente vizconde) Sackville —al que se hará referencia más adelante en relación con el 20.º de Infantería—, Gran Maestro de Irlanda, 1751; y Sholto, lord Aberdour, más tarde decimosexto conde de Morton, Gran Maestro de Escocia, 1755-56, y de Inglaterra, 1757-61, quien (mientras ocupaba este último cargo) levantó un cuerpo de dragones ligeros del que fue nombrado comandante en 1759. También puede mencionarse que el general lord Blayney, Gran Maestro de Inglaterra, 1764-66, estuvo apoyado durante todo ese período por otro soldado como Diputado: el coronel John Salter, que fue ascendido al grado de mayor general en 1770.

James Adolphus Oughton, hijo natural de sir Adolphus Oughton —uno de los miembros militares de la logia del Horn, en 1724— sirvió con el 37.º de Infantería en Culloden, y también (al mando de dicho regimiento) en la batalla de Minden en 1759. Fue nombrado caballero del Baño en 1773, comandante en jefe de Escocia en 1778, y en el momento de su muerte en 1780 era teniente general y coronel del 31.º de Infantería. En medio de todas sus campañas cultivó el gusto por la literatura y las bellas artes, y en opinión del Dr. Johnson, había pocos hombres de cualquier profesión cuya amplitud de conocimientos generales fuera más completa.

El general (entonces teniente coronel) Oughton fue Gran Maestro Provincial de la isla de Menorca bajo los «Modernos» en 1752, y se hizo miembro de la logia Canongate Kilwinning, en Edimburgo, en 1754.

En 1770, la logia «Scots Greys, Kilwinning», en el 2.º de Dragones o Regimiento Real de Dragones Británicos del Norte, habiendo perdido su carta y todos sus registros en las guerras, solicitó una patente a la Gran Logia, que le fue concedida, y la logia fue reconstituida por el general Oughton —el 12 de marzo— como la «St. Andrew's Royal Arch» (Arco Real de San Andrés).

La afiliación de una logia regimental por parte de un Gran Maestro, que a la sazón comandaba también las fuerzas del rey en Escocia, nos indica la estima en que se tenía entonces a la masonería militar, y el significado del acontecimiento se ve realzado por la circunstancia de que el Maestro de la «St. Andrew's Royal Arch», el coronel William (más tarde sexto lord) Napier, estaba al mando del 2.º de Dragones.

Después del general Oughton, no se puso a la cabeza del Oficio escocés a ningún soldado de igual rango hasta 1806, cuando el conde de Moira, que en aquel momento comandaba las tropas en Gran Bretaña del Norte, fue elegido Gran Maestro en funciones, puesto que, como se verá en seguida, había ocupado durante mucho tiempo con notable capacidad en el reino del Sur.

Entre las épocas, sin embargo, de estos dos jefes militares y masónicos, hubo varios comandantes de las fuerzas en Escocia que fueron celosos francmasones, y muchos Grandes Maestros que fueron miembros muy distinguidos de la profesión militar. De la primera clase, puede nombrarse al teniente general Archibald, conde de Eglinton, antiguo Maestro de la «Mother Kilwinning», que ostentó el mando en jefe en Edimburgo en 1783; a lord Adam Gordon, su sucesor en 1789, quien, al tiempo que ocupaba ese alto cargo militar, sirvió como Maestro en la Logia de Aberdeen; y a sir Ralph Abercromby (1798), que vio por primera vez la luz de la masonería en la logia Canongate Kilwinning en 1753.

De los Grandes Maestros, comenzaré con los nombres del tercer y cuarto duques de Atholl, elegidos en 1773 y 1778, respectivamente; cada uno de ellos, en la fecha de ser elegido para ocupar la silla escocesa, ostentaba el cargo de Gran Maestro en la Gran Logia Menor de Inglaterra, o de los «Antiguos». Ambos duques sirvieron en el ejército, y el menor levantó un regimiento —el 77.º o Atholl Highlanders— para el servicio público en 1778. William, décimo barón (luego primer conde) Cathcart —comandante en jefe de las fuerzas de Irlanda en 1803; de Escocia en 1806; y del ejército contra Dinamarca en 1807—, al obtener una compañía en este cuerpo, dejó vacante la silla de la Logia de Alloa, cuerpo que acto seguido ofreció una prima a los reclutas. Esta práctica —a menudo combinada con «la libertad de la masonería»— fue expresamente prohibida por la Gran Logia, pero en la Logia de Kelso, el espíritu de patriotismo así despertado alcanzó una gran cota, y en el mismo año los hermanos resolvieron unánimemente testimoniar su celo por su soberano y su respeto por su noble Gran Maestro, marchando a la cabeza del grupo de reclutamiento, tocando a rebato en busca de reclutas para los Atholl Highlanders, y ofreciendo una recompensa de tres guineas a cada hombre que se alistara en ese cuerpo.

John, cuarto duque de Atholl, fue Gran Maestro de Escocia en 1778 y 1779, y de la Gran Logia Menor de Inglaterra, o de los «Antiguos», de 1775 a 1781, y nuevamente de 1791 a 1813. Fue admitido en el primer, segundo y tercer grado, y se convirtió en Maestro de la Logia del Gran Maestro (bajo los «Antiguos») el 25 de febrero de 1775. El 1 de marzo fue elegido Gran Maestro, y el 25 del mismo mes fue debidamente instalado en presencia del duque de Leinster (coronel del 1.er regimiento de Voluntarios de Dublín en 1777) y del teniente general sir James Adolphus Oughton, antiguos Grandes Maestros de Irlanda y Escocia, respectivamente.

Como resultado del patrocinio por parte de los duques de Atholl de los cismáticos ingleses o «Antiguos», este cuerpo llegó a ser ampliamente conocido como masones de «Atholl», y a la influencia de estos dos nobles hay que atribuir en gran medida el maravilloso éxito del Gran Cisma.

De los siguientes Grandes Maestros Masones de Escocia, el sexto conde de Balcarres (1780-81) y el séptimo lord Napier (1788-89), acompañaron al general Burgoyne en su infortunada expedición desde Canadá, y estuvieron presentes con la fuerza bajo el mando de dicho oficial que se vio obligada a rendirse al general Gates en 1777.

George, marqués de Huntly, posteriormente duque de Gordon, mientras era Gran Maestro de Escocia (1794) levantó el 100.°, más tarde 92.° de Infantería (Gordon Highlanders), del cual fue nombrado teniente coronel comandante, y lo acompañó en 1799 a Holanda, donde fue gravemente herido. Teniente general en 1808 y al año siguiente ostentó un mando principal en la expedición al Escalda. El conde de Ancram, posteriormente quinto marqués de Lothian (Gran Maestro en 1794-95), sirvió durante muchos años en el regimiento de su padre, el 11.° de Dragones, en el cual se estableció una logia por la Gran Logia de Inglaterra —«en la tropa del capitán Bell»—, mientras ostentaba el grado de teniente, en 1756. Comandó sucesivamente el 12.° de Infantería, el 4.° regimiento de Caballería, el 1.° de la Guardia de Corps y, finalmente, su cuerpo original, el 11.° de Dragones. Alcanzó el rango de general del ejército en 1796.

Lord Doune, después noveno conde de Moray, el cuadragésimo primer Gran Maestro Masón, y el conde de Dalkeith, más tarde séptimo duque de Buccleuch, el cuadragésimo tercero, también fueron soldados; pero de mayor relieve en el servicio militar de la Corona fue el noveno conde de Dalhousie (Gran Maestro en 1804-05), quien, ingresando en el ejército en 1788, sirvió con gran distinción en Holanda, Egipto y Walcheren, y fue comandante en jefe en las Indias Orientales de 1829 a 1832.

Gracias a la influencia de Francis, conde de Moira, comandante de las fuerzas en Gran Bretaña del Norte, se estableció una unión fraternal entre la Gran Logia de Escocia y la de Inglaterra (bajo la sanción más antigua), con el resultado de que en 1806 el Príncipe de Gales y lord Moira, Gran Maestro y Gran Maestro en funciones de este último cuerpo, fueron elegidos para puestos similares en la jurisdicción masónica del Norte.

Las simpatías, por tanto, de los masones escoceses, que, siguiendo el ejemplo dado por un antiguo comandante en jefe, el general Oughton, y otros dos Grandes Maestros militares, los duques de Atholl, se habían adherido a los «Antiguos», se desviaron ahora hacia un nuevo cauce, a instancias del conde de Moira, quien declaró «que los corazones y los brazos de la Gran Logia a la que pertenecía habían estado siempre abiertos para sus hermanos disidentes», y a partir de ese momento se puede fechar una amistad duradera entre la Gran Logia de Escocia y la única Gran Logia Constitucional de Inglaterra, o de los «Modernos».

Volviendo, no obstante, por un breve período a los rivales de este último cuerpo, los masones de «Atholl», o «Antiguos».

En 1781 los «Antiguos» y las logias de campaña de Nueva York se reunieron como Gran Logia y eligieron Grandes Oficiales el 23 de enero; la Gran Logia de Inglaterra («Antiguos») concedió una patente para una Gran Logia Provincial el 5 de septiembre; y la Gran Logia Provincial fue debidamente inaugurada por tres logias estacionarias y seis ambulantes en diciembre de 1782. Las primeras eran las n.º 169, 210 y 212 en la lista de los «Antiguos», de las cuales la primera fue reconocida como la autoridad principal por las distintas logias del ejército, mientras que las dos últimas también eran en gran medida cuerpos militares. De las seis logias ambulantes, la mitad eran igualmente inglesas (o «Antiguas»), a saber, las n.º 52, 213 y 215, en el 22.º de Infantería, el 4.º batallón de la Artillería Real y el Regimiento de Ansbach-Bayreuth, respectivamente. Las otras logias regimentales que tomaron parte en los procedimientos fueron las n.º 132 (escocesa) y 441 (irlandesa) en el 22.º y 38.º de Infantería, junto con la Logia de Sion en el 57.º Regimiento, que funcionaba bajo una dispensa concedida por la Logia n.º 210, de los «Antiguos», con el consentimiento y aprobación de dos logias escocesas, la n.º 132, «Moriah», en el 22.º de Infantería, y la n.º 134, Eskdale Kilwinning, en Langholm, en Dumfriesshire.

Al año siguiente la mayoría de los Grandes Oficiales abandonaron Nueva York con el ejército británico, y en esa fecha la Gran Logia Provincial había formado logias en los Voluntarios de Nueva Jersey, el Regimiento de Knyphausen, el 57.º de Infantería y el Regimiento de Leales Americanos; mientras que en el mismo período dos logias irlandesas, la n.º 478 en el 17.º de Dragones y la n.º 90 en el 33.º de Infantería, se habían alineado bajo su bandera. Después de la guerra, el cuerpo así establecido por las logias del ejército británico abandonó su carácter provincial y asumió el título de Gran Logia de Nueva York.

Pasando de las logias «de campaña» a las «navales», existía una «Logia de Capitanes de Barco» en Wapping, Liverpool, Sunderland, Yarmouth y Bristol. Pero la primera logia a flote que obtuvo un puesto en las listas se celebró «a bordo del barco de su majestad el *Vanguard* en 1760». Se establecieron posteriormente logias similares «a bordo» de los buques de Su Majestad (*H.M.S.*) *Prince* y *Canceaux*, en el primero «en Plymouth», en 1762, y en el segundo en Quebec, en 1768. Aparte de estas tres, ninguna otra «Logia naval» parece haber sido regularmente constituida ni antes ni después; y como parece que todas debieron su existencia a los esfuerzos de un solo individuo, su historia posterior, en la medida en que pueda proseguirse, se incorporará a la biografía de Thomas Dunckerley, condestable del H.M.S. *Vanguard*, en 1762.

El primer miembro de la familia real con rango militar en el servicio decano que se unió al Oficio fue Eduardo Augusto, duque de York, hermano de Jorge III. Sirvió como guardiamarina en la toma de Cherburgo y en la derrota de St. Cast en 1758. Nombrado capitán del *Phoenix*, de 44 cañones, en 1759, y vicealmirante de la escuadra azul (*Vice-Admiral of the Blue*), en 1762. Tres años más tarde fue iniciado en Berlín en una logia que, con su permiso, asumió entonces el título de «Real York de la Amistad», y que ahora es la Gran Logia de ese nombre.

El primer oficial naval de rango que presidió una Gran Logia fue Washington Shirley, conde Ferrers (capitán en 1746, contralmirante en 1775), que fue Gran Maestro de Inglaterra en 1762-63; y tras un intervalo, el mismo cargo fue ocupado por el duque de Cumberland, almirante de la escuadra blanca (*Admiral of the White*), hermano de Jorge III, que continuó ostentándolo desde 1782 hasta su muerte en 1790.

El otro hermano de Jorge III, Guillermo, duque de Gloucester, que murió con el grado de mariscal de campo, también fue francmasón, habiendo sido iniciado en 1766, cuando era coronel del 13.º de Infantería.

Todos los hijos de aquel mismo rey fueron oficiales del ejército, la marina o los voluntarios, y todos, excepto el duque de Cambridge, a saber, el Príncipe de Gales, los duques de York, Clarence, Kent, Cumberland y Sussex, fueron miembros de la Sociedad.

Con motivo de la elección del duque de Cumberland en 1782, se estableció la norma de que siempre que un príncipe de sangre real aceptara el cargo de Gran Maestro tendría la libertad de nombrar a cualquier par del reino para ser el Gran Maestro en funciones.

El conde de Effingham, teniente coronel del ejército, que había servido anteriormente en el 1.º y 2.º de la infantería de la Guardia y en el 22.º de Infantería, fue nombrado para el nuevo cargo, en el que fue sucedido (1790) por Francis, lord Rawdon, posteriormente segundo conde de Moira y primer marqués de Hastings —el «Bayardo» del Oficio británico—, quien continuó desempeñando los deberes inherentes al nombramiento hasta su designación como gobernador general, comandante en jefe y Gran Maestro en funciones de la India, a finales de 1812.

Este valeroso soldado contó con la gran ayuda durante casi todo su largo mandato como Gran Maestro de un marino igualmente valeroso, el almirante sir Peter Parker, que había sido nombrado por el duque de Cumberland —un hermano oficial de bandera (*flag officer*)— su Diputado, en 1786.

El Diputado Gran Maestro, que era un distinguido comandante naval, había servido anteriormente como Gran Intendente y Gran Vigilante, y entonces ocupaba el cargo de Gran Maestro Provincial de Jamaica. Era miembro de las actuales logias Grand Stewards, Royal Somerset House and Inverness (n.º 4) y British (n.º 8). Se le recuerda sobre todo como el primer patrono de Nelson, en cuyo funeral Parker fue el principal doliente, pero en calidad de almirante de la flota, el oficial más antiguo de la Marina, más que como amigo personal. Sir Peter murió en diciembre de 1811, tras haber ocupado el cargo de Diputado Gran Maestro durante más de un cuarto de siglo.

Ningún otro hermano naval o militar ha servido nunca durante un período tan largo como Gran Oficial, ni en el norte ni en el sur de Gran Bretaña, aunque el más famoso de los «Diputados» escoceses, el coronel Young, permaneció en su puesto durante un período de quince años, y el conde de Moira, como Gran Maestro en funciones de Inglaterra, durante casi veintitrés.

Sin embargo, el servicio de ninguno de estos ilustres personajes, ni siquiera el del propio Parker, podrá compararse, en cuanto a duración, con el historial de un muy distinguido Gran Oficial de Irlanda, John Hely-Hutchinson, que fue Gran Primer Vigilante de 1791 a 1804. Este alto dignatario militar y masónico ingresó en el ejército en 1774, llegó a ser teniente coronel del 77.º regimiento («Atholl Highland») en 1783, y coronel del 94.º regimiento de infantería (de Hutchinson) en 1784. Acompañó a la expedición a Egipto en 1801 y, a la muerte de sir Ralph Abercromby, le sucedió en el mando. Por sus servicios fue nombrado barón Hutchinson de Alejandría, título que más tarde cambió por el de segundo conde de Donoughmore, que recayó en él a la muerte de su hermano mayor (el primer conde) en 1825.

Este último fue Gran Maestro de Irlanda de 1789 a 1813, y por tanto ocupaba la silla de la Gran Logia cuando su hermano menor y más distinguido comenzó su larga carrera como Gran Primer Vigilante, en 1791.

El primer conde, entonces segundo barón Donoughmore, que ingresó en el ejército algo tarde en la vida, como corneta en el 9.º de Dragones, se convirtió el mismo día —el 31 de mayo de 1794— en capitán del regimiento de infantería de «Hutchinson», que probablemente él mismo levantó, ya que ello tenderá a explicar su rápido ascenso a mayor en otro regimiento de infantería el 19 de julio, y a teniente coronel en un tercero el 21 de julio del mismo año. Llegó a ser coronel en 1800 y teniente general en 1812.

El Príncipe de Gales, a la sazón coronel del ejército, aceptó el cargo de Gran Maestro de Inglaterra a la muerte de su tío, el almirante, en 1790, y aquí haremos una pausa para presentar algunas estadísticas al lector.

En la fecha mencionada, se sabe que la Gran Logia de Irlanda había constituido alrededor de cien logias militares, y sin duda se formaron muchas otras de las que hoy no queda rastro. Las logias de carácter similar establecidas bajo la Gran Logia de Escocia ascendían a veintiuna.

Unas cuarenta y nueve habían sido puestas en marcha directamente por los «Antiguos», pero un gran número de logias subsidiarias fueron patentadas por las autoridades provinciales bajo este sistema, particularmente en América, el Alto y Bajo Canadá, Nueva Escocia, Gibraltar y Jamaica, las cuales, ante la relativa falta de listas, no pueden ser identificadas satisfactoriamente, aunque entre ellas se pueden rastrear varias logias regimentales; y de la existencia de otras apenas cabe duda.

En una medida más restringida, la misma práctica de expedir patentes locales prevaleció en distritos extranjeros que estaban bajo la obediencia de los «Modernos». En 1790, catorce logias regimentales habían encontrado su lugar en las listas. Un número aproximadamente igual de logias del ejército estaban adscritas a las diversas brigadas en Bengala, y otras de carácter estacionario, aunque militar, existían en las tres presidencias de la India, floreciendo, quizás, con la mayor exuberancia en la costa de Coromandel. Había una logia «Royal Navy» en Deal, Gosport, Londres y Halifax (Nueva Escocia), y una «Marine Lodge en Plymouth», «en la segunda división de Infantería de Marina». La «Royal Military», en Woolwich, y la «Lodge of Mars», en Jassy, en

Rusia, se establecieron bajo la misma sanción (Gran Logia original de Inglaterra) en 1774. La «Carnatic Military Lodge» se constituyó en Arcot en 1784; y la «St. John's Lodge of Secrecy and Harmony» (en la Orden de los Caballeros de San Juan) en Malta en 1789.

La Gran Logia de Inglaterra más antigua continuó siendo regida por un jefe militar (el conde de Moira), ayudado por un Diputado naval (sir Peter Parker), hasta la muerte de este último en 1811, y el traslado del primero, en 1813, a una esfera de mayor utilidad en Oriente. Durante este período, la masonería inglesa estuvo bien representada, tanto en el país como en el extranjero, por miembros de ambas armas. Entre los Grandes Maestros Provinciales bajo la Gran Logia de Inglaterra más antigua se encontraban Fernando, duque de Brunswick, que comandó las fuerzas británicas y hanoverianas en la batalla de Minden; los generales sir Robert Melville y sir Adam Williamson, en las Indias Occidentales; y el general de brigada Matthew Horne (que ostentaba el mando en jefe del Ejército de la Costa) en la costa de Coromandel.

El capitán sir John Borlase Warren, mientras era Gran Maestro Provincial de Derbyshire, obtuvo una señalada victoria sobre la fuerza naval francesa destinada a la invasión de Irlanda, capturando toda la escuadra, consistente en un navío de línea, el *Hoche*, y tres fragatas (1798), por lo que en el siguiente ascenso fue nombrado contralmirante de la escuadra azul.

También estaban los generales sir Samuel Hulse (posteriormente mariscal de campo) y sir John Doyle, que rigieron el Oficio en Sussex y las Islas del Canal, respectivamente. El primero vio mucho servicio en el continente y fue Diputado Maestro de la Logia del Príncipe de Gales de 1787 a 1820. El segundo, entonces mayor John Doyle, fue iniciado en la misma logia en 1792, y al año siguiente levantó el 87.º regimiento, «The Prince of Wales's Irish» (más tarde, los «Royal Irish Fusiliers»), al mando del cual se embarcó hacia el continente con la expedición al mando del Gran Maestro en funciones de Inglaterra —el conde de Moira— en 1794. Posteriormente acompañó al Gran Primer Vigilante de Irlanda, el general Hely-Hutchinson, a Egipto, y tomó parte en la campaña de 1801.

El príncipe Eduardo, entonces coronel del ejército —y más adelante, duque de Kent y mariscal de campo—, ocupó cargos bajo ambas Grandes Logias de Inglaterra, habiendo sido nombrado Gran Maestro Provincial de Gibraltar por los «Modernos» en 1790, y del Bajo Canadá por los «Antiguos» en 1792. En esta última fecha no había menos de once logias militares en «La Roca»: una escocesa, en el 32.º de Infantería; seis irlandesas, en los regimientos de infantería 1.º, 11.º, 18.º, 46.º, 51.º y 68.º; tres inglesas («Antiguas»), en el 50.º de Infantería, la Artillería Real y la Guarnición; y una provincial, en la Compañía de Artífices. Los registros de los que cito también mencionan tres logias de carácter similar que habían abandonado recientemente la guarnición, además de una patente (irlandesa) «ostentada por los oficiales del 32.º de Infantería, pero borrada por negligencia».

El conde de Moira se embarcó para la India en 1813, y al declinar el Príncipe de Gales su reelección como Gran Maestro, el duque de Sussex, coronel de voluntarios y posteriormente capitán general de la Honorable Compañía de Artillería de Londres, fue elegido como su sucesor. Ese mismo año, el duque de Kent, mariscal de campo y coronel del 1.º de Infantería, fue instalado como Gran Maestro de la otra Gran Logia de Inglaterra, y el día de San Juan (de invierno) de 1813, se consumó la unión de las dos fraternidades que durante tanto tiempo habían sido mal llamadas Antiguos y Modernos.

El Acta de Unión fue ratificada y confirmada. Se constituyó una única Gran Logia. El duque de Kent propuso entonces a su real hermano para el cargo de Gran Maestro de la Gran Logia Unida de Inglaterra. Al someterse a votación, fue aprobada por unanimidad, y el duque de Sussex recibió el homenaje de la fraternidad.

En esta época (1813), sin contar los apéndices remotos bajo las Grandes Logias provinciales en tierras extranjeras, el número aproximado de logias militares —o sería más correcto decir regimentales— que habían existido bajo las jurisdicciones irlandesa, inglesa y escocesa era el siguiente: irlandesas, 190; inglesas, 141 (Antiguos 116, Modernos 25); y escocesas, 21; lo que arroja un gran total de 352. De estas, muchas de las cuales estaban inactivas, aunque aún no borradas de las listas, quedaban en 1813: logias irlandesas, 135; inglesas, 65 (Antiguos 46, Modernos 19); y escocesas, 19; ascendiendo en total a 219. Se había iniciado, sin embargo, un período de decadencia; el año siguiente muestra que solo 52 logias militares inglesas (45 Antiguas, 1 Moderna) fueron realmente mantenidas en la Unión. En 1816, las logias regimentales escocesas se habían reducido a diez, y ese mismo año los registros de la Gran Logia de Irlanda revelan que había entonces veinticinco logias militares «de las que no se había recibido cuenta alguna desde hacía años». En 1822, esta última jurisdicción, que, como ya se ha observado, ha incluido siempre el mayor número de logias del ejército (británico), solo poseía un seguimiento militar de 42. Unas 30 irlandesas, 25 inglesas y 2 escocesas —o en total, 57 logias regimentales— han sido patentadas desde la «Unión» de 1813, formando así un gran total de al menos 409 logias ambulantes que se sabe han sido constituidas por las Grandes Logias de las Islas Británicas.

Tampoco estaría completo el registro sin añadir que no menos de 40 logias «regimentales», «militares» o «del ejército», y varias otras que llevan los títulos de «Royal Navy» o «Marine», aparecen demostradas por el Sr. John Lane, en su valiosa obra, como habiendo sido patentadas por las autoridades provinciales inglesas en el extranjero, las cuales nunca fueron registradas en los libros de ninguna Gran Logia. La última logia «ambulante» en la lista escocesa (en el Contingente Turco) fue «suprimida» en 1860. Solo quince, bajo las dos jurisdicciones restantes, estaban en activo en 1886, y el número ha disminuido aún más, en el momento actual en que escribo, a ocho, de las cuales seis son irlandesas y el resto inglesas; la última en desaparecer, lamento decirlo, fue una logia adscrita al 31.º de Infantería (ahora 1.er Batallón del Regimiento East Surrey), de la que tuve el honor de ser fundador y primer Maestro, en 1858.

CAPÍTULO III

«En símbolos hablamos: mediante contraseñas, por caminos secretos,
Enseñamos la sabiduría de los días primigenios». DOUGLAS JERROLD

De la ayuda prestada por un hermano a otro en casos de peligro o angustia se han relatado muchas historias, y se presentará al lector una selección de las mismas que muestra la influencia de la masonería en la guerra y su efecto beneficioso para calmar las pasiones airadas de aquellos soldados y marineros que se alinean bajo su bandera.

Como se menciona en otro capítulo, la afirmación de sir Robert Wilson de que un capitán francés debió la vida —cuando estaba a punto de ser atravesado por la lanza de un cosaco— a la afortunada circunstancia de hacer una señal masónica, fue descrita por el director de un importante periódico como un incidente tan increíble que ninguna cantidad de pruebas podría inducirle a creerlo. La historia, sin embargo, estaba en realidad muy bien documentada, ya que el narrador y uno de los principales actores fue el propio sir Robert Wilson, quien siempre estuvo alerta durante sus numerosas campañas para reconocer a un hermano en el Oficio, y de quien aparece una breve reseña en otra parte de este libro.

La misma afortunada presencia de ánimo al recurrir al lenguaje de la masonería salvó la vida de un valeroso oficial, el teniente coronel Tytler, durante la última guerra en la que este país se vio inmerso con América, quien, cuando yacía en el suelo con una bayoneta en el pecho, logró interesar a un generoso oficial estadounidense a su favor y salvar la vida. La veracidad de esta historia fue atestiguada por sir A. Alison, no solo en su *History of Europe* (*Historia de Europa*), sino también en su discurso a los hermanos como Gran Maestro de la provincia masónica de Glasgow. En una de estas reuniones, poco después de terminar la guerra de Crimea, relató la siguiente anécdota en relación con el ataque al Redan: «Durante aquel asalto, un oficial inglés condujo a un pequeño grupo de soldados hasta uno de los cañones emplazados en un hueco del Redan, y la mayoría de los hombres cayeron ante el fuego con el que fueron recibidos. Los demás se encontraron con un cuerpo de rusos, y el oficial inglés estaba a punto de ser atacado con la bayoneta cuando por casualidad agarró la mano del oficial ruso y tuvo la suficiente presencia de ánimo para darle un apretón masónico. El ruso levantó al instante las bayonetas de sus soldados, condujo a su hermano recién encontrado a la retaguardia y le trató con la amabilidad de un masón».

Una historia similar se cuenta del difunto capitán Herbert Vaughan, del 90.º de Infantería, de quien un hermano oficial (el actual comandante en jefe, el vizconde Wolseley) escribió lo siguiente: «Es muy cierto que el pobre Vaughan fue el único oficial inglés trasladado de inmediato desde el Redan al hospital. Y esto se debió al hecho de que era masón».

También se puede registrar un incidente, bien atestiguado, en la carrera del general James Lindsay de Balcarres. Estando prisionero en manos de los turcos en el norte de África, hizo una señal masónica a un anciano que ocupaba algún empleo en la fortaleza en la que estaba detenido. A continuación, este hombre le sugirió un método para lograr su liberación del cautiverio, y al abandonar la fortaleza le proporcionó una barca en la que escapó a Gibraltar.

Podrían multiplicarse enormemente los ejemplos en los que la exactitud de anécdotas como las anteriores ha sido atestiguada por personas de crédito y reputación. Pero bastará con decir que si la improbabilidad de cualquiera de las historias que voy a relatar es la única razón que se puede aducir para desacreditarlas, entonces la circunstancia de que otros relatos similares hayan estado (y estén) bien documentados, permitirá razonar por analogía, lo que debería zanjar por completo la cuestión de la probabilidad.

Anécdotas navales

Por los ejemplos siguientes se verá que la influencia de la masonería se ha dejado sentir no solo en los buques de guerra, sino también en la marina mercante, y entre las tripulaciones y comandantes de corsarios y barcos negreros, e incluso ha operado como un encanto en el caso de verdaderos bucaneros.

El 27 de noviembre de 1812, una flota muy grande y valiosa zarpó de Spithead rumbo a las Indias Occidentales, bajo la escolta del buque de guerra *Queen*. Muy poco tiempo después de zarpar se levantó una tempestad violentísima, y este valioso convoy se dispersó de tal modo que solo cuarenta barcos permanecieron bajo la protección del consorte. En esta crisis sucedió que el *Gloire*, una fragata francesa de cuarenta y cuatro cañones, navegaba entre las islas Occidentales y Ferrol, y se topó con los numerosos rezagados de este malogrado convoy. La fragata hizo muchas presas valiosas, y entre ellas el *Princess Royal*, del capitán Alexander Foster, un hermoso buque de 400 toneladas, cargado con provisiones de las plantaciones para la isla de Jamaica. El capitán Foster, al ser llevado a bordo de la *Gloire* para entregar sus papeles, aprovechó la oportunidad para darse a conocer como masón ante el valiente y caballeroso comandante de la fragata. El oficial francés, tras una conversación privada, dijo que el deber que tenía para con su país era primordial, pero que a continuación estaba el deber que tenía como masón: «Ayudar a un Hermano en la hora de la necesidad». Sintiéndose abrumado por sus numerosos cautivos, y deseando continuar un crucero destructivo para nuestro comercio, por ser estrictamente compatible con su deber, pensó que podría honrosamente mostrar su respeto por el Oficio haciendo al «Hermano Capitán Foster» el regalo de su barco, el *Princess Royal* y su cargamento, como barco de canje para recibir de la fragata a todos los prisioneros por los que entonces estaba abrumado; una propuesta aceptada con la mayor gratitud y fraternidad.

«Durante la última guerra con Francia», relata un antiguo oficial de la Marina, «fui hecho prisionero de guerra junto con varios más. Nos llevaron a Mauricio, y en aquella isla nos confinaron juntos en un calabozo. Habían transcurrido unos pocos meses, y habíamos experimentado muchas privaciones desagradables, cuando uno de nuestros compañeros de infortunio pidió el uso de plumas, tinta y papel, y permiso para enviar una carta al gobernador. Al día siguiente de este suceso, unos caballeros franceses visitaron nuestra celda y prestaron especial atención a nuestro camarada. Después de aquello, nuestra condición general se hizo menos insoportable; pero lo que más nos sorprendió a todos, y a mí especialmente, pues entonces no estaba en el secreto, fue el misterioso cambio que se produjo en la suerte de nuestro compañero de sufrimientos. La antigua miseria que todos habíamos padecido por igual se alivió sin duda en gran medida, pero nuestro camarada fue pronto trasladado por completo y, según supimos más tarde, no solo liberado de la prisión, sino que se le procuró todo lo necesario, se le llenó bien la bolsa y se le consiguió pasaje para su país natal. Este hombre era francmasón. Nosotros, sin embargo, permanecimos recluidos, aunque se mitigó el rigor anterior, durante dos años después de su partida».

Hacia el año 1824 el buque *Leven*, dedicado a una expedición topográfica y comandado por el capitán Bartholomew, tras llegar frente al cabo Bojador, cruzó la barra y ancló en el río Oro (*Ouro* en el original), en la costa noroeste de África. El capitán y algunos de los oficiales, con las tripulaciones de dos botes, procedieron a examinar el río. La orilla representaba, hasta donde alcanzaba la vista, un vasto desierto de arena. Los botes avanzaron, tras remar unas cuarenta millas, hasta lo que parecía ser una isla. Las tripulaciones desembarcaron y durmieron allí, pero por la mañana fueron despertados por los fuertes alaridos de los salvajes, y sorprendidos además de improviso por la aparición de un gran número de árabes, que iban armados con mosquetes españoles (que más tarde se descubrió que estaban cargados con balas y postas) y cuchillos largos. Las hostilidades parecían inevitables, pero el capitán avanzó hacia los árabes e hizo una señal masónica, que fue respondida por su jefe, quien inmediatamente dejó el mosquete y abrazó al oficial británico. Se ayudó al capitán y a su grupo a regresar a su barco, y el jefe árabe insinuó su intención de visitarles al día siguiente. Sin embargo, no se volvió a ver a estos nativos después.

Uno o dos años antes o después de la fecha de la última anécdota, un capitán naval inglés viajaba por Egipto. Iba acompañado de su criado, un joven activo e inteligente. Fueron atacados en un desierto por los árabes, a dos de los cuales mataron, pero finalmente fueron reducidos. Se decidió que el capitán perdería la vida, y este aguardó su destino (habiendo sido separados los dos prisioneros) con toda la fortaleza de que pudo hacer acopio. Por la mañana, sin embargo, se vio gratamente sorprendido por la llegada de su criado con la gozosa noticia de que no solo se le había conmutado la condena, sino de que estaba en libertad de reanudar su viaje, y esta justicia retributiva fue acompañada de la restitución de todas las propiedades de las que se le había despojado previamente. No es de extrañar que su gratitud hacia su sirviente acabara por llevarle a dar los primeros pasos para reclamar una asociación más estrecha con él como Hermano en el Oficio, pues mediante el intercambio del misterioso secreto, el ladrón del desierto había mantenido la palabra con un Hermano Masón.

El capitán O'Brien, de la Marina Real (*R.N.*), en sus *Adventures* (*Aventuras*), que comprenden naufragios, cautiverio y fugas de varias prisiones durante la guerra con Francia, relata que «tras muchas duras y crueles penalidades, nuestra ruta pasó por Hesdin y St. Pol hasta Arras. Algunos jóvenes elegantes de la ciudad, a los que Tuthill y Essel se las habían ingeniado para hacerles saber mediante signos, de camino a la cárcel, que eran francmasones, obtuvieron permiso para que ambos los acompañaran por la noche a sus casas, donde fueron agasajados con la mayor hospitalidad, mientras que a Ashworth y a mí nos dejaron sobre paja y con la escasa comida de la prisión en el calabozo». Después de esta experiencia, como es fácil de imaginar, el capitán aprovechó la primera oportunidad que se le presentó para ser admitido como miembro de la Institución Masónica.

Lo siguiente apareció bajo el seudónimo de «Un viejo soldado» en una revista masónica de 1839:

> Estuve algunos años en la infantería de la Guardia, de la que fui licenciado a consecuencia de mi mala salud, y en 1831 me vi inducido a entrar al servicio de la reina de Portugal; y en 1833 regresé a Inglaterra y me uní, como suboficial de la infantería de marina, a un buque que acababa de ser equipado para el servicio portugués. Llevábamos a bordo una dotación de 120 marineros y 14 infantes de marina. Al pasar por Dover, como consecuencia de un pequeño malentendido entre el capitán y la tripulación, esta última intentó encallar el barco en los arenales, y de no ser por el espíritu rápido y decidido de los infantes de marina, el barco

se habría perdido. Sin embargo, lograron (con la decididísima ayuda de los oficiales del buque) obligar a toda la tripulación a bajar a cubierta, a excepción de un hombre muy joven que se encontraba al timón en ese momento, y que permaneció allí doce horas, ayudando al capitán de la forma más loable, trabajando los oficiales y los infantes de marina en el barco toda la noche; y por la mañana, tras una oportuna concesión por parte de la tripulación, todo se arregló amistosamente, y zarpamos directos a Oporto para unirnos a la flota del almirante Carlos de Pouza (Napier), adonde llegamos el 19 de junio de 1833, pero él había zarpado doce horas antes. Pasamos no obstante esa noche en la rada de Oporto, donde tuvimos oportunidad de ver el constante fuego de obuses, balas y armas pequeñas, que se prolongó toda la noche entre los ejércitos de Pedro y Miguel. A la mañana siguiente zarpamos hacia el sur, pero tuvimos la gran desgracia de naufragar a la mañana siguiente en Peniche, una plaza fuertemente fortificada perteneciente al enemigo, Don Miguel, y perdimos todo lo que teníamos, excepto la ropa que llevábamos puesta en ese momento. Teníamos entre nosotros a un suboficial, que hablaba muy bien portugués, y que tuvo oportunidad de darse a conocer al preboste, quien, al parecer, estaba tan iluminado como nosotros. Desde aquel momento dedicó todo su poder a nuestro interés y comodidad, dándonos siempre el trabajo más ligero, y a veces un poco de vino, un gran lujo a veces, y a veces un poco de comida extra —siendo nuestra ración diaria de una libra de pan negro y basto, con unas judías hervidas que un cerdo inglés no comería—, y nos hacían trabajar muy duro, desde las cinco de la mañana hasta las siete de la tarde, descansando unas tres horas a mediodía,

> consistiendo nuestra ocupación en enterrar a los que morían de cólera (unos cincuenta o sesenta al día). Teníamos que transportar cadáveres desnudos a lo largo de dos millas bajo un sol abrasador, y perdimos a cuatro de nuestros hombres por la misma terrible enfermedad. Yo mismo sufrí un leve ataque, y atribuyo mi recuperación a las indulgencias recibidas, a las que ya he aludido. En un país como Portugal, desgarrado por ejércitos enfrentados, donde los padres estaban divididos contra los hijos y los hermanos contra los hermanos, considero una misericordia inesperada que un hombre deba, por principio, proteger y dar cobijo a un extranjero que lucha contra él en su propia tierra natal; y demuestra de inmediato la plena ventaja, así como el sólido principio, de la francmasonería.

El difunto y valeroso comandante J. A. Pritchard, de la Marina Real (*R.N.*), cuando estaba empleado en la costa de África en la supresión de la trata de esclavos, prestó importantes servicios a su país mediante su audaz y exitosa captura de barcos negreros. En una ocasión, frente a la temida bahía de Benín (donde se dice, en referencia a la terrible mortalidad por fiebres que allí prevalece, que «salen cien por cada mil que entran»), el buque de Su Majestad (*H.M.S.*) se puso al pairo y arrió dos botes, cada uno con quince marineros e infantes de marina, con el propósito de abordar un buque de aparejo de barca de aspecto sospechoso, que entonces navegaba a toda vela y se dirigía directamente fuera de la bahía. El comandante Pritchard, entonces teniente, estaba a cargo de los dos botes; se acercaron a los oscuros costados de la esbelta embarcación y gritaron a su capitán que se pusiera al pairo, pero fueron respondidos con una lluvia de balas de mosquete que hirieron a tres miembros de la tripulación de cada bote; el viento se calmó casi de inmediato (otro notable misterio científico de estos climas, quizá la conmoción o el estruendo de las armas de fuego tuviera algo que ver con ello). En medio de tan poco grata bienvenida, se oyó la voz severa y clara del teniente: «Abordadlo, muchachos, a estribor y babor» (lo que significa un bote a cada lado). Las tripulaciones se aplicaron a los remos y, antes de que alcanzaran los costados, una andanada del comandante negrero pasó inofensivamente sobre sus cabezas; sable en mano, con arrojo y un espontáneo vitorear británico, las tripulaciones de ambos botes trepaban al mismo tiempo por ambas amuras de la condenada embarcación. La lucha fue dura y encarnizada. El teniente P. recibió dos balas de pistola que le atravesaron el cuello de la casaca a cada lado de la garganta, y tenía el rostro ennegrecido por la pólvora; ganó la cubierta y estaba en el acto de abatir al capitán, un estadounidense, cuando este último hizo la señal de socorro de M. M. (Maestro Masón) y gritó: «Soy su prisionero». El teniente P., siendo hermano del lazo místico, envainó su espada y perdonó a su víctima; luego, tomando posesión del barco negrero, con quinientos esclavos a bordo, permitió al temerario estadounidense conservar su espada y tener tanta libertad como quisiera. El capitán fue juzgado posteriormente y se enfrentó a la pena de muerte por oponer resistencia armada, pero la enérgica apelación del teniente P., en conjunción con otros de la fraternidad masónica, transformó la sentencia de muerte dictada contra aquel individuo inhumano en una de pena de prisión, salvando así doblemente la vida de un semejante e ilustrando de manera noble los gloriosos principios de nuestra Orden cuando se actúa plenamente conforme a ellos.

En una reunión de la Junta de Marina de Liverpool, el 8 de septiembre de 1869, se hizo entrega de un espléndido catalejo al capitán Sharp, de la goleta *Jeff Davis*, de 237 toneladas, por rescatar a la tripulación de la barca anegada *Albert*, cuando se encontraban a unas 200 millas del cabo Hatteras, en el extremo oriental de la corriente del Golfo. Durante el rescate reinaba un temporal espantoso, y la tripulación del *Jeff Davis* tuvo que racionarse a media ración durante los treinta y cuatro días posteriores, hasta que la goleta llegó a las Bermudas. El capitán Sharp dijo que, al haberle hecho el otro capitán la señal del francmasón, se sintió doblemente obligado a rescatarle, si era posible.

En 1823, un buque mercante perteneciente a Suecia naufragó en la costa de África, a unas quinientas millas de Ciudad del Cabo. La tripulación, de unos setenta hombres, se salvó y fue trasladada posteriormente a dicho lugar. Cincuenta y siete miembros de la dotación del barco, incluido el capitán, eran francmasones, e inmediatamente se dieron a conocer a las logias holandesas de la zona. Se les suministró comida, ropa y todo lo necesario durante un mes, hasta que se presentó la oportunidad de enviarles de vuelta a casa, con pasaje gratuito. Como consecuencia de este acto benevolente, los habitantes de Ciudad del Cabo abrieron una suscripción y enviaron a casa al resto de los hombres, de modo que los beneficios de la masonería fueron experimentados por toda la tripulación.

Hacia el año 1742, el capitán Preverot, de la Marina francesa, hermano del célebre doctor en medicina (del mismo apellido) de la Facultad de París, naufragó frente a una isla cuyo gobernador era francmasón, el cual, al enterarse de sus desgracias y saber que también era hermano, le condujo a su casa, donde se le proveyó de todas las comodidades de la vida hasta que un barco con destino a Francia hizo escala en el lugar. Sin embargo, antes de su partida, su benefactor le colmó de regalos y le dio dinero suficiente para llegar a su país natal.

En el verano de 1835 (escribe un habitante de las islas Shetland), la goleta *Vigilant*, del capitán Berguin, procedente de Dunkerque, llegó al puerto de Lerwick con pérdida de velas y otros daños. El capitán se procuró un agente con el que acordó las reparaciones necesarias, que se efectuaron en poco tiempo, y el buque fue declarado listo para zarpar. Sin embargo, surgió un malentendido entre el capitán y el agente por los gastos incurridos, que a la postre resultaron excesivos. El capitán amenazó con zarpar sin reconocer la cuenta, a menos que se corrigiera, tras lo cual se obtuvo contra él una orden de *meditatione fugae* (orden de arresto por riesgo de fuga).

Como entendía el inglés de forma muy imperfecta, le ofrecí mis servicios en su desesperada situación. Solicitó encarecidamente que se le enviara a un francmasón, y a algunos de estos les di a conocer su caso. El agente que obtuvo la orden judicial, el juez que la firmó y el capitán que la sufrió eran todos francmasones. Se hizo justicia al instante y el capitán fue liberado de inmediato.

En 1762, a dos prisioneros franceses en el castillo de Edimburgo, que eran francmasones, se les concedieron cuatro guineas de la Gran Logia. En el mismo año, el conde de Elgin y Kincardine, Gran Maestro, ordenó a las diversas logias bajo su jurisdicción que admitieran a don Antonio de Pizarro, gobernador de Tarragona, en España, como miembro honorario, siendo la razón de ello la siguiente:

El señor Dickson, un masón escocés, navegaba de Gibraltar a Italia y, durante el viaje, una tormenta le obligó a encallar su barco bajo las murallas de Tarragona. El capitán y la tripulación fueron apresados como prisioneros del rey de España, y llevados ante el gobernador, don Antonio de Pizarro, quien, sin embargo, los trató con la mayor humanidad. Después de conversar un rato, el gobernador preguntó al capitán por algunas personas de Gibraltar que él sabía que eran francmasones, lo que le hizo conjeturar que el propio don Antonio era miembro de la Sociedad. El señor Dickson, por lo tanto, hizo un signo, que fue correspondido por el gobernador, quien dio órdenes de que nada impidiera el viaje del capitán, a quien, por ser hermano, le permitió regresar a Gibraltar con su tripulación, y les suministró todo lo necesario para el pasaje. Al llegar a Gibraltar, el señor Dickson informó de lo ocurrido al gobernador, quien quedó tan encantado con la historia que acto seguido liberó a dieciséis españoles pertenecientes a la guarnición de Tarragona, y esa misma noche fue hecho masón. El capitán envió más tarde un relato de todo el asunto al Gran Maestro de Escocia, quien de su propio puño y letra escribió una carta de agradecimiento a don Antonio, y ordenó que la historia quedara registrada en los libros de la Gran Logia. Además, como el noble comportamiento de don Antonio de Pizarro había honrado a la masonería, el conde de Elgin y Kincardine ordenó que fuera asumido como miembro honorario de todas las logias regulares de Escocia.

El gobernador de Gibraltar, al que se hace referencia en esta anécdota, parece haber sido el mayor general Parslow (1761), al que precedió en el cargo el conde de Home y sucedió el teniente general el honorable Edward Cornwallis, de quienes se sabe que fueron miembros activos de la fraternidad en una fecha muy anterior.

Durante la última guerra con Francia, un pequeño buque de cabotaje, que comerciaba entre Plymouth y Hampshire, fue capturado por un corsario francés. El oficial que abordó el buque descubrió entre sus papeles el certificado de Maestro Masón, que pertenecía al capitán inglés. Habiéndose informado de la circunstancia al comandante francés, que era miembro del Oficio, este subió a bordo de la presa y propuso a su cautivo que si empeñaba su palabra, como hombre de honor y masón, de emplear sus mejores esfuerzos para conseguir la liberación de su hermano (el del capitán francés), que era entonces prisionero de guerra en Plymouth, él le devolvería su barco y le permitiría proseguir su viaje. Los términos fueron aceptados con gusto, y el agradecido inglés prosiguió hacia su destino, donde, al desembarcar, reunió a los Maestros de las logias de Plymouth y les comunicó esta notable convención. Uno de los Maestros estaba empleado por el gobierno en la administración y abastecimiento de la prisión, y, al informar de los hechos a la Junta Principal de Londres, recibió por el siguiente correo la orden de completar con presteza y fidelidad un intercambio que el Hermano francés había comenzado con tanta confianza y generosidad.

Al reanudarse la guerra —tras la breve «Paz de Amiens»— en 1803, el capitán Akerman regresaba de Terranova a Poole, y su barco fue capturado por un corsario francés frente a Portland, casi a la vista de su lugar natal. Al acercarse a la costa de Francia, mientras el jefe de presa (*prize-master*) revisaba los papeles del barco, observó un certificado masónico, fechado el 10 de septiembre de 1783, que demostraba que el capitán pertenecía a la logia de la Amistad de Poole. Llamó entonces a uno de los tripulantes que hablaba inglés, y a través de él transmitió al capitán Akerman su gran pesar por no haber sabido antes que era masón, pues de lo contrario le habría desembarcado en Portland o en Albany Head. Al desembarcar en Burdeos, el capitán fue tratado con gran amabilidad y alojado regularmente en casa de un francmasón mientras se dirigía a Verdún en libertad bajo palabra. En aquel depósito permaneció la desafortunada víctima de la guerra hasta la paz de 1814, pero durante sus once años de cautiverio experimentó a menudo la bondad de su captor. Estando así detenido, Napoleón pasó por Verdún y, al enterarse de que entre los prisioneros había varios masones, preguntó cómo se comportaban y, al recibir un informe favorable, ordenó que se les ofreciera una cena. Fueron invitados en consecuencia y, tras el debido examen por parte de los oficiales correspondientes, se sentaron (el día de Navidad) a un excelente ágape, presidido por el comandante. Al término de la reunión, a cada inglés se le obsequió con una moneda de cinco francos en nombre del emperador, que recibieron agradecidos, aunque de manos de su enemigo nacional.

En el año 1807, escribe otra víctima de la guerra, me convertí en prisionero en Francia y fui retenido durante un tiempo en Verdún. Pero al año siguiente, por algún capricho del gobierno francés, a varios de los detenidos se les ordenó ir a Givet, otro depósito para prisioneros ingleses, y un lugar situado a una distancia considerable de Verdún. Partimos, un grupo de cinco, cuatro oficiales navales y un civil, escoltados por gendarmes. Ocasionalmente nos esposaban a desertores del ejército francés y nos maltrataban de otras formas, particularmente por la noche. Esto continuó hasta nuestra llegada a Mézières o Sedán (no recuerdo cuál), donde se produjo un descanso de tres días. Este intervalo fue aprovechado por el civil ya mencionado, quien, al descubrir que había una logia masónica en la ciudad, se las arregló para enviar una nota que cayó en manos de la fraternidad. Poco después, un caballero acudió a la prisión y conversó con el autor de la nota, a quien proveyó de dinero y le informó de que se nos suministraría mejor comida durante el resto de nuestra estancia allí, así como de que el resto de nuestro viaje se haría más fácil y agradable. Estas promesas se cumplieron estrictamente. Inmediatamente se nos abasteció de abundante comida, incluyendo vino de la mejor calidad, y se nos permitió dar un paseo por la ciudad bajo la escolta de un gendarme solitario, mientras que la parte final de nuestro viaje se asemejó más a una gira de placer que a la marcha de unos prisioneros de un depósito a otro; y todo esto porque la casualidad quiso que uno de nuestro grupo fuera francmasón.

A principios del presente siglo, a la llegada de una fragata británica a La Habana, el capitán recibió una carta en la que se solicitaba urgentemente su protección en favor de unos marineros británicos que estaban retenidos a la fuerza a bordo de un corsario que se hallaba entonces anclado. Se despachó inmediatamente a un teniente con una dotación adecuada de hombres para reclamar a los individuos. Ejecutó su tarea debidamente y regresó a la fragata con sus compatriotas, pero, al abandonar el barco donde habían estado retenidos, el capitán del navío juró que antes del anochecer se vengaría.

Por la tarde el teniente bajó a tierra y se enfrascó en una partida de billar. Mientras estaba así ocupado, observó a un hombre moreno y de mal aspecto que le vigilaba con suma atención. En un rincón de la sala había también un joven esbelto de rostro pálido que también le miraba con gran fijeza. Para su sorpresa, se hizo apresuradamente un signo. Afortunadamente fue correspondido, y unos segundos después se le puso en la mano una nota que contenía estas palabras: «¡Cuidado! Acepte la advertencia de un Hermano». Otras dos personas se le acercaron entonces y se comportaron de un modo susceptible de provocar una pelea, en lo que probablemente habrían tenido éxito de no ser por la advertencia que acababa de recibir. La prudencia, sin embargo, acudió en su ayuda y, fingiendo una excusa, abandonó la sala, pero sin su sombrero, para engañar mejor a las personas de cuyas inamistosas intenciones ya no le cabía duda. A duras penas logró llegar a la casa del cónsul estadounidense, con cuatro hombres persiguiéndole con cuchillos en la mano, pero la puerta se abrió a tiempo y se salvó.

El 6 de noviembre de 1812, la goleta *United Sisters,* de Poole, al mando de Joseph Webb, fue capturada frente a Start Point por *Le Furet,* corsario francés, bajo el mando del capitán Louis Mariencourt. Más tarde ese mismo día, el balandro irlandés *Three Friends,* de Youghal, al mando de James Campbell, apareció en el horizonte y también fue apresado por el enemigo. Pronto, sin embargo, las señales de la masonería fueron intercambiadas entre los tres comandantes y, al instante, el barco, el cargamento y la libertad fueron otorgados a cada uno de los prisioneros de guerra por el capitán del corsario, empeñando el Hno. Joseph Webb su palabra de lograr, si era posible, en canje por su propia liberación y la de la tripulación de su barco, la liberación del Hno. J. Gautier de la goleta francesa *La Confiance,* que había sido capturado a principios del mismo año y se encontraba en ese momento retenido a bordo del barco prisión *Crown Prince* en Chatham.

Un comportamiento tan verdaderamente noble fue pronto reportado por el Hno. James Campbell a su logia, la Union, n.º 13, en Limerick, y se votó un jarrón de plata valorado en cien guineas para el generoso francés que, entretanto, había sido capturado con su embarcación por la fragata británica *Modeste.*

Este tributo votivo, que, debido a la rápida liberación y posterior muerte del valeroso Mariencourt, no pudo ser entregado, ha sido conservado reverencialmente desde entonces como el adorno más brillante de la logia, y es la Caja de San Juan en todos los llamamientos a la simpatía de los hermanos.

Es grato relatar que los esfuerzos del otro capitán mercante, el Hno. Joseph Webb, por acortar el cautiverio del Hno. J. Gautier se vieron coronados por el éxito.

El narrador de lo siguiente se embarcó siendo un muchacho a bordo de un barco llamado *Rover*, comandado por James Holley, y con destino a la bahía de Honduras, desde Kingston en la isla de Jamaica. Una noche, a la hora de la guardia de media noche, fueron sorprendidos, reducidos y capturados en un tiempo increíblemente corto por un corsario francés. Todos los tripulantes fueron llevados a bordo del barco francés, y el buque y la tripulación saqueados y hechos prisioneros. La luna en ese momento asomó con inusual esplendor, y pudieron observar todo lo que ocurría en el alcázar; y a él y a los demás les pareció que el comandante del corsario interrogaba a su capitán sobre qué llevaba a bordo su barco. Cuando, al cabo de un rato, se acercaron, hicieron algunas señas, y finalmente se estrecharon las manos, los que miraban pensaron que cada uno había encontrado en el otro a algún amigo perdido hacía tiempo. Unas horas más tarde se devolvió todo lo que se había tomado, y se entregó el barco al capitán inglés, mientras que los dos hombres, que hasta hacía tan poco habían sido enemigos, se separaron con la mayor renuencia aparente. Eran Hermanos Masones.

En abril de 1804, el teniente coronel Duncan Campbell, de los Royals, llegó a Barbados procedente de Guadalupe. Había sido capturado, junto con los mayores Blair y McDonel (de Keppoch), por un corsario francés cuando se dirigía desde Inglaterra para unirse a su regimiento. Al descubrirse que el mayor McDonel era francmasón, el capitán del corsario se mostró especialmente amable con él, así como con sus compañeros, y sus equipajes se libraron del pillaje. Fue presentado en una logia masónica en Guadalupe, donde todo el grupo recibió grandes atenciones. Poco después, habiéndoseles proporcionado dinero, se les permitió abandonar la isla en libertad bajo palabra hasta que fueran canjeados.

La siguiente inscripción está adherida a una galleta que se encuentra encerrada en una vitrina y que conserva la logia de la Amistad (*Amity*), n.º 137, en Poole:

> Esta Galleta es conservada por la logia de la Amistad como recuerdo de su gratitud y afecto fraternal por Jacques de Bon, capitán del *Union*, corsario francés de Saint-Malo, que capturó en el mar, el 13 de diciembre de 1813, a las 11 de la mañana, en lat. 49° 50' Norte, long. 7° Oeste, el bergantín *Oak*, de Poole, bajo el mando del Hno. Stephen Pack, Maestro, perteneciente a los Hnos. G. W. Ledgard y John Goss, en su travesía de Bilbao a Poole, quien, tras tratarle a él y a su tripulación con toda muestra de amabilidad, le devolvió su barco, y envió a bordo un perro, que antes había sido arrebatado a un hermano, con esta Galleta suspendida por una cuerda al cuello, significando que no mantendría cautivo al perro de un hermano ni le vería falto de pan. Así, el hombre que tiende su mano para el alivio de sus hermanos necesitados, se ve plenamente recompensado por la

gratitud de aquellos a quienes favorece, por la aprobación de su propia mente, y el favor de ese Ser Omnipotente que no puede contemplar tan brillante despliegue de virtudes masónicas sin afirmar su divina y eterna aprobación.

Entonces llegó el capitán L. con sus cinco hijas (escribe Harriet Martineau); parecía demasiado viejo para ser su padre, y con razón. Siendo capitán de un barco, fue desembarcado por piratas, junto con su tripulación, en una isla desierta, donde pasó treinta y seis días sin comer. Casi toda su tripulación había muerto y él estaba a punto de morir cuando llegó la ayuda, por mediación de la francmasonería. Entre los piratas había un escocés, masón, al igual que el capitán L. Los dos intercambiaron señales. El escocés no pudo prestarle ayuda en el momento, pero después de muchos intentos infructuosos se las arregló para regresar navegando con riesgo de su vida, y desembarcó en la isla desierta el trigésimo sexto día de haberla abandonado. No tenía esperanzas de encontrar al grupo con vida, pero para no desperdiciar la oportunidad desembarcó con una tetera llena de vino en la mano. Derramó vino por las gargantas de los pocos a los que encontró aún respirando, y los trató con tanto acierto que se recuperaron. Al menos se llamó recuperación. El capitán L. se llevó al escocés a su casa, y le cuidó hasta el día de su muerte.

De Barbastro, un famoso corsario español que, bajo la protección de Napoleón, causó muchos daños a las pequeñas embarcaciones británicas en el Mediterráneo, debo (dice la Sra. Broughton), en justicia y caridad, trazar un rasgo redentor. Tras la captura de una presa inglesa por este corsario tan a menudo nombrado, y mientras su tripulación seguía su práctica habitual de desnudar a nuestros desafortunados compatriotas —a lo que les obligaban a someterse sosteniendo sobre ellos cuchillos desenvainados—, ocurrió que el capitán del barco inglés, mientras sufría este despojamiento poco ceremonioso, hizo uso de uno de esos gestos místicos invisibles para todos salvo para los hermanos iniciados de la paleta y el mandil. Fuera cual fuese ese signo, no pasó desapercibido, pues la mano del que lo hizo fue estrechada inmediatamente por la de Barbastro, quien acto seguido ordenó a sus satélites que soltaran al capitán inglés de su agarre, y dispuso que cualquier propiedad que fuera exclusivamente suya se considerara sagrada y le fuera devuelta. Todo lo que recuerdo además de este cabecilla de los corsarios que durante tanto tiempo infestaron la costa de Argel es que el emperador Napoleón le juzgó digno de ser nombrado miembro de la Legión de Honor.

Un barco de unas 250 toneladas, con una tripulación de dieciocho hombres, había salido de La Habana y estaba atravesando los Cayos, cuando se divisó una vela, y el barco se les acercaba a cada instante. Al ser el mercante un barco lento, pronto fue abordado por al menos cincuenta hombres; el capitán y la tripulación recibieron la orden de bajar a cubierta, y comenzó el pillaje. Un corto tiempo bastó para asegurar todos los objetos de valor portátiles, que fueron introducidos en un bote y llevados a bordo del barco pirata. El capitán y el sobrecargo fueron entonces llamados a cubierta e interrogados sobre el propio cargamento. Estando la ocultación o el subterfugio completamente descartados, rindieron el mejor relato que su mediocre conocimiento del idioma español les permitió. Las cosas parecían adoptar un cariz civilizado, cuando, al acercarse el bote de los piratas por segunda vez, el capitán observó en la proa a un hombre de pie con «la camisa ensangrentada», con un hacha apoyada en el hombro. El grupo no tardó en subir a cubierta y se ordenó al capitán que pasara a proa; el sobrecargo insistió en acompañarle. Apenas habían avanzado unos pasos cuando el capitán sintió un fuerte golpe en el hombro y, al volverse rápidamente, vio que el sobrecargo forcejeaba. Al parecer este último, al observar la intención de cortarle la cabeza al capitán, había desviado el golpe; el otro comentó fríamente que creía que se había perdido la oportunidad de ahorrarle tiempo y torturas y que, por tanto, el molinete sería un buen bloque para tal fin. No se concedió ni un momento de preparación. Llegaron al molinete, el capitán y el sobrecargo se abrazaron. El primero se arrodilló y estaba a punto de colocar la cabeza en el bloque cuando, al dirigir una breve plegaria a su Dios, hizo un signo; el hacha, que ya relucía para su fatal propósito, cayó a sus pies. Los piratas juraron que habían visto un barco y que no había tiempo que perder en vaciar la carga. En dos horas saquearon el navío, dejaron provisiones para unos días, devolvieron al capitán su barco y perdonaron la vida a todos.

Unos tres años después, al volver a visitar La Habana, el sobrecargo fue abordado por un hombre que inquirió por su capitán, y esperó que estuviera bien, diciendo que él, el sobrecargo, tenía suerte de haber navegado con «uno de ellos» (aludiendo a que el capitán era francmasón), pues de lo contrario habrían sido todos decapitados. También se le hizo la promesa de que, si el capitán volvía a visitar aquellas zonas, saldría «libre».

En junio de 1823, el *Minerva*, un buque mercante holandés que regresaba de Batavia a Europa con varios pasajeros ricos, la mayoría de los cuales eran francmasones, incluido el Hno. Engelhard, Diputado Gran Maestro de las logias en la India, fue atacado frente a la costa de Brasil y derrotado por un corsario de bandera española. El saqueo y la matanza estaban a punto de producirse. En este trance, el Hno. Engelhard hizo una señal masónica, con lo que el comandante del corsario, que un momento antes era insensible a los ruegos y súplicas, se conmovió hasta la ternura. Él mismo era masón, al igual que varios de sus tripulantes. Reconoció a los Hermanos, los abrazó, les restituyó su barco y sus bienes, les indemnizó por los daños causados y solo pidió a cambio el favor de la afiliación a una logia holandesa.

En el año 1830, un Hno. Glen, posteriormente miembro de la logia Phoenix, en Sunderland, pero que entonces no había sido iniciado en la masonería, era piloto de un buque mercante que se dirigía a la isla de Cuba. La tripulación, además del capitán y el piloto, constaba de siete marineros. Al aproximarse a su puerto de destino, descubrieron una goleta de aspecto sospechoso que merodeaba en su ruta y que se abalanzó rápidamente sobre ellos, y el mercante fue abordado por veinticinco forajidos, todos armados con pistolas y alfanjes. El comandante del pirata era español y, por el aspecto del lugarteniente, que vestía de forma peculiar, el Hno. Glen conjeturó que debía ser maltés. La infortunada tripulación del mercante fue atada y asegurada en la parte de proa del buque. El capitán y el Hno. Glen también fueron atados a dos columnas en el camarote de popa. Terminado el saqueo, se dieron órdenes para la destrucción del buque por el fuego. Pólvora, barriles de brea y otros materiales combustibles fueron traídos de la goleta y se preparó realmente el rastro de pólvora. En este punto, el lugarteniente de los piratas fue a popa y entró en el camarote donde estaban atados el Hno. Glen y su capitán. Este último, por suerte para él y para su tripulación, resultó ser masón. Como último recurso, atrajo la atención del pirata y se dirigió a él (en el lenguaje del Oficio) como Aprendiz. El otro miró al capitán fijamente durante un instante y respondió como Compañero del Oficio. A continuación se cruzaron otras comunicaciones, aunque ninguno de los dos podía entender el habla del otro; pero en ese breve intervalo se habían hecho entender a través del medio universal de la masonería. El lugarteniente volvió entonces a cubierta, donde, como se vio después, disuadió a su comandante de quemar el buque. A continuación, volvió al camarote y escribió una breve nota en español, que dobló cuidadosamente y dejó sobre la mesa. A continuación cortó las cuerdas con las que había sido atado el Hno. Glen y, haciendo un gesto de precaución, abandonó el barco con el resto de la dotación de abordaje. El Hno. Glen liberó rápidamente a su capitán, quien dijo que se había dado a conocer al pirata como masón, y a esa circunstancia debía atribuirse su liberación. Tras esperar un rato, procedieron con cautela a subir a cubierta y liberaron a la tripulación. Nada en particular ocurrió hasta el segundo día después, cuando, para su consternación, volvieron a divisar a la goleta pirata, que se abalanzó sobre ellos como antes. Izaron sus colores ingleses, tras lo cual el pirata, al reconocer que la embarcación era la misma que había sido saqueada recientemente, se limitó a desplegar su bandera negra, la terrible insignia de su espantoso oficio, que arrió inmediatamente y luego alterando su rumbo no volvieron a verle más. La carta que había quedado en la mesa del camarote estaba redactada en los siguientes términos: «Hermano, al haberte reconocido como masón, he inducido al capitán a perdonaros la vida a ti y a tu tripulación; de no haber sido por esto, todos habríais perecido». Solo queda por decir que el Hno. Glen, a su regreso a Inglaterra, no perdió tiempo en solicitar su admisión en una Sociedad que, bajo la Providencia, había sido un instrumento en la preservación de su vida.

En el año 1795, el barco *Betsy*, perteneciente a un mercader de Boston, zarpó de West Gardiner, en Maine. Iba comandado por el capitán Chapin Sampson, que había sido recibido en la masonería en la que ahora es la logia St. George's of Harmony, en Liverpool, el 15 de agosto de 1793. El barco fue apresado frente a Málaga por un jabeque de Trípoli y llevado a aquel puerto con todos los que iban a bordo. Allí, al capitán y a la tripulación les despojaron de sus ropas, a excepción de un ligero trozo de algodón alrededor de la cintura. Al ser los primeros estadounidenses llevados a Trípoli, fueron conducidos por la ciudad encadenados y apedreados con toda clase de proyectiles ofensivos. El capitán fue arrojado a un calabozo, pero a los pocos días lo sacaron y lo pusieron a trabajar descargando el cargamento de su barco. Estando así ocupado, un oficial llamado Hassan Bey, que ocupaba un alto cargo en Trípoli, se dio a conocer como francmasón. El capitán Sampson fue pronto liberado, vestido y provisto de muchas comodidades. Se encontró la oportunidad de liberarle y, cuando estaba a punto de partir, Hassan Bey, todavía consciente de sus deberes masónicos, le hizo numerosos regalos. Este digno nativo de Trípoli, y fiel hermano, había sido iniciado en Francia. El capitán Sampson, entonces de ochenta años de edad, vivía en West Gardiner, Maine, en 1845.

Anécdotas militares

18 de junio de 1815. Un oficial belga, durante el enfrentamiento, reconoció en el ejército enemigo, hacia las seis de la tarde, a un antiguo compañero y Hermano Masón, miembro de la misma logia; estaban a tal distancia el uno del otro que temía que la posibilidad de un saludo mutuo fuera imposible, pero temía más la posibilidad de un conflicto personal. Por fin, cuando vio a su amigo atacado y herido, se olvidó de todo salvo de que eran hermanos. El belga se precipitó en la refriega y, a riesgo de ser considerado un traidor, le protegió, le hizo prisionero, le puso a salvo y, tras la batalla, reanudaron su amistad. Esa misma tarde, hacia las nueve, unos cincuenta hombres, casi todos heridos, los miserables restos de dos regimientos franceses, se encontraron rodeados por un considerable grupo enemigo; tras realizar prodigios de valor, viendo que la retirada era imposible, decidieron deponer las armas; pero el enemigo, irritado por

su obstinada defensa y por los estragos que habían causado, continuó disparando sobre ellos. El teniente al mando, así como los hombres, consideraron que nada más que un milagro podría salvarles; una súbita inspiración se apoderó del oficial, avanzó al frente en medio del fuego e hizo la señal de socorro. Dos oficiales hanoverianos le observaron y, en un movimiento espontáneo, sin consultar a su comandante, ordenaron a las tropas que dejaran de disparar y, tras asegurar a los prisioneros, se pusieron a disposición de su general por la infracción de la disciplina militar; él también era masón, y en lugar de castigarles, aprobó su generoso comportamiento.

Un oficial francés, en la batalla de Waterloo, resultó tan gravemente herido que no pudo seguir el ritmo de su regimiento, y en esa situación fue descubierto por un dragón escocés del ejército británico, que espoleó a su caballo y se acercó al galope para despacharle. Pero justo cuando estaba a punto de asestar el golpe fatal, el oficial hizo una señal masónica de socorro. Esta fue reconocida por el escocés, cuyo brazo quedó inmediatamente sin fuerzas. El amor y la simpatía se dibujaron en su rostro, y mientras giraba su caballo para alejarse, se le oyó decir: «¡El Señor te bendiga y te proteja, Hermano mío!».

El memorable 16 de junio de 1815, en el momento en que el ejército aliado iniciaba un movimiento de retirada, un oficial de campo escocés, que había sido gravemente herido en el combate de Quatre Bras, fue abandonado en el campo de batalla. Pisoteado por la caballería francesa, no pensaba sino en la muerte, cuando divisó a las patrullas enemigas que acudían a socorrer a los heridos. Reuniendo las pocas fuerzas que le quedaban, gritó en tono débil e imploró la ayuda de sus hermanos. Esto atrajo la atención de un cirujano francés, quien, reconociendo en él a un masón, acudió presuroso en su ayuda. Primero le curó las heridas que presentaban mayor peligro y luego levantó al paciente y le llevó a la enfermería; le acostó en su propio catre, veló a su lado y dispuso que lo trasladaran a Valenciennes, donde fue calurosamente recomendado a sus amigos, de quienes el oficial recibió las más amables atenciones y gracias a cuyos cuidados recuperó por completo la salud.

Los Cazadores (*Chasseurs*) franceses del 17.°, al entrar en la ciudad de Genappe, hicieron prisioneros a todos los que encontraron. Unos disparos de mosquete, realizados desde las ventanas de una casa, alcanzaron a varios soldados, que asaltaron la casa al instante, jurando venganza y decididos a pasar por las armas a nueve enemigos heridos que yacían allí. El jefe de los Cazadores iba a la cabeza. En el momento crítico observó a uno de estos pobres heridos, un oficial de Brunswick, que hizo el «signo de socorro». La venganza cesó, la guerra perdió su vigor, el llamamiento masónico venció. Se interpuso entre sus propios soldados y los heridos, y a continuación les salvó generosamente la vida. Esta noble acción no quedó sin recompensa, pues al día siguiente fue herido a su vez y hecho prisionero por los prusianos. Fue reconocido como masón por un oficial, que le tomó bajo su cuidado, atendió sus necesidades y le restituyó el dinero del que había sido despojado como botín.

Al final de la feroz batalla del Moscova, en la refriega general que se produjo, dos miembros del Oficio, un oficial de caballería francés y un oficial de infantería ruso, se enzarzaron en un combate cuerpo a cuerpo. La espada del primero había hecho añicos la del segundo, y ya estaba levantada para abatirle, cuando este hizo una señal masónica. La señal fue reconocida y, aunque se hizo demasiado tarde para detener por completo el golpe que descendía, no se hizo demasiado tarde para debilitar su fuerza. El oficial ruso solo resultó herido leve y, en lugar de ser asesinado, fue hecho prisionero y recibió cuantos auxilios pudo procurarle su captor dadas las circunstancias. Esta historia se relata por la autoridad de un testigo presencial del incidente al que se refiere, el señor de Beaufort, que sirvió como jefe de batallón (*Chef de Bataillon*) durante la campaña rusa y se distinguió enormemente en el Moscova, recibiendo la cruz de la Legión de Honor del emperador Napoleón en el mismo campo de batalla.

Un oficial francés, en la batalla de Austerlitz, había quedado separado, junto con su compañía, de su regimiento al comienzo de la acción. Tras realizar prodigios de valor, el abnegado grupo fue hecho pedazos, y el oficial resultó peligrosamente herido, pero seguía negándose a entregar su espada, hasta que, exhausto por la pérdida de sangre, cayó haciendo la señal masónica. El oficial prusiano al mando, que era uno de los iniciados, al percibir esto, corrió hacia delante y retiró a sus hombres, que, en su furia, se disponían a asestar el golpe de gracia. Fiel a sus principios masónicos, hizo que su hermano, ya no su enemigo, fuera llevado a su propia tienda, donde su amabilidad y atención fueron tan grandes que su prisionero dudaba de si no debía bendecir su gloriosa derrota. Cuando su salud se restableció por completo, comprendió la necesidad de cumplir con las leyes de la guerra y se preparó para partir hacia el lugar asignado a los prisioneros; pero antes exigió una entrevista con su captor. ¡Cuál fue su gratitud y asombro al enterarse de que era libre! El oficial prusiano se las había arreglado para que su nombre figurara en la primera lista de los que debían ser canjeados.

De nuevo, en la época de la última guerra, los prusianos sitiaron las fronteras de Francia y cometieron toda clase de atrocidades. Un día entraron en un castillo (*Château*) y, tras insultar a sus ocupantes y destruir todo aquello sobre lo que pudieron poner las manos, se apoderaron de una caja que contenía una gran suma de dinero. El propietario, al intentar impedir que se llevaran sus bienes, habría salido muy mal parado si no hubiera hecho la señal, tras un pensamiento repentino. El oficial, que era masón, recordó inmediatamente los deberes que había violado sin saberlo. Despidió a sus hombres y colocó una guardia en el castillo para evitar más ultrajes.

Lo siguiente aparece en la autobiografía del señor Gerard (Maestro en una época de la logia Globe, en Vincennes), que por sus servicios militares fue condecorado con la Legión de Honor en el Kremlin, en Moscú, en el año 1812:

> El 2 de mayo de 1808, durante la sangrienta revuelta de Madrid, yo pertenecía a una tropa de dragones enviada a aquella ciudad tan agitada. Llegamos a nuestro destino a

finales de abril y fuimos destinados temporalmente a un pueblo a unas tres millas de la ciudad, en la carretera que lleva a Francia. Unos días después de nuestra llegada, comenté a un joven oficial, sobrino de nuestro coronel, que tenía muchos deseos de visitar Madrid, de la que tanto había oído hablar. Él también expresó su deseo de pasar unas horas visitando sus famosas iglesias y otras plazas públicas, y me prometió pedir un permiso de ausencia. El coronel accedió a su petición y obtuvimos un pase para el 1 y el 2 de mayo. En cuanto obtuvimos nuestro permiso, hicimos buen uso del tiempo y entramos en la ciudad a primera hora de la mañana, y pasamos todo el día examinando las espléndidas iglesias y los lugares públicos medio orientales, de los que tanto había oído hablar cuando era niño. Cansados y exhaustos, pasamos la noche en casa de un tabernero francés en la Puerta del Sol, donde solían congregarse los oficiales y empleados de nuestro ejército. A la mañana siguiente desayunamos a una hora temprana, y nos disponíamos a reanudar nuestras visitas turísticas, cuando varios oficiales de Estado Mayor entraron abruptamente en la casa y nos pidieron que nos dirigiéramos de inmediato a los cuarteles o a nuestros alojamientos. También nos informaron de que las tropas habían recibido la orden de permanecer en sus acuartelamientos, de que en todas partes estaban tocando a rebato, y de que las calles y plazas bullían de españoles armados y evidentemente muy excitados. No había tiempo que perder, y decidimos partir al instante para salir de la ciudad y dirigirnos a nuestros alojamientos. Nada más salir al aire libre, oímos el terrible sonido de un toque de llamada general; los tamborileros tocaban a rebato por todas partes. Intentamos redoblar la marcha, pero pronto nos dimos cuenta de que era imposible llegar a nuestros cuarteles rodeados de aquel modo. Un gran número de españoles, armados con armas mortíferas de todo tipo concebible, avanzaron entonces sobre nosotros y obstruyeron la calle por la que debíamos pasar. Sabíamos que intentar abrirnos paso entre sus filas sería una muerte segura; buscamos, por tanto, un claro por el que escapar, pero solo pudimos divisar una callejuela, o más bien un callejón sin salida, a nuestra derecha. Mi amigo me agarró del brazo y, arrastrándome, gritó: «Ven, entremos en...». Pero antes de que tuviera tiempo de terminar la frase, cayó muerto a mis pies, atravesado por varias balas. Yo escapé con solo una bala atravesando mi sombrero; pero, confuso por el repentino ataque, y sin saber cómo intentar seguir huyendo, ya me daba por perdido, cuando felizmente se me ocurrió que me habían hecho Masón, y utilicé los medios que el Oficio había puesto en mis manos para pedir ayuda ante un peligro inminente. Mi llamamiento no fue en vano. Aquel feliz pensamiento me salvó la vida. La puerta de la casa desde la que se habían efectuado los disparos se abrió de inmediato y un hombre alto y fornido, de poblado bigote y capote militar, salió corriendo y me metió en la casa mientras me susurraba en francés: «No temas y sígueme, un hermano te muestra el camino». Cuando me hubo llevado a una dependencia exterior y cerrado la puerta, procedió a ponerme a prueba, e intercambiamos aquellas pruebas que solo conocen los iniciados. Tras cerciorarse de mi derecho a su protección, me ofreció un odre lleno de vino y fraternizamos. A continuación me pidió que le esperara un rato, mientras él salía y cerraba la puerta tras de sí. En menos de cinco minutos regresó con un sombrero y una gran capa española en la mano. Disfrazado con ellos, me sacó de la casa y me llevó por diferentes calles hasta llegar a las puertas de la ciudad. Una vez que las hubimos franqueado gracias al santo y seña que poseía, me señaló mis cuarteles, de los que yo le había dado una descripción. Antes de despedirse de mí, me echó los brazos al cuello y me dijo: «Hermano mío, soy capitán de la infantería inglesa, pero ahora me encuentro en misión secreta en España. Me llamo Henry Sueton. Si alguna vez el Gran Arquitecto le ofreciera la oportunidad de salvar la vida de alguno de mis compatriotas, haga por ellos lo que yo he hecho hoy por usted. Adiós, que Dios le acompañe». El nombre de este querido hermano ha permanecido grabado en mi corazón desde entonces y allí permanecerá hasta que deje de latir. Desde aquella época de mi vida he tratado de averiguar más detalles sobre el destino de mi noble salvador; pero solo recientemente he podido enterarme, por un capitán del ejército inglés al que conocí en el sur de Francia, de que el Hermano Sueton cayó en 1812 en el cabo de Buena Esperanza, después de haber alcanzado el grado de mayor. Que el Gran Arquitecto haga que la tierra descanse levemente sobre su tumba.

En la memorable batalla de Mars-la-Tour (el segundo día de la batalla de Metz), hacia las dos de la tarde, la tercera compañía del Noveno Batallón de Fusileros Prusianos recibió la orden de desalojar al enemigo de un bosquecillo situado a unos 150 metros de su frente. Los hombres avanzaron bajo un fuego mortífero que, en menos de dos minutos, acabó con cerca de la mitad de ellos. A pesar de ello, avanzaron a la carrera con un ¡hurra! y, al llegar al bosque, cargaron contra los franceses, que eran del 64.º regimiento de línea, con unos 200 hombres. Muchos fueron pasados a bayoneta, otros hechos prisioneros, y el resto huyó, salvo una compañía de unos trece hombres, que se mantuvieron firmes, parapetándose tras un gran tronco, negándose a rendirse e incapaces de huir. Todos cayeron abatidos excepto tres, uno de ellos un cabo. Media docena de prusianos, saltando por encima del tronco, se disponían a atacarles con las bayonetas, cuando el cabo hizo el «signo de socorro». Al instante, el suboficial Hertran gritó: «¡No le hagáis daño! ¡Es mi hermano!» y, con su propio rifle, paró el golpe dirigido contra él. El francés fue desarmado y se lo llevaron, pero su vida se salvó gracias al lenguaje silencioso del Oficio.

El capitán Laurent Michel, iniciado en la logia «Discípulos de Salomón», en Marsella, en 1811, se distinguió como un hombre bueno y un soldado valiente, y llegó a ser conocido como el salvador del «Batallón Sagrado», título que se ganó por su pronta y enérgica conducta. Era uno de aquellos de quienes Dryden dice: «Oh, pero es valiente ser admirado, ver A las multitudes con la cabeza descubierta gritar: ese es él».

Cuando la estrella del emperador Napoleón declinaba, y el deseo de paz se había hecho tan unánime como el anterior afán de fama, entre los primeros movimientos estuvieron los de las guardias nacionales en pro de la centralización y la unión, en oposición al emperador. Una parte de las tropas imperiales había caído en una emboscada, cuidadosamente planeada por una gran división de las guardias nacionales, y muchos «buenos y fornidos compañeros» que habían escapado a las balas del enemigo habrían encontrado la muerte a manos de sus compatriotas, de no haber sido por el suceso que voy a relatar.

Marsella iba a ser de nuevo el escenario de la destrucción, la escena de la sangre. Las tropas del Fuerte de San Nicolás ya habían recibido órdenes de marchar, ya había llegado la hora de la muerte de la abnegada pequeña banda —la línea estaba formada, se estaba dando la orden de preparar y apuntar—, bastaba una palabra, un minuto más, y las almas de los condenados habrían sido enviadas ante su imparcial Juez. Todas las manos estaban preparadas para la destrucción, cuando el capitán de artillería, Laurent Michel, gritando «¡alto!» con voz de trueno, se arrojó ante los cañones de la artillería a su mando. Un llamamiento poderoso y patético a sus compañeros de armas convenció pronto a las guardias nacionales del error que estaban a punto de cometer, y cedieron a su elocuencia permitiendo que las tropas que habían cercado se dispersaran. Al parecer, cuando el infortunado batallón llegó a la trampa que le habían preparado y vio que todas las vías de escape estaban cerradas —que no quedaba esperanza alguna—, un hombre, con desesperada resolución, apeló mediante una señal de socorro a la simpatía de sus oponentes. El ojo de águila de Laurent Michel observó el movimiento de su hermano, y ver, reconocer y poner su vida en el peligro más inminente para salvar a los demás, fue obra de un momento.

Lo siguiente se relata por la autoridad de un capitán de infantería estadounidense, que participó en la toma de Fort George, durante la última guerra (1812). A las tropas británicas se les informó de que se habían dado órdenes a los soldados estadounidenses de no dar cuartel. Esto probablemente se había hecho con el propósito de inducirles a luchar con mayor desesperación y para evitar las deserciones. Después de que la compañía del capitán Arrowsmith desembarcara y se formara, este los condujo a la carga. Las tropas británicas se retiraron a medida que los estadounidenses avanzaban, dejando a un joven oficial herido directamente en la línea de la compañía de Arrowsmith. Al acercarse, se levantó sobre una pierna (tenía la otra rota) e intentó apartarse del camino, creyendo que le clavarían la bayoneta si no lo hacía. Sin embargo, incapaz de lograr su propósito, cayó, pero, dirigiéndose hacia ellos mientras estaba sentado en el suelo, lanzó el conmovedor llamamiento de un masón. El capitán Arrowsmith describió sus sentimientos en aquel momento como los más extraordinarios que había experimentado jamás. Sentí, dijo, como si los cabellos de mi cabeza se erizaran y me quitaran el sombrero. Pero inmediatamente gritó al herido: «No tengas miedo, mi valiente, no te harán daño». Poco después vio a un cirujano y le informó de que un amigo suyo, con casaca roja, yacía herido en la retaguardia, cerca de un matorral determinado, y le pidió que le atendiera, deseo que se cumplió de inmediato. Arrowsmith, que fue herido en la cabeza durante la misma batalla, fue depositado poco después junto a su amigo de la casaca roja, donde tuvieron tiempo de cultivar una íntima amistad, que duró muchos años.

Hacia el año 1815, mientras el 4.º regimiento de infantería, comúnmente conocido como el King's Own («El Propio del Rey»), pasaba por las Bermudas de camino a tomar parte en la última guerra con América, tanto los oficiales como los soldados experimentaron la mayor incomodidad y aflicción, ya que su paga estaba muy atrasada y sus raciones eran extremadamente limitadas. En esta crisis de sus asuntos, los oficiales fueron invitados un día a la mesa de un comerciante residente en una de las principales ciudades. En el transcurso de la velada, el generoso anfitrión no tardó en descubrir que entre sus invitados había uno por el que, aun siendo forastero, sentía el calor de la amistad, y con el que, a pesar de ser extranjero, sentía los lazos de la fraternidad. En una palabra, eran masones. Apartar al hermano, escuchar el relato de sufrimientos y privaciones, y proporcionarle amplios medios de alivio y consuelo, fue solo obra de unos momentos. El comerciante adelantó una suma considerable de dinero para uso del regimiento y, de este modo —gracias a la existencia de un cierto principio de acción en dos individuos—, una multitud fue sacada de un estado de sufrimiento y miseria a otro de relativo desahogo y bienestar.

El capitán George Smith, de la Artillería Real (R.A.), inspector de la Real Academia Militar de Woolwich, en su obra *Use and Abuse of Freemasonry* (*Uso y abuso de la francmasonería*), publicada en 1783 y dedicada a «La Humanidad en general, y a las Damas en particular», relata que un oficial escocés, al servicio de Prusia, que por desgracia fue hecho prisionero en la batalla de Lützen con cuatrocientos de sus compañeros, fue trasladado a Praga. El escocés se dio a conocer como masón, fue inmediatamente liberado de su encierro, tuvo el honor de cenar diariamente en las mesas de los miembros más distinguidos de la Sociedad, se le pedía siempre que asistiera a sus reuniones y se le rogaba que se considerara francmasón y no prisionero de guerra. En el canje de prisioneros, que tuvo lugar unos tres meses después del enfrentamiento, al caballero escocés se le obsequió, de la manera más educada, con una bolsa de sesenta ducados para costear sus gastos de vuelta al regimiento. Esta circunstancia, añade el capitán Smith, le fue comunicada por el propio oficial en una carta fechada el 13 de mayo de 1760.

Lo siguiente se relató en una reunión de la logia Shakespeare, n.º 99, en 1839: Un Hermano, cuyas ocupaciones le llevaron a aquel escenario de agitación y contienda que eran las provincias vascongadas, vio mucho de la naturaleza de la guerra intestina que allí se libraba, y que apenas se caracterizaba por otra cosa que la rapiña, el asesinato y todos los efectos de una depravación sin fe. En una ocasión presenció la captura de cuatro prisioneros de poca monta, a los que se ordenó ejecutar. La orden se emitió y no hubo apelación posible: sin esperanza, el Decreto de Durango condenaba a los cautivos a una muerte ignominiosa y despiadada. A la mañana siguiente, el carcelero sacó de su mazmorra a tres de los prisioneros y los entregó a la guardia de la muerte, a manos de la cual fueron fusilados. Pero ¿dónde estaba el cuarto? La respuesta fue: «Gravemente enfermo; morirá antes del anochecer». El carcelero, acostumbrado a tratar con déspotas —a obedecer sus órdenes— y a presenciar la espantosa palidez de los condenados a las puertas de la eternidad —sin sentimientos él mismo, pues todo sentimiento había sido embotado por las costumbres de su espantoso oficio— e indiferente a todo cuanto sucedía a su alrededor; a semejante hombre, a este hombre, le detuvo en su impía ocupación el hecho de que uno de aquellos desdichados cautivos le recordara su obligación, quien, implorando clemencia a su Dios con la esperanza —la última esperanza que le quedaba— de poner a prueba la fuerza de las desgarradas cuerdas de su corazón para conmover el del verdugo con la señal de la simpatía y la aflicción. ¡Misteriosa mediación! La francmasonería triunfó: el hombre encallecido ante cualquier otro rasgo de humanidad se amilanó ante la señal y salvó al Hermano. Los continuos horrores impidieron indagar de inmediato por el protagonista de esta anécdota. Por fin se anunció que había muerto, y a nadie le importó lo que había sido de su cuerpo; de hecho, apenas se preguntaba nunca por los denunciados por el Decreto. El carcelero, sin embargo, había asegurado al Hermano hasta encontrar el modo de favorecer su fuga, y así, en cierto modo, ha hecho cierta reparación a la sociedad al demostrar que si se declara la guerra contra la sociedad, los sentimientos de humanidad, con la bendita ayuda de la francmasonería, triunfarán sobre el Demonio de las Tinieblas.

A principios de 1837, un caballero inglés llegó a San Juan de Luz y, tras descansar una noche en una posada, tocó la campanilla y pidió a la sirvienta que preguntara si había algún barco a punto de zarpar hacia San Sebastián. La joven regresó pronto con la información de que un barco estaría listo en una hora. Pero al llegar a la playa, el viajero comprobó, con sorpresa y disgusto, que la embarcación en la que iba a confiar era un pequeño lugre de vela de unas doce toneladas de arqueo. El paso de la barra fue agitado en extremo, pero el tiempo se moderó, y en ese momento el patrón se dirigió a su pasajero con bastante franqueza, dándole a entender que creía que era militar, y declarando que sería imposible llegar a San Sebastián, sino que tendría que arribar a Fuenterrabía. A nuestro viajero se le abrieron entonces los ojos claramente. El Decreto de Durango resonaba en sus oídos: había oído que los carlistas pagaban hasta 20 libras esterlinas a cualquier barco que desembarcara a un oficial cristino. Imploró a su vez a todos los tripulantes que cambiaran de rumbo, pero en vano, y el temido puerto estaba a la vista. La Providencia, en aquel terrible momento, le sugirió el intento de poner en práctica la prueba masónica. Por desesperada que fuera la empresa, tuvo éxito. El patrón se adelantó deliberadamente, tomó al viajero por la mano, le llamó «Hermano» y ordenó al piloto que «virara en redondo». Se alteró el rumbo, y desembarcó a salvo en Pasajes, e incluso se le escoltó hasta quedar bajo la protección de sus amigos.

En la batalla de Dettingen, en 1743, a uno de los Guardias Franceses le mataron el caballo, y quedó tan enredado debajo que no podía liberarse. En este estado, un dragón inglés se acercó al galope y, sable en mano, se disponía a quitarle la vida. Sin embargo, el soldado francés hizo los signos de la masonería, los cuales, al ser reconocidos por el dragón, no solo le salvaron la vida, sino que le liberaron de su peligrosa situación, haciéndole, por supuesto, prisionero, ya que los lazos fraternales no pueden disolver los del patriotismo.

El genio universal de la masonería no ha extendido sus influencias purificadoras y protectoras únicamente entre los hombres civilizados. Joseph Brandt, un célebre indio mohawk, jefe de las Seis Naciones, que había recibido las ventajas de una educación inglesa, fue posteriormente a Inglaterra, donde fue iniciado en los misterios de la francmasonería. A su regreso a América, sin embargo, los hábitos de su vida temprana reasumieron su influencia, mientras que los hábitos adquiridos por la educación fueron abandonados; y Brandt, despojándose de la vestimenta y las costumbres de la civilización, asumió una vez más la manta y el rifle, y pareció olvidar en la espesura de su bosque natal las lecciones que había aprendido en sus escuelas transatlánticas. Pero el desenlace de la historia mostrará que, por mucho que su memoria pudiera haber sido traicionera en otras cosas, en un tema al menos demostró ser admirablemente retentiva.

Durante la guerra de Independencia, en la batalla de Los Cedros, a treinta millas de Montreal, a orillas del río San Lorenzo, el coronel McKinstry, entonces capitán del regimiento de Paterson de las tropas continentales, resultó herido dos veces y posteriormente hecho prisionero por los indios empleados al servicio de los británicos.

La valentía y el éxito previos del capitán McKinstry habían despertado a un tiempo el temor y el resentimiento de sus conquistadores indios; y, de acuerdo con las costumbres de la guerra salvaje, fue inmediatamente condenado a morir en la hoguera, acompañado de todos esos horribles y prolongados tormentos que los indios tan bien saben infligir y soportar. Ya había sido atado al árbol fatal y los preparativos para el sacrificio humano avanzaban con rapidez, cuando, en la fuerte agonía de su desesperación y apenas consciente de una esperanza, el cautivo hizo el gran llamamiento místico de un masón en la hora del peligro. Fue visto, comprendido y sentido por el jefe de las Seis Naciones, a la sazón coronel sin destino en el ejército británico, que se hallaba presente en la ocasión. Brandt se interpuso inmediatamente y logró, por la influencia de su posición, rescatar a su hermano estadounidense del destino que le aguardaba. Una vez liberado de sus ataduras, le condujo y escoltó a salvo hasta Quebec, donde le entregó a los ingleses, quienes le permitieron regresar a América bajo palabra.

Un incidente agradable —con el que se asocia otra anécdota relativa al mismo jefe indio— ocurrió en la elevación al tercer grado del honorable Thomas S. Wilson, de Iowa: Tras su admisión en la logia vio a un indio presente, sentado junto a los miembros. Al serle presentado supo que era el nieto del célebre coronel Brandt, que comandó a los aliados indios de los británicos durante la guerra de la Independencia.

> En una de las batallas que tuvieron lugar en Pensilvania, el abuelo del juez Wilson fue capturado junto a otros, y la compañía a la que pertenecía fue entregada a los indios como su parte de los trofeos de la victoria. Con el fin de divertirse un poco con sus cautivos, los indios obligaban a los soldados estadounidenses a arrodillarse, momento en el que un indio se subía a la espalda del cautivo y le obligaba a arrastrarse hasta el agua y meterse en ella, momento en el que el indio le hundía la cabeza, a veces hasta estrangularle. Cuando le llegó el turno al soldado Wilson, siendo un hombre muy corpulento, se levantó y lanzó al indio por encima de su cabeza al agua, lo cual, si bien divirtió a los in-

dios de la orilla, enfureció enormemente a la víctima, por lo que exigió que él y los demás soldados que habían sobrevivido a la prueba fuesen asesinados a golpes de tomahawk. En consecuencia, se les hizo formar, momento en el que Wilson dijo a su compañero que iba a apelar a los indios haciendo la señal masónica de socorro. Su compañero se rio de la idea, pero se unió a él e hizo la señal, momento en el que, al instante, el jefe indio acudió en su ayuda y se salvaron. Resultó que el jefe indio era el célebre guerrero Brandt, el abuelo del individuo presente, que fue testigo de la introducción en la masonería del nieto del soldado al que su abuelo había salvado la vida muchos años después, y en un territorio totalmente desconocido para el mundo civilizado en el momento del incidente al que me he referido.

Historias similares se relatan de Tecumseh, el famoso guerrero y orador shawnee, en relación con la guerra de 1812, durante la cual fue aliado de los británicos, con el grado de general de brigada.

Hay una circunstancia relacionada con la vida del mayor general Israel Putnam (del ejército de EE. UU.) que no es muy conocida. En las guerras contra los franceses y los indios comandó un cuerpo de partisanos en las fronteras. En una severa escaramuza le tocó la suerte de ser cautivo de los indios. Un guerrero tan valiente era digno de una muerte fuera de lo común. Tras ser insultado y torturado en sus aldeas, fue conducido a la hoguera. Los haces de leña se apilaron a su alrededor; las llamas saltaban y jugueteaban sobre su demacrado cuerpo. Había echado su última mirada a la tierra y estaba encomendando su alma a Dios, cuando vio acercarse a un oficial francés. Como último recurso le saludó de un modo que habla con más fuerza que las trompetas al corazón de un genuino Hermano. Raudo como el rayo, las cuerdas fueron cortadas, los haces encendidos dispersados, y el oficial rescató a Putnam con peligro inminente de su propia vida.

¡Tan poderosa es la palabra que une a nuestros Hermanos en la hora del peligro! Putnam decía siempre que debía su vida a la masonería, pues estaba seguro de que el francés nunca habría corrido el riesgo de disgustar tanto a los indios para salvar a otro que no fuera un Hermano. A lo largo de su vida su celo y sus servicios a la «buena causa» fueron parejos a la deuda que había contraído, y tras una larga vida dedicada al servicio de su país, «bajo la escuadra», se enfrentó al torvo tirano con la firmeza de un masón y la esperanzada resignación de un cristiano.

En la azarosa batalla de Buena Vista (en la guerra mexicano-estadounidense), ocurrió una escena digna de ser registrada. Durante los momentos más feroces del combate, un joven soldado del 2.º de Infantería de Kentucky, cuyas filas fueron más que diezmadas durante el enfrentamiento, cayó herido en el suelo, aunque al parecer no mortalmente. Una veintena de lanzas apuntaban a su corazón, pero en aquel momento de prueba el joven se encomendó a esa fe que tan rara vez falla. Hizo el signo, y al instante siguiente un mexicano se precipitó más allá de los relucientes instrumentos de muerte, levantó a su postrado enemigo, ahora su hermano, y se lo llevó. El joven, sin embargo, pereció finalmente junto a su protector, pero el acto en sí aún pervive como un recuerdo de la fuerza y pureza del lazo masónico.

Entre los prisioneros tomados por las tropas de la Unión en el momento en que Pickett hizo su gran carga en Gettysburg, había un sargento virginiano. Era masón. El capitán John A. Kellogg, del 6.° de Wisconsin, le dio a beber algo reconfortante de su cantimplora y puso algunas raciones en su morral vacío. Su despedida fue la de dos hermanos.

En diciembre de 1864, cuando Kellogg era un coronel al mando de su regimiento (dice el relator de la anécdota), le acompañé en una cabalgada a lo largo de la línea de piquetes, a unas pocas millas a la izquierda de Petersburg. Por algún motivo y sin saberlo, fuimos más allá de las líneas de piquetes. De repente nos detuvo un saludo poco militar: «¿Es usted, capitán Kellogg?».

Al levantar la vista y a unas dos varas a la derecha vimos a un teniente y a una docena de hombres de gris, que al parecer acababan de tomar las armas preparándose para un asunto serio.

«Ese es mi nombre, señor», respondió el coronel.

«Pido perdón... coronel Kellogg. Usted era capitán en Gettysburg. Permítame que le felicite por su ascenso».

La cosa se ponía interesante, y ambos hacíamos planes para un tiroteo entre una docena de piquetes confederados con fusiles en las manos, y dos oficiales solo con revólveres, y no precisamente en la mano.

«¿Supongo que no me recuerda, coronel?».

«Supongo que así es», dijo Kellogg; y estaba más nervioso de lo que jamás le había visto en combate.

«Soy el sargento al que dio un trago de su cantimplora y cuyo morral llenó en Gettysburg. Desde entonces me han hecho teniente. Me gustaría charlar con usted, pero el oficial de guardia está al llegar. Supongo que será mejor que vuelvan a sus líneas».

«Gracias, teniente», dijo el coronel, saludando, y cuando nos dábamos la vuelta para irnos, el confederado dio la orden: «¡Armas al hombro! ¡Alinearse a la derecha! ¡Presenten armas!». Entonces ambos nos quitamos el sombrero. Eso sí que era fraternidad.

Mi amigo, el general John Corson Smith, escribe: «Estando en Murfreesboro (Tennessee), entre los prisioneros confederados a mi cargo encontré al ayudante de un regimiento de Alabama que llevaba un amuleto masónico; le pregunté si era francmasón, y al recibir una respuesta afirmativa, sin hacerle saber que yo era miembro del Oficio, acepté su palabra personal dentro de las líneas, y lo envié a la casa del juez Ready, suegro del general confederado John H. Morgan. Cuando estaba a punto de ser enviado a la retaguardia para un canje, el ayudante me preguntó por qué tenía tanta confianza en él como para dejarle en libertad bajo palabra. Le respondí: 'Porque sabía que era francmasón'».

Del mismo informante sé que durante la memorable incursión realizada por el ejército de Grant sobre Petersburg (Virginia), en abril de 1865, cuando se rompieron las líneas de Lee, un joven oficial confederado yacía en el camino gravemente herido y, cuando, sin previo aviso, una compañía de caballería federal se abalanzó hacia él a todo galope, vio a la muerte mirándole a la cara. Su primer pensamiento fue que posiblemente hubiera un masón entre ellos, e hizo una señal de socorro, conocida solo por los masones. Entonces, el capitán federal cabalgó rápidamente a su lado, desmontó y dividió a la compañía por el centro, sin molestar en absoluto al hombre. Rápidamente fue recogido, aunque como prisionero, llevado a la retaguardia y cuidado con ternura, y con el paso del tiempo recuperó por completo la salud.

El general Smith también afirma que en la batalla de Pea Ridge, el teniente coronel (posteriormente general) Frank J. Herron, de Iowa, yacía herido, y un indio del mando del general Albert Pike estaba a punto de matarlo con su tomahawk, cuando este hizo un signo masónico. Fue hecho prisionero y posteriormente canjeado.

De la misma fuente de autoridad extraigo lo siguiente: «El general Smith D. Atkins, de Illinois, relata que durante la campaña de Atlanta, al presionar al enemigo, vio un pequeño mandil blanco clavado en la puerta de una cabaña; cabalgó hasta la cabaña, preguntó a una mujer que encontró allí su significado, y se le dijo que su marido estaba en la caballería de Forrest, que entonces estaba combatiendo; que su marido era francmasón, y al salir de su casa le había dicho: 'Hay muchos francmasones en el ejército federal, y si clavas un mandil blanco en tu puerta y haces saber a los federales que eres la esposa de un francmasón, serás protegida'». Huelga decir que no fue molestada.

El difunto Charles A. Dana cuenta la siguiente historia del general A. Rawlins, que fue jefe de Estado Mayor del general Grant desde el momento en que este último se convirtió en general de brigada, hasta que renunció a su cargo como comandante de los Ejércitos de los Estados Unidos para convertirse en presidente de la gran nación, por cuya unidad tanto había hecho para preservar: «En la batalla de Champion Hill, al dejar a Logan, se nos unieron a Rawlins y a mí varios oficiales, y continuamos nuestra cabalgada por el campo. En la colina, donde se había desarrollado lo más cruento del combate, nos detuvimos y estábamos mirando a los muertos y moribundos que yacían a nuestro alrededor, cuando de repente un hombre, de tal vez 45 o 50 años, que llevaba un uniforme confederado, se apoyó sobre el codo y dijo:

«Por el amor de Dios, caballeros, ¿hay algún masón entre ustedes?

«Sí», dijo Rawlins, «yo soy masón».

Se bajó del caballo y se arrodilló junto al moribundo, que le dio unas cartas de su bolsillo. Cuando regresó, Rawlins tenía lágrimas en las mejillas. El hombre, nos dijo, quería que le hiciera llegar algún recuerdo, una miniatura o un anillo —no recuerdo qué— a su esposa, que estaba en Alabama. Rawlins cogió el paquete y algún tiempo después consiguió enviárselo a la mujer.

El general Rawlins —según me cuenta su compañero de armas, el general J. C. Smith— fue hecho masón en Galena, Illinois (1858), y siendo secretario de Guerra de los EE. UU., murió en su puesto del deber en la ciudad de Washington en 1869.

CAPÍTULO IV

> «No nos digáis más, pues, que nuestras logias son receptáculos de malhechores sacrílegos y revolucionarios; yo las veo frecuentadas por hombres de piedad sincera y patriotismo intrépido. No nos digáis más que nuestros hermanos de la Orden son traidores, o indiferentes al bienestar de su país; yo los veo en forma de héroes, a la cabeza de nuestras flotas y nuestros ejércitos; y llegará el día en que un francmasón empuñará el cetro de estos Reinos, y ocupará, con honor y con dignidad, el trono británico». SIR DAVID BREWSTER

Aunque las logias celebradas a bordo de buques de guerra eran escasas en número, el Oficio siempre ha sido ampliamente apoyado por miembros del servicio naval. Sin embargo, cualquier cosa parecida a una lista exhaustiva, incluso solo de los almirantes británicos (sin tener en cuenta los demás rangos) que son o fueron francmasones, ocuparía demasiado espacio, por lo que debe hacerse una selección. Los nombres que voy a presentar proceden principalmente de los registros reales de la Gran Logia de Inglaterra, pero hay tres excepciones importantes, a las que asignaré prioridad en mi lista.

Sir George Brydges Rodney (posteriormente lord Rodney), en un intervalo de su carrera (habiendo una contienda política arruinado su hacienda), se vio en la necesidad de retirarse al continente, donde se hizo miembro de la Sociedad Secreta y Club Masónico en la Rue Saint Nicaise, en la capital francesa. Fue elegido bajo un nombre supuesto, pero al revelar el verdadero, a instancias del duque de Biron, mariscal de Francia, sus deudas fueron pagadas, se dio un banquete en su honor, se iluminó la calle y se cantaron coplas para celebrar su partida hacia sus costas natales. Los generales Dumouriez y Paoli (el patriota corso) también eran miembros del club.

A su regreso a Inglaterra, Rodney fue puesto de nuevo al mando de una escuadra, y logró una serie de victorias que culminaron con su derrota de la flota francesa bajo el mando del conde de Grasse, en abril de 1782, lo que salvó a Jamaica y puso fin a la guerra de un solo golpe.

Las pruebas relativas a la conexión de Nelson con el Oficio son las siguientes: Entre el mobiliario en posesión de la logia de la Amistad (*Friendship*), n.° 100, en Yarmouth, hay un bloque oblongo de mármol blanco. En cada uno de los lados largos hay una inscripción grabada. La de un lado conmemora la fundación de la logia United Friends n.° 564; mientras que en el lado opuesto de la piedra aparece:

> En memoria del Hno. vizconde Nelson del Nilo, y de Burnham Thorpe, en Norfolk, quien perdió la vida en los brazos de la Victoria, en un combate con las flotas combinadas de Francia y España, frente al cabo Trafalgar, el 21 de octubre de 1805. Propuesto por el Hno. John Cutlove.

Lamentablemente, los libros de actas que cubren este período han desaparecido todos, pero puede demostrarse *aliunde* (por otra fuente) que John Cutlove fue iniciado en la logia United Friends el 12 de abril de 1799. Sin embargo, como bien observa el Sr. Hamon Le Strange, de cuya interesante obra *Freemasonry in Norfolk* (*La francmasonería en Norfolk*) procede lo anterior: «Es extremadamente improbable que, en un lugar donde Nelson era tan conocido como en Yarmouth, los miembros de la logia se hubieran atrevido a colocar en la piedra conmemorativa de su propia constitución una inscripción reclamándole como hermano, la cual, de ser falsa, les habría expuesto al ridículo y a la contradicción de muchos que conocían los hechos». Por el mismo autor, sabemos (y todos los detalles de la historia están bien documentados) que aún existe una tabaquera masónica que lord Nelson regaló a un amigo cuando cenaron juntos en Yarmouth.

También consta en los registros que en marzo de 1801, el almirante llegó a la rada de Yarmouth con siete navíos de línea, y que antes de abandonar la estación ocurrió un suceso al que se refiere en una carta, fechada en la rada de Yarmouth y dirigida al Sr. Pillans, «Gran Maestro de la Antigua Orden de Gregorianos», que entonces florecía sobremanera en Norwich, agradeciéndole su elección para dicha Sociedad. El Sr. Le Strange, cuyas palabras reproduzco, prosigue: «Tras la batalla de Copenhague, Nelson regresó a Yarmouth, y al desembarcar allí del *Kite*, permaneció un tiempo en la ciudad. También estuvo allí cuando regresó a Inglaterra tras la batalla del Nilo, por lo que hubo amplias oportunidades para que fuera iniciado en Yarmouth».

Los términos «Gregoriano» y «Gormogon», que aparecen en el cuarto libro de la *Dunciad* (*La dunciada*), son explicados por Pope y Warburton como «Una especie de hermanos legos, esquejes de la raíz de los francmasones». Los «gregorianos» también son mencionados por Crabbe en *The Borough* (*El burgo*), como «una secta jovial», y «una especie de masones, pero sin su signo».

En cualquier caso, está abundantemente claro que Nelson fue admitido como miembro de una de las muchas sociedades festivas que existían entonces, y que ahora son rivales olvidados de los francmasones. Por lo tanto, a mi modo de ver, se refuerza la probabilidad —si tenemos muy presente la evidencia lapidaria aportada por la logia de los Amigos Unidos— de que también se uniera a nuestra propia Fraternidad, de la que sus viejos amigos, sir Peter Parker, almirante de la flota, era Diputado Gran Maestro; y el duque de Clarence, almirante de la escuadra blanca, era Pasado Gran Maestro (honorario) en la época en que fue recibido en la Orden de los Gregorianos.

Mientras estos pliegos pasan por la imprenta, me han favorecido con el siguiente extracto de las actas de la Logia Unión, de York (que aún existe como «York Lodge», n.º 236):

> 16 de diciembre de 1805
>
> El Hermano V. Maestro propuso que tuviera lugar una procesión pública en el sepelio de nuestro difunto Hermano y Héroe, lord Nelson, sec[undado] por el Hno. P. M. [Pasado Maestro], y apoyado en tercer lugar por el P. [Primer]

Vigilante. El V. M. expresó entonces su deseo de que se observara una uniformidad de vestimenta en la ocasión. Y que se solicitara al reverendo J. Parker que predicara un sermón para la ocasión en la iglesia parroquial de Santa Elena.

La logia también posee un interesante estandarte, del que se ha reproducido un boceto en la presente obra por cortesía del Sr. Alfred Proctor.

Las alusiones a que el gran marino era francmasón eran frecuentes en las primeras revistas masónicas que aparecieron tras su fallecimiento, y a esa misma fuente de autoridad debo recurrir ahora como única prueba por la que el tercer almirante de la lista que voy a exponer puede incluirse en las filas de la Fraternidad.

La *Freemasons' Magazine* (*Revista de los Francmasones*) del 17 de noviembre de 1860, al registrar la muerte de sir Charles Napier, menciona que era visitante asiduo de la logia de la Amistad (*Friendship*). Hay, sin embargo, un gran número de logias distinguidas con este título, y ha sido imposible realizar una investigación exhaustiva sobre el asunto. La historia, por tanto, es uno de esos relatos que, adoptando las palabras de Beda (en el prefacio a su *Historia eclesiástica*), «no garantizaré, sino que entregaré basándome puramente en el rumor común».

El almirante sir Charles Napier (pasando por alto la larga serie de brillantes servicios que precedieron a su ascenso al rango de oficial de bandera), al mando de la flota de don Pedro, derrotó a la de don Miguel frente al cabo de San Vicente en 1833. Como segundo al mando, participó en la toma de Acre en 1840. En 1847 recibió el mando de la Flota del Canal y, al estallar la guerra rusa en 1854, el de la del Báltico.

Los nombres que siguen se han tomado principalmente de los que se han inscrito en los libros de la Gran Logia y, en menor medida, de las listas de miembros que se ofrecen en los historiales de ciertas logias privadas y en otras fuentes auténticas.

Muchos oficiales del servicio conjunto (*United Service*) figuran, como es de esperar, en la lista de la logia Phoenix, de Portsmouth, cuyos anales han sido registrados con mano amorosa por el Sr. Howell. Entre los almirantes que fueron iniciados en esta logia o se unieron a ella cabe citar a sir Charles Morice Pole (1787), primer capitán de la gran flota bajo el mando de lord Bridport, y que comandó en el Báltico en 1801; o a sir Roger Curtis (1787), destacado por su valentía cuando comandaba la fragata *Brilliant* en el asedio de Gibraltar. En medio del resplandor de una flotilla en llamas, de las explosiones de los polvorines y de la presencia de la muerte en todas sus espantosas formas, abordó un barco español y sacó a una parte de su tripulación en su bote, que apenas se había alejado unas esloras del navío cuando este saltó por los aires. A este acto heroico se refería el poeta laureado de la época cuando (hablando de Gran Bretaña) dijo:

> Ella arrebató en el momento de la victoria, presta a salvar,
> A los hijos de Iberia que se hundían en las ardientes olas del Calpe.

Sir Roger fue capitán de bandera en la gran batalla de lord Howe el 1 de junio de 1794. Cuando le dijo al almirante que la línea estaba completa, Howe respondió: «Entonces meted el timón a la vía en el nombre de Dios», y el *Queen Charlotte*, irrumpiendo a través de la línea francesa, disparó por ambos costados con sus cañones cargados con doble bala, cayendo 700 franceses solo en el *Montague*. Curtis, posteriormente comandante en jefe de la Flota del Canal (1799) y más tarde en el Cabo, fue enviado en cierta ocasión en embajada a Marruecos y, a pesar de su cargo, le resultó imposible llevar a cabo su tarea. Pero al darse a conocer como masón, se eliminaron todas las dificultades y se le permitió atravesar libremente el país.

Sir Hugh C. Christian (1788) mandó, junto a sir Ralph Abercromby, en la toma de Santa Lucía, y murió cuando ejercía el mando en jefe en el Cabo.

Robert Winthrop (1791) comandó una pequeña escuadra en la costa de Holanda en 1799, y la fragata *Stag* en la expedición contra Ferrol al año siguiente.

Sir Thomas Byam Martin (1792), al mando de una fragata, capturó *La Tamise* en 1796, y *L'Immortalité* en 1798. Estuvo presente en la acción contra la flota rusa en 1808; comandante en jefe en el Mediterráneo y Portsmouth; almirante de la flota en 1849.

Sir Lucius (hijo de sir Roger) Curtis (1827) sirvió en la toma de la isla de Borbón en 1810. Almirante superintendente en Malta en 1843; almirante de la flota en 1864. Este valiente oficial, que fue dos veces Maestro de la logia Phoenix (1833-34) y Gran Maestro Provincial de Hampshire de 1840 a 1869, habló a menudo con gran elocuencia como expositor de los principios masónicos, de los que se expondrán algunos ejemplos al lector. En una reunión del Oficio en una provincia vecina, el 23 de agosto de 1850, dijo:

> Fueran a la parte del mundo que fuesen, estarían seguros de encontrar francmasones y, al darse a conocer, puesto que en todas partes se usaban los mismos signos y señales, recibirían tanta ayuda como se les concedería incluso en su propio país. Sobre este asunto hablaba por experiencia, y él mismo se había visto en situaciones que demostraban el valor de ser masón, y el ejercicio de los verdaderos principios masónicos. Daría un ejemplo de esto allí donde menos se esperaba. Un general del ejército, muy conocido por él hace algunos años, partió de Gibraltar con su familia como pasajeros en un pequeño barco con destino a Sicilia, y en su travesía el barco fue apresado por un pirata argelino. Ruegos e intercesiones no lograron inducir a los piratas a perdonarles la vida, y se dio la orden de que todos los tripulantes caminaran por la tabla o, en otras palabras, de que fueran arrojados por la borda, cuando, como último recurso, el general Gardiner, que era francmasón, pensó en probar qué efecto podría tener el signo de unidad sobre el capitán pirata. Hizo la señal, esta fue reconocida, y el resultado fue que se les perdonó la vida y el argelino los desembarcó a todos a salvo en Sicilia. En cuanto a sí mismo, fue hecho prisionero durante la guerra y, mientras estaba cautivo, al encontrarse sin zapatos ni medias, y a medio vestir, se dio a conocer y fue reconocido por un masón, y desde entonces fue vestido y alimentado por los Hermanos mientras permaneció prisionero.

Seis años más tarde, en una reunión de su propia Gran Logia Provincial, sir Lucius Curtis se expresó en los siguientes términos:

En cierta ocasión (durante la última guerra) un oficial de un barco francés, en el ardor de la batalla, mostró el signo y se salvó la vida. También, en las campañas peninsulares, la mochila de un sargento que había sido capturada, al ser abierta y verse su certificado masónico, volvió a ser empaquetada y devuelta intacta. Cuando él (sir Lucius) estaba al mando en Malta, se promulgó la bula papal contra la francmasonería, que excomulgaba a todos los que se unieran a la Orden. Muchos de sus subordinados eran miembros de la Iglesia romana, y acudieron a él, como superior suyo, para que les absolviera de su lealtad a una fe cuya cabeza condenaba a una institución tan merecedora del apoyo de todos los hombres de bien. Conoció a un oficial naval inglés cuyo barco fue capturado por los argelinos, y a quien se ordenó a él, así como a su tripulación, que caminaran por la tabla. A unas mujeres que iban a bordo se les iba a dar otro destino. En su extremidad mostró su señal, y el barco y todos le fueron entregados.

Hyde Parker (1832) comandó el balandro *Prometheus* en la expedición a Copenhague en 1807, y sirvió valerosamente durante la última guerra estadounidense.

Sir James Whitley Deans Dundas (iniciado al mismo tiempo que su hermano, el general C. W. D. Dundas, en 1837) acompañó a sir R. Abercromby a Egipto en 1800, y hasta 1815 no pasó un año sin que se distinguiera en algún encuentro. En 1854 comandó la flota que operó contra Rusia en el mar Negro. Fue Gran Primer Vigilante de Inglaterra en 1839.

Sir John Acworth Ommanney (1843, Primer Vigilante en 1844) estuvo al mando del *Albion* en la batalla de Navarino, y de la estación del Mediterráneo de 1837 a 1841.

El honorable Augustus Hobart (1847), que se hizo famoso como Hobart Pasha, almirante de la marina turca. Sir J. C. Dalrymple Hay (Gran Maestro Provincial de Wigtownshire, se unió a la logia en 1851); interventor de la Marina.

Albert Hastings Markham (1886; Maestro en 1889; Gran Maestro de Distrito de Malta en 1893) recibió de la Royal Geographical Society un reloj de oro en mayo de 1877 por haber izado la Union Jack (bandera británica) en la latitud más alta jamás alcanzada por el hombre. Comodoro de la escuadra de entrenamiento de 1886 a 1889 y segundo al mando en el Mediterráneo en 1892. (Medallas de China y el Ártico). Autor de *Life of Sir John Franklin* (*Vida de sir John Franklin*) y otras obras.

De otros oficiales de bandera que se sabe que fueron francmasones, el de mayor rango naval fue el duque de Clarence, almirante de la flota en 1811 y lord gran almirante en 1827. Fue iniciado en Plymouth en 1786 y posteriormente ocupó la silla de la Logia del Príncipe de Gales desde 1827 hasta que fue llamado al trono como Guillermo IV en 1830.

Los siguientes almirantes también fueron miembros de la fraternidad: Sir W. G. Fairfax (ingresó en la logia de la Marina Real, en Deal, en 1762), capitán del *Venerable* (el buque insignia del almirante Duncan) en la gloriosa batalla frente a Camperdown en 1797.

Joseph Bullen (fundador de la Logia de Honor, en Bath, en 1820), durante su distinguida carrera tuvo más de sesenta encuentros con el enemigo. Sir George Cockburn (logia de la Antigüedad [*Antiquity*], en 1812) comandó durante la última guerra estadounidense una escuadra que cooperó con la fuerza militar del mayor general Ross, quien cayó a su lado en Baltimore en 1814. Al año siguiente izó su bandera a bordo del *Northumberland* y llevó a Napoleón a Santa Elena, donde permaneció como gobernador y comandante en jefe hasta 1816; almirante de la flota en 1851. Sir Thomas Fellowes (logia de Cumberland, en Bath) comandó el *Dartmouth* en la batalla de Navarino. Sir E. A. Inglefield (Gran Primer Vigilante en 1887, miembro de St. John's, Halifax, Nueva Escocia, y de muchas otras logias) fue comandante en jefe de la estación de Norteamérica en 1878, y se retiró de la marina con seis medallas en 1885. Sir David Milne (Gran Maestro Provincial de Berwickshire en 1836; Gran Primer Vigilante de Escocia en 1838) estuvo presente en las batallas de lord Rodney de 1779 y 1782, y como segundo teniente del *Blanche* en 1795, cuando efectuó la captura de la fragata francesa *La Pique*. Al final del combate, las lanchas de ambos barcos estaban destruidas o no podían flotar, por lo que el teniente Milne, seguido de diez marineros, nadó hasta el buque conquistado y tomó posesión de él. Segundo al mando en la batalla de Argel en 1816, comandante en jefe de Norteamérica en 1817 y en Devonport en 1842. Falleció en 1845 (siendo en ese momento Gran Maestro de los Caballeros Templarios de Escocia).

Hacia el año 1816 a 1817, sir Pulteney Malcolm (hermano del general sir John), tras distinguirse en numerosos enfrentamientos, se convirtió en comandante en jefe de la estación de Santa Elena; en el Mediterráneo, de 1828 a 1831, y de nuevo en 1833-34. Sir Edward Nagle (Doyle's Lodge of Fellowship, Guernsey, en 1807), un valiente y estimado oficial.

Sir John Ross, el famoso navegante ártico. Sir Michael Seymour (Logia del Gran Maestro, en 1796), perdió un brazo en la gran batalla de lord Howe, en 1794. Capturó en la fragata *Amethyst* las fragatas francesas *Thétis* (1808) y *Le Niemen* (1809), y por su valor y conducta heroica fue nombrado baronet. Desde 1833 hasta su muerte en 1834, estuvo al mando de la estación del Pacífico. De sir William Sidney Smith se ha dicho con verdad que no se puede encontrar entre los héroes de los tiempos modernos un personaje más caballeresco; fue canciller del Chapitre des Trinosophes, en París, en 1818, y se convirtió en miembro afiliado de la Logia del Gran Maestro en 1829. Las hazañas de este notable hombre, cuyo nombre, al igual que el de Nelson, fue durante mucho tiempo el terror de nuestros enemigos, llenarían un volumen, y bastará referirse a su valiente defensa de San Juan de Acre, en 1799, cuando frustró los repetidos intentos de los franceses de tomar la plaza por asalto. Fue sobre esta hazaña de armas, y sobre el victorioso comodoro (pues sir Sidney lo era entonces), que Reginald Heber escribió: «¡El campeón de Britania! bañado en sangre hostil, En lo alto de la brecha se alzaba el intrépido marino».

Poco después de ser nombrado vicealmirante, recibió el título de doctor en Derecho Civil (*D.C.L.*) por la Universidad de Oxford, y en esta ocasión se comentó: «Ahora que sir Sidney Smith ha sido nombrado doctor en derecho civil (*civil law*), esperamos que no abandone la práctica de la ley del cañón (*cannon law*), en la que hasta ahora ha sido tan eminente». Sir Sidney, que trató en vano de lograr una reunión de los caballeros de todas las órdenes europeas, en particular de las de San Juan de Jerusalén y Malta, sucedió en la Regencia de los Caballeros Templarios de Francia en 1838, y ostentaba el cargo a su muerte, acaecida en París en 1840.

Sir Houston Stewart, que en sus primeros años sirvió en el *Impérieuse*, bajo las órdenes de lord Cochrane, comandó el *Benbow* en la toma de San Juan de Acre, en 1840, y la escuadra británica en la captura de Kinburn, en 1855. En 1856-60 fue comandante en jefe de la estación de Norteamérica y, mientras ocupaba ese cargo, se hizo miembro de una logia —St. John's, de Halifax, Nueva Escocia— famosa por el número de ilustres nombres relacionados con el ejército y la armada que se han inscrito en su registro; almirante de la flota en 1872.

Sir William Hewett, desde 1847 hasta el prematuro final de su carrera en 1888, participó en casi todas las guerras en las que Inglaterra estuvo involucrada, y recibió la Cruz Victoria por su destacada valentía con la Brigada Naval ante Sebastopol. Fue comandante en jefe, sucesivamente, de las Indias Orientales y de la Flota del Canal. Durante el intervalo entre estos nombramientos, estuvo presente junto a sir Henry Keppel en el festival anual de la Logia Moira, de Londres, celebrado (el día del cumpleaños del segundo conde de Moira) el 7 de diciembre de 1885. Cada uno de los dos almirantes deseaba que fuera el otro quien diera las gracias por los visitantes, pero al final hubo discursos de ambos. El almirante de la flota pudo, curiosamente, referirse a un tercer invitado a la mesa —el Sr. W. H. Read— como aquel que le había hecho masón «hace justo cuarenta años», en Singapur; y el vicealmirante (Hewett), en el curso de un animado discurso, expresó el gran beneficio que personalmente había obtenido por haber sido admitido como miembro de la fraternidad.

James Walker sirvió en las batallas de Camperdown y Copenhague, y en el *Vanguard* combatió y capturó, cerca de Santo Domingo, en 1803, al *Duquesne*, navío de línea francés que posteriormente comandó. Este oficial, cuando era teniente (durante la paz de 1783), viajaba como pasajero con varios otros en una diligencia. El carruaje fue atacado por ladrones, cerca de Aschaffenburg, y el teniente se arrojó en medio de ellos, pero, no siendo apoyado por sus compañeros de viaje, fue reducido y dado por muerto. Posteriormente fue hallado y trasladado a un lugar seguro en Fráncfort, donde los francmasones le proporcionaron asistencia y dinero. Sir Adolphus Slade (logia St. John y St. Paul, en Malta, en 1827) comandó la armada turca y fue autor de *Turkey and the Crimean War* (*Turquía y la guerra de Crimea*). Lord Alcester sirvió en las guerras birmanas y neozelandesas, y en la expedición al Báltico en 1854; comandante en jefe del Mediterráneo en 1880, y en el bombardeo de los fuertes de Alejandría; Gran Primer Vigilante de Inglaterra en 1890.

De los almirantes británicos vivos, y excluyendo a los personajes de la realeza, el veterano sir Henry Keppel, G.C.B. (caballero gran cruz de la Orden del Baño), que ingresó en la Marina en 1822, tiene derecho al primer puesto como almirante de la flota más antiguo. Fue hecho masón en la logia Zetland in the East, en Singapur, en 1846, y que ha conservado un vivo interés por el Oficio a lo largo de su dilatada vida, puede deducirse de la circunstancia de que estoy en deuda con él (junto con el almirante Markham) por algunos de los detalles profesionales que se ofrecen en esta parte del libro. También me autoriza plenamente a dejar constancia en estas páginas de «que en su opinión la francmasonería hizo mucho bien en la Marina, que era un vínculo útil y valioso entre el oficial y el hombre, y que nunca había conocido un caso en el que uno de la segunda clase se aprovechara de su fraternidad con uno de la primera». El almirante Markham coincide de todo corazón con estos sentimientos. La autobiografía de sir Henry Keppel ha aparecido recientemente bajo el título de *A Sailor's Life under four Sovereigns* (*La vida de un marino bajo cuatro soberanos*), y sus páginas están llenas de aventuras, desde su experiencia como guardiamarina en las Indias Occidentales hasta la época en que comandó en la gran acción naval y destrucción de la flota china en Fatshan, en 1857.

Los hermanos navales en servicio activo incluyen al almirante de la flota, sir F. W. Richards, G.C.B., Primer Lord del Mar del Almirantazgo; los almirantes R. Duckworth King, superintendente de los astilleros de Malta; A. H. Markham (ya mencionado); sir Harry H. Rawson, K.C.B. (caballero comendador de la Orden del Baño), al mando de la escuadra del Canal, y quien en 1897 comandó la expedición a Benín; W. H. C. St. Clair (actual Primer Gran Diácono); F. S. Vander-Meulen; G. H. U. Noel, segundo al mando en la estación del Mediterráneo; y lord Charles Beresford, Gran Vigilante de 1887.

Los almirantes en la lista de retirados que son francmasones incluyen a Henry Boys, segundo al mando de la escuadra del Canal en 1878; sir William Graham, ex lord del Almirantazgo e interventor de la Marina; y P. H. Colomb, gran estudioso y exponente de la historia naval, autor de muchas obras eruditas y el inventor del actual sistema de señales nocturnas en la marina.

Pasando de los héroes navales a los militares que han dado lustre a nuestra Sociedad, comenzaré por el honorable Henry Seymour Conway, que luchó en Dettingen, Fontenoy y Culloden; y que, sirviendo en la guerra de los Siete Años, quedó al mando del ejército inglés a la vuelta a Inglaterra del marqués de Granby en 1761. Nombrado comandante en jefe, con asiento en el gabinete, en 1782. Ningún hombre fue más estimado en general. Murió en 1795, siendo entonces el oficial general más antiguo del ejército y el mariscal de campo decano.

El teniente general sir Eyre Coote —cuyo nombre aparece en la lista de la logia Antient Boyne, en Bandon, en el reino hermano—, preservador de nuestro Imperio indio, obtuvo en 1759 la decisiva victoria de Wandiwash sobre los franceses al mando de Lally y Bussy. Condujo a la toma de Pondicherry y fue la batalla decisiva que estableció la supremacía británica en el Carnático.

El duque de York —iniciado en la logia Britannic por su tío, el duque de Cumberland, Gran Maestro, almirante de la escuadra blanca, en 1787— fue puesto a la cabeza del ejército británico en Flandes en 1793 y, de nuevo, en 1799. Durante su primer mando se vio poderosamente reforzado por una expedición bajo las órdenes del conde de Moira (1794), y al nombre del Bayardo del Oficio inglés pueden añadirse los de muchos otros generales británicos victoriosos que fueron francmasones. Sir Ralph Abercromby, herido de muerte en la batalla de la bahía de Abukir, en 1801, fue admitido como miembro de la logia Canongate Kilwinning en 1753. De su antiguo edecán, el general Hutchinson (más tarde conde de Donoughmore), que le sucedió en el mando en Egipto, se ha ofrecido una noticia en una página anterior.

Lord Lake —Logia del Príncipe de Gales, en 1787— derrotó al ejército maratha y al general francés Perron, en 1803, y capturó Delhi; tras lo cual, en una serie de brillantes acciones, triunfó sobre Sindhia y Holkar.

Hacia el mismo período, el futuro duque de Wellington ejerció por primera vez un mando independiente, y su genio militar quedó plenamente establecido con la batalla de Assaye, logro tras el cual se convirtió en el héroe de la India. El duque fue hecho masón a una edad temprana, en la logia n.º 494 de la lista irlandesa, con sede en Trim, en el condado de Meath. Su firma, «A. Wesley», se conserva todavía entre los registros más valiosos de la logia, cuya silla ocuparon por turno su abuelo, su padre y su hermano.

Lord Cathcart, a cuyo cargo como Maestro de la logia de Alloa ya me he referido, comandó las expediciones al norte de Alemania en 1805-06, y al Báltico en 1807, también en este último año en el asedio y captura de Copenhague.

Sir John Stuart, el héroe de Maida (1806), incuestionablemente la batalla más gloriosa del accidentado período en que se produjo, fue Maestro de la logia de St. Luke, en Edimburgo, al año siguiente.

Sir John Moore, que cayó en La Coruña, recibió la luz de la masonería en la logia St. John's, de Halifax, Nueva Escocia, en 1780, cuando era capitán en el 82.º de Infantería. A la muerte de Moore, el mando recayó en sir David Baird, que sirvió en las Indias Orientales, Egipto, el Cabo de Buena Esperanza (donde ostentó el mando en jefe), en Copenhague (donde fue herido) y, por último, en La Coruña, donde perdió un brazo. Al igual que sir Ralph Abercromby, Baird fue iniciado en Canongate Kilwinning, y su interés por el Oficio continuó, tras llegar a las Indias Orientales con el regimiento al que entonces pertenecía. Una gran parte del ejército de la Costa estaba por entonces concentrada en Arcot, y muchos de los oficiales eran masones. Decidieron abrir una logia que se llamaría «Carnatic Military», lo cual se hizo en noviembre de 1784, y entre los fundadores y primeros miembros se encontraban «Matw. Horne, general de brigada, difunto Gran Maestro de la Costa de Coromandel»; y «D. Baird, capitán del 73.º Regimiento, M. M. S.»; las letras finales significan, sin duda, «Maestro Masón, Escocia». Tras la muerte de sir David, *lady* Baird erigió un monumento a su memoria, cuya primera piedra se colocó con honores masónicos en 1832. Se eligió para ello el 4 de mayo porque ese día el general Baird tomó Seringapatam por asalto.

Lord Lynedoch, que levantó tres regimientos y fundó el United Service Club, sirvió a lo largo de la mayor parte de las campañas en la Península y comandó en la batalla de Chiclana (o de la Barrosa).

> Las alturas de la Barrosa por espléndidas hazañas, Pueden jactarse de la fama de Trafalgar: Donde las tropas británicas, como hijos de Neptuno, Reclaman una gloriosa conquista.

El vizconde Combermere comandó la caballería aliada bajo el mando de Wellington en la guerra de la Independencia de España y, en 1825, fue nombrado comandante militar en la India, donde obtuvo nuevos honores con la captura de Bharatpur en 1826. Su admisión en la masonería tuvo lugar a una edad temprana y, más adelante en su vida, fue durante un largo período Gran Maestro Provincial de Cheshire. En esta última calidad pronunció muchos discursos interesantes, declarando en 1839 que «en todos sus servicios como militar nunca se había encontrado con un mal soldado que fuera un Hermano Masón»; y en 1852 dijo:

> Ha transcurrido otro año y se han producido muchos cambios. Entre los más lamentados por la nación está la muerte de su comandante, el Gran Wellington. Se había relacionado con él desde 1793. Quizá no fuera del dominio público que el duque era masón. Fue iniciado en Irlanda y a menudo, cuando estaba en España, donde la masonería estaba prohibida, en conversación con él mismo lamentaba que sus deberes militares le hubieran impedido tomar la parte activa que sus sentimientos le dictaban; pues era la opinión de él (del duque) que la masonería era un arte grande y real, beneficioso para el individuo y la comunidad.

Sir Pulteney (hermano del general sir John) Malcolm, tras distinguirse en numerosos enfrentamientos, llegó a ser comandante en jefe de la estación de Santa Elena, de 1816 a

1817; en el Mediterráneo, de 1828 a 1831, y nuevamente en 1833-34. Sir Edward Nagle (Doyle's Lodge of Fellowship, en Guernsey, en 1807), un valiente y estimado oficial. Sir John Ross, el famoso navegante del Ártico. Sir Michael Seymour (Logia del Gran Maestro, en 1796) perdió un brazo en la gran batalla de lord Howe en 1794. Capturó en la fragata *Amethyst* a las fragatas francesas *Thétis* (1808) y *Le Niemen* (1809), y por su valor y conducta heroica fue nombrado baronet. Desde 1833 hasta su muerte en 1834 estuvo al mando de la estación del Pacífico. De sir William Sidney Smith, de quien se ha dicho con verdad que no se encuentra un carácter más caballeresco entre los héroes de los tiempos modernos, fue canciller del Chapitre des Trinosophes, en París, en 1818, y se convirtió en miembro afiliado de la Logia del Gran Maestro en 1829. Las hazañas de este notable hombre, cuyo nombre, al igual que el de Nelson, fue durante mucho tiempo el terror de nuestros enemigos, llenarían un volumen, y bastará referirse a su valerosa defensa de San Juan de Acre en 1799, cuando frustró los repetidos intentos de los franceses de tomar la plaza por asalto. Fue sobre esta hazaña de armas y sobre el victorioso comodoro (como lo era entonces sir Sidney) que Reginald Heber escribió: «¡El campeón de Britania! bañado en sangre hostil, En lo alto de la brecha se alzaba el intrépido marino».

Poco después de ser nombrado vicealmirante, recibió el título de doctor en Derecho Civil (*D.C.L.*) por la Universidad de Oxford, y en esta ocasión se comentó: «Ahora que sir Sidney Smith ha sido nombrado doctor en derecho civil (*civil law*), esperamos que no abandone la práctica de la ley del cañón (*cannon law*), en la que hasta ahora ha sido tan eminente». Sir Sidney, que trató en vano de lograr una reunión de los caballeros de todas las órdenes europeas, en particular de las de San Juan de Jerusalén y de Malta, sucedió en la Regencia de los Caballeros Templarios de Francia en 1838, y ostentaba el cargo a su muerte, acaecida en París en 1840.

Sir Houston Stewart, que en su juventud sirvió en el *Impérieuse* a las órdenes de lord Cochrane, comandó el *Benbow* en la toma de San Juan de Acre en 1840, y la escuadra británica en la captura de Kinburn en 1855. De 1856 a 1860 fue comandante en jefe de la estación de Norteamérica, y mientras ocupaba ese cargo se hizo miembro de una logia —St. John's, en Halifax, Nueva Escocia— famosa por el número de nombres ilustres relacionados con el ejército y la armada que se han inscrito en su registro; almirante de la flota en 1872.

Sir William Hewett, desde 1847 hasta el prematuro final de su carrera en 1888, participó en casi todas las guerras en las que Inglaterra estuvo involucrada, y recibió la Cruz Victoria por su destacada valentía con la Brigada Naval ante Sebastopol. Fue comandante en jefe, sucesivamente, de las Indias Orientales y de la Flota del Canal. Durante el intervalo entre estos nombramientos, estuvo presente junto a sir Henry Keppel en el festival anual de la Logia Moira, de Londres, celebrado (el día del cumpleaños del segundo conde de Moira) el 7 de diciembre de 1885. Cada uno de los dos almirantes deseaba que fuera el otro quien diera las gracias por los visitantes, pero al final hubo discursos de ambos. El almirante de la flota pudo, curiosamente, referirse a un tercer invitado a la mesa —el Sr. W. H. Read— como aquel que le había hecho masón «hace justo cuarenta años», en Singapur; y el vicealmirante (Hewett), en el curso de un animado discurso, expresó el gran beneficio que personalmente había obtenido por haber sido admitido como miembro de la fraternidad.

James Walker sirvió en las batallas de Camperdown y Copenhague, y en el *Vanguard* combatió y capturó, cerca de Santo Domingo, en 1803, al *Duquesne*, navío de línea francés que posteriormente comandó. Este oficial, cuando era teniente (durante la paz de 1783), viajaba como pasajero con varios otros en una diligencia. El carruaje fue atacado por ladrones cerca de Aschaffenburg, y el teniente se arrojó en medio de ellos, pero, no siendo apoyado por sus compañeros de viaje, fue reducido y dado por muerto. Posteriormente fue hallado y trasladado a un lugar seguro en Fráncfort, donde los francmasones le proporcionaron asistencia y dinero. Sir Adolphus Slade (logia St. John y St. Paul, en Malta, en 1827) comandó la armada turca y fue autor de *Turkey and the Crimean War* (*Turquía y la guerra de Crimea*). Lord Alcester sirvió en las guerras birmanas y neozelandesas, y en la expedición al Báltico en 1854; comandante en jefe del Mediterráneo en 1880, y en el bombardeo de los fuertes de Alejandría; Gran Primer Vigilante de Inglaterra en 1890.

De los almirantes británicos vivos, y excluyendo a los personajes de la realeza, el veterano sir Henry Keppel, G.C.B. (caballero gran cruz de la Orden del Baño), que ingresó en la Marina en 1822, tiene derecho al primer puesto como almirante de la flota más antiguo. Fue hecho masón en la logia Zetland in the East, en Singapur, en 1846, y que ha conservado un vivo interés por el Oficio a lo largo de su dilatada vida, puede deducirse de la circunstancia de que estoy en deuda con él (junto con el almirante Markham) por algunos de los detalles profesionales que se ofrecen en esta parte del libro. También me autoriza plenamente a dejar constancia en estas páginas de «que en su opinión la francmasonería hizo mucho bien en la Marina, que era un vínculo útil y valioso entre el oficial y el hombre, y que nunca había conocido un caso en el que uno de la segunda clase se aprovechara de su fraternidad con uno de la primera». El almirante Markham coincide de todo corazón con estos sentimientos. La autobiografía de sir Henry Keppel ha aparecido recientemente bajo el título de *A Sailor's Life under four Sovereigns* (*La vida de un marino bajo cuatro soberanos*), y sus páginas están llenas de aventuras, desde su experiencia como guardiamarina en las Indias Occidentales hasta la época en que comandó en la gran acción naval y destrucción de la flota china en Fatshan, en 1857.

Los hermanos navales en servicio activo incluyen al almirante de la flota, sir F. W. Richards, G.C.B., Primer Lord del Mar del Almirantazgo; los almirantes R. Duckworth King, superintendente de los astilleros de Malta; A. H. Markham (ya mencionado); sir Harry H. Rawson, K.C.B. (caballero comendador de la Orden del Baño), al mando de la escuadra del Canal, y quien en 1897 comandó la expedición a Benín; W. H. C. St. Clair (actual Primer Gran Diácono); F. S.

Vander-Meulen; G. H. U. Noel, segundo al mando en la estación del Mediterráneo; y lord Charles Beresford, Gran Vigilante de 1887.

Los almirantes en la lista de retirados que son francmasones incluyen a Henry Boys, segundo al mando de la escuadra del Canal en 1878; sir William Graham, ex lord del Almirantazgo e interventor de la Marina; y P. H. Colomb, gran estudioso y exponente de la historia naval, autor de muchas obras eruditas y el inventor del actual sistema de señales nocturnas en la marina.

Pasando de los héroes navales a los militares que han dado lustre a nuestra Sociedad, comenzaré por el honorable Henry Seymour Conway, que luchó en Dettingen, Fontenoy y Culloden; y que, sirviendo en la guerra de los Siete Años, quedó al mando del ejército inglés a la vuelta a Inglaterra del marqués de Granby en 1761. Nombrado comandante en jefe, con asiento en el gabinete, en 1782. Ningún hombre fue más estimado en general. Murió en 1795, siendo entonces el oficial general más antiguo del ejército y el mariscal de campo decano.

El teniente general sir Eyre Coote —cuyo nombre aparece en la lista de la logia Antient Boyne, en Bandon, en el reino hermano—, preservador de nuestro Imperio indio, obtuvo en 1759 la decisiva victoria de Wandiwash sobre los franceses al mando de Lally y Bussy. Condujo a la toma de Pondicherry y fue la batalla decisiva que estableció la supremacía británica en el Carnático.

El duque de York —iniciado en la logia Britannic por su tío, el duque de Cumberland, Gran Maestro, almirante de la escuadra blanca, en 1787— fue puesto a la cabeza del ejército británico en Flandes en 1793 y, de nuevo, en 1799. Durante su primer mando se vio poderosamente reforzado por una expedición bajo las órdenes del conde de Moira (1794), y al nombre del Bayardo del Oficio inglés pueden añadirse los de muchos otros generales británicos victoriosos que fueron francmasones. Sir Ralph Abercromby, herido de muerte en la batalla de la bahía de Abukir en 1801, fue admitido como miembro de la logia Canongate Kilwinning en 1753. De su antiguo edecán, el general Hutchinson (más tarde conde de Donoughmore), que le sucedió en el mando en Egipto, se ha ofrecido una noticia en una página anterior.

Lord Lake —Logia del Príncipe de Gales, en 1787— derrotó al ejército maratha y al general francés Perron en 1803, y capturó Delhi; tras lo cual, en una serie de brillantes acciones, triunfó sobre Sindhia y Holkar.

Hacia el mismo período, el futuro duque de Wellington ejerció por primera vez un mando independiente, y su genio militar quedó plenamente establecido con la batalla de Assaye, logro tras el cual se convirtió en el héroe de la India. El duque fue hecho masón a una edad temprana, en la logia n.º 494 de la lista irlandesa, con sede en Trim, en el condado de Meath. Su firma, «A. Wesley», se conserva todavía entre los registros más valiosos de la logia, cuya silla ocuparon por turno su abuelo, su padre y su hermano.

Lord Cathcart, a cuyo cargo como Maestro de la logia de Alloa ya me he referido, comandó las expediciones al norte de Alemania en 1805-06, y al Báltico en 1807, también en este último año en el asedio y captura de Copenhague.

Sir John Stuart, el héroe de Maida (1806), incuestionablemente la batalla más gloriosa del accidentado período en que se produjo, fue Maestro de la logia de St. Luke, en Edimburgo, al año siguiente.

Sir John Moore, que cayó en La Coruña, recibió la luz de la masonería en la logia St. John's, de Halifax, Nueva Escocia, en 1780, cuando era capitán en el 82.º de Infantería. A la muerte de Moore, el mando recayó en sir David Baird, que sirvió en las Indias Orientales, Egipto, el Cabo de Buena Esperanza (donde ostentó el mando en jefe), en Copenhague (donde fue herido) y, por último, en La Coruña, donde perdió un brazo. Al igual que sir Ralph Abercromby, Baird fue un iniciado de Canongate Kilwinning, y su interés por el Oficio continuó, tras llegar a las Indias Orientales con el regimiento al que entonces pertenecía. Una gran parte del ejército de la Costa estaba por entonces concentrada en Arcot, y muchos de los oficiales eran masones. Decidieron abrir una logia que se llamaría «Carnatic Military», lo cual se hizo en noviembre de 1784, y entre los fundadores y primeros miembros se encontraban «Matw. Horne, general de brigada, difunto Gran Maestro de la Costa de Coromandel»; y «D. Baird, capitán del 73.º Regimiento, M. M. S.»; las letras finales significan, sin duda, «Maestro Masón, Escocia». Tras la muerte de sir David, *lady* Baird erigió un monumento a su memoria, cuya primera piedra se colocó con honores masónicos en 1832. Se eligió para ello el 4 de mayo porque ese día el general Baird tomó Seringapatam por asalto.

Lord Lynedoch, que levantó tres regimientos y fundó el United Service Club, sirvió a lo largo de la mayor parte de las campañas en la Península y comandó en la batalla de Chiclana (o de la Barrosa).

> Las alturas de la Barrosa por espléndidas hazañas,
> Pueden jactarse de la fama de Trafalgar:
> Donde las tropas británicas, como hijos de Neptuno,
> Reclaman una gloriosa conquista.

El vizconde Combermere comandó la caballería aliada bajo el mando de Wellington en la guerra de la Independencia de España y, en 1825, fue nombrado comandante militar en la India, donde obtuvo nuevos honores con la captura de Bharatpur en 1826. Su admisión en la masonería tuvo lugar a una edad temprana y, más adelante en su vida, fue durante un largo período Gran Maestro Provincial de Cheshire. En esta última calidad pronunció muchos discursos interesantes, declarando en 1839 que «en todos sus servicios como militar nunca se había encontrado con un mal soldado que fuera un Hermano Masón»; y en 1852 dijo: «Ha transcurrido otro año y se han producido muchos cambios. Entre los más lamentados por la nación está la muerte de su comandante, el Gran Wellington. Se había relacionado con él desde 1793. Quizá no fuera del dominio público que el duque era masón. Fue iniciado en Irlanda y a menudo, cuando estaba en España, donde la masonería estaba prohibida, en conversación con él mismo lamentaba que sus deberes militares le hubieran impedido tomar la parte activa que sus sentimientos le dictaban; pues era la opinión de él (del duque) que la masonería era un arte grande y real, beneficioso para el individuo y la comunidad».

Sir Robert Sale (cuyo padre y hermano, coroneles al servicio de Madrás, también eran francmasones) fue apodado «el belicoso Bob» (*Fighting Bob*), pues dondequiera que hubiera combates él estaba siempre en el centro. Estuvo presente en la batalla de Mallavelly, en el asalto a Seringapatam, en la toma de Mauricio y en la de Rangún. También sirvió en las campañas afganas de 1838 y 1841, y comandó la fuerza de asalto en Ghazni, pero es recordado principalmente por sus compatriotas como el «héroe de Jalalabad». Murió en la batalla de Mudki en diciembre de 1845.

Después de sir Charles Napier, el conquistador del Sind (a quien volveremos a referirnos), vienen los Hermanos que ostentaron mandos independientes durante el motín de la India.

El general honorable George Anson (oficial de Waterloo), comandante en jefe cuando se produjo el estallido, y que murió poco después, era Gran Maestro Provincial de Staffordshire. Sir Archdale Wilson, de Delhi, cuando era teniente en la Artillería de Bengala, vio la luz de la masonería en la logia St. John's de Sagar, en la India Central.

Sir John Inglis, el defensor de Lucknow, recibió (como teniente) el 1.° y 2.° grado en la logia St. Andrew's, en Toronto; (como capitán) el 3.° en la Phoenix, en Portsmouth; y (como teniente coronel en el mismo cuerpo, el 32.° de Infantería) se unió a la logia Kyber, en Peshawar, en 1852.

Entre los demás miembros de esta logia india en la misma fecha se encontraba el teniente coronel William Rose Mansfield, del 53.° de Infantería, posteriormente lord Sandhurst; y algo más tarde, el teniente Frederick S. Roberts, de la Artillería de Bengala (posterior Maestro), oficial de gran distinción (aunque no ostentara un mando separado) durante el motín, y cuyo nombre se ha inscrito desde entonces en la lista de la fama como el mariscal de campo lord Roberts de Kandahar.

Sir James Hope Grant, que ocupó muchos puestos de responsabilidad en la India, pero que es aún más conocido por haber comandado con notable éxito la expedición al norte de China en 1860, fue admitido en la masonería (cuando era teniente coronel del 9.º de Lanceros) en la Doyle's Lodge of Fellowship, en Guernsey, en 1851.

John George Neill, tras una sucesión de valerosos servicios en Benarés, Allahabad y Cawnpore, cayó en el socorro de Lucknow, cuando humedecía con su propia cantimplora los labios de un soldado raso que se había desplomado herido o exhausto a su lado.

Mucho antes del motín, sin embargo, los nombres de distinguidos hermanos militares que prestaban servicio en la India y que eran miembros fervientes y devotos de la Fraternidad podrían citarse por doquier. Por ejemplo, el del honorable sir Charles Colville, comandante del ejército de Bombay, que colocó la primera piedra de un templo masónico en Poona en 1825, y que aparece en la lista de la logia Benevolent, en la ciudad de Bombay, en ese mismo año. Este valiente oficial, que fue uno de los brigadieres favoritos de Wellington, comandó una brigada y posteriormente una división en la guerra de la Independencia de España. También estuvo presente, al mando de la 4.ª división, en Waterloo, y posteriormente se le confió la tarea de asaltar Cambrai, la única fortaleza francesa que no se rindió inmediatamente. Sir John Malcolm, igualmente distinguido como oficial militar, autor y diplomático, se unió a la misma logia al asumir el gobierno de la Presidencia en 1827; y poco después esta recibió como iniciado al ornamento más brillante del ejército de Bombay, el teniente (posteriormente sir) Alexander Burnes.

Los siguientes comandantes en jefe de la India occidental también fueron francmasones: sir Thomas McMahon (1839), quien, tras servir bajo Abercromby y Wellington, acompañó a lord Moira a la India, donde ocupó durante doce años el cargo de ayudante general y participó activamente en la guerra maratha de 1817-18; sir Willoughby Cotton (1847), quien, tras servir en el Estado Mayor en Copenhague y en la Península, comandó una división en la primera guerra birmana, y también bajo el mando de lord Keane en Afganistán; lord Frederick FitzClarence (ex Gran Maestro de Escocia), (1852); sir W. R. Mansfield (1860); y el duque de Connaught (1886).

Sir Thomas Hislop, al mando del ejército de Madrás, era miembro de la logia de la Perfecta Unanimidad (*Perfect Unanimity*) en aquella Presidencia en 1816; y el marqués de Tweeddale fue nombrado Gran Maestro Provincial de la India Oriental, mientras desempeñaba el mismo cargo militar, en 1842-48. El primero comandó el ejército del Decán en la guerra maratha, y derrotó de forma rotunda a las fuerzas combinadas del enemigo en la batalla de Mahidpur en 1817; el segundo, que sirvió en la Península, fue herido en Vitoria y Bussaco, y de nuevo en la guerra estadounidense.

El nombre de sir John Doveton, un oficial muy distinguido del ejército de la Costa, que sirvió en todas las campañas contra Tipu Sultán y comandó el Contingente de Hyderabad, bajo las órdenes del marqués de Hastings, en la guerra pindari, aparece en la lista de la «Perfect Unanimity» correspondiente a 1807; y el del mayor William (hermano mayor de sir Henry) Havelock, bajo el año 1838. Este último sirvió a lo largo de toda la guerra de la Independencia de España, y estuvo presente en la mayoría de las acciones en las que participó la División Ligera. En el combate de Vera, en octubre de 1813, una fuerza española era contenida por una formidable abatis, defendida por dos regimientos franceses. Havelock, que había sido enviado para informarse de su avance, llamó a los españoles a seguirle y, espoleando a su caballo, franqueó la abatis de un salto y se arrojó de cabeza entre el enemigo. Entonces los españoles, vitoreando a *el chico blanco* (pues era muy joven y tenía el pelo muy rubio), con un solo choque rompieron a través de los franceses, y esto justo cuando el centro de estos huía bajo el fuego de los hostigadores de Kempt. El valeroso joven también luchó en Waterloo, y como teniente coronel del 14.º de Dragones Ligeros, cayó mortalmente herido a la cabeza de su regimiento en la desesperada carga contra los sijs en Ramnagar, en noviembre de 1848.

Con una sola excepción, se ha hecho referencia incidentalmente a todos los hermanos militares que en algún momento han estado al mando de todo el ejército indio. Sir Eyre Coote, los lores Lake, Moira, Combermere y Dalhousie encabezan la lista. Les siguen sir Charles Napier, el general

Anson, sir William Mansfield y lord Roberts. Una gloriosa lista de soldados francmasones, a la que añadiré ahora el nombre de sir William Lockhart, el actual comandante en jefe en la India, cuyos servicios están demasiado frescos en el recuerdo del público como para requerir recapitulación alguna en estas páginas.

Ejemplos de generales británicos exitosos en otras partes del globo los brindan sir Benjamin D'Urban, quien en 1794, cuando era subalterno en el 2.º de Guardias Dragones (*Queen's Bays*), fue iniciado en la Logia Unión, en Norwich. Sirvió a las órdenes de sir R. Abercromby, lord Cathcart, sir David Baird y sir Robert Wilson (todos ellos francmasones), y estuvo presente en la mayoría de las batallas de la guerra de la Independencia de España. Fue nombrado gobernador y comandante en jefe en el Cabo en 1842, y el acontecimiento principal de su mandato fue la ocupación de Natal.

El general George D'Aguilar, que fue admitido en el Oficio en la logia Rodney, en Jamaica, en 1811, cuando era capitán del 81.º de Infantería —después de servir en numerosas campañas y durante 26 años en el Estado Mayor General—, comandó la expedición que, en 1847, asaltó y tomó los fuertes de Bocca Tigris en el río de Cantón, junto con los de la Barrera de Estacas (*Staked Barrier*) y los de la ciudad de Cantón.

Lord Chelmsford, que comandó en la batalla de Ulundi, que puso fin a la última guerra cafre, fue recibido en la masonería en la logia St. John's, en Halifax, mientras servía en dicha estación en 1845, como segundo teniente en la Brigada de Fusileros.

Sir Charles Warren fue elegido en 1884 como primer Maestro de la logia Quatuor Coronati —considerada hoy por estudiosos de todas las nacionalidades como el centro de la luz masónica— y en el mismo año como comandante de la expedición a Bechuanalandia, regresando con una mayor reputación militar, e incorporándose de inmediato a sus deberes en la logia, en 1885.

Lord Kitchener de Jartum, sobre cuyas hazañas como soldado resultará del todo innecesario extenderse, es un Pasado Gran Vigilante de Inglaterra, y debe contarse (ya sea él mismo o un tocayo) con sir John Doyle, sir C. J. Napier y sir James Hope Grant, en la lista de eminentes jefes militares a los que la Doyle's Lodge of Fellowship ha brindado un hogar masónico.

La lista de los francmasones británicos que han comandado ejércitos en el campo de batalla se cerrará con el nombre del mariscal de campo vizconde Wolseley, actual comandante de las fuerzas, que fue iniciado en la logia «Military», n.º 728, en Dublín, en 1851, y sirvió como Maestro de la misma (mientras ostentaba el mando en jefe en Irlanda) en 1893 y 1894. También es Pasado Gran Vigilante de Inglaterra, distinción que comparte con sus ilustres pares, lord Roberts de Kandahar y lord Kitchener de Jartum.

Entre los hermanos militares, sin embargo, que se han distinguido grandemente, aunque en los papeles menores de comandantes de división o brigadieres, puede nombrarse a William Kingsley, coronel del 20.º de Infantería, que fue ascendido a mayor general en 1758 y se distinguió sobremanera en la batalla de Minden, donde su regimiento, por su valerosa conducta, adquirió el apelativo sumamente honroso de *Kingsley's Stand* («La resistencia de Kingsley»). La Gran Logia de Inglaterra dispuso que se enviara a Alemania la suma de cincuenta libras para ser distribuida entre los soldados del ejército del duque de Brunswick, que eran masones, y otras recomendaciones del Diputado Gran Maestro. El dinero se envió con ese fin al mayor general Kingsley (por ser hermano).

Sir Simon Fraser, que murió con el grado de teniente general en 1782, era hijo de lord Lovat, decapitado en Tower Hill por su participación en el levantamiento escocés de 1745. Él mismo había sido partidario del Pretendiente, pero fue indultado, y cuando el 78.º Regimiento, o *Fraser's Highlanders,* se levantó en 1757, se unió a él como teniente coronel, trayendo consigo a 700 hombres de su clan. Sirvió en Louisbourg y Quebec; después de esta última victoria, en el invierno de 1759, los Maestros y Vigilantes de las logias regimentales de la guarnición (que sumaban ocho o nueve) acordaron elegir a un Gran Maestro en funciones. Su elección recayó en el teniente Guinnett, del 47.º de Infantería (sin duda el primer subalterno que haya ocupado un trono masónico); y en segunda instancia en «el Hermano Simon Fraser, coronel del regimiento de los Highlanders», que fue debidamente instalado en su alto cargo por «el Hermano Dunckerley, del barco de su majestad el *Vanguard*».

Thomas Desaguliers (teniente general en 1777) sirvió en la Artillería Real durante un período de cincuenta y siete años, y estuvo presente como capitán en Fontenoy y como brigadier en Louisbourg y Belle Île. «El valiente y erudito Desaguliers» era miembro de la Royal Society, además de un soldado práctico, y el único hijo del «Gran Maestro» de ese nombre del que sepamos que fue francmasón. Es posible que la extraordinaria prevalencia de las logias masónicas en la Artillería Real, durante la última mitad del siglo XVIII, se debiera en cierto grado a la influencia y el ejemplo de Desaguliers, cuya memoria sigue siendo recordada con cariño en el regimiento como la de uno de sus ornamentos más brillantes.

Sir John Byng, posteriormente conde de Strafford y mariscal de campo, fue iniciado en Frome en 1797, cuando era capitán del 33.º de Infantería; a la sazón el coronel era el honorable Arthur Wellesley (también francmasón), bajo cuyo mando comandaría posteriormente una brigada en la Península y en Waterloo.

Sir James Kempt, Gran Maestro Provincial de Nueva Escocia en 1819, comandó una brigada en siete batallas y una división en Waterloo.

Sir Joseph Thackwell (iniciado en la logia Harmony, en Richmond, en 1811), tras servir en la Península y en Waterloo, comandó la caballería en la campaña afgana de 1839, y también en Maharajpur, Sobraon y en toda la guerra del Punyab de 1849.

Sir William Keir Grant se unió a los ejércitos ruso y austríaco en Italia en 1799, y estuvo presente en una larga serie de batallas y campañas. Posteriormente sirvió quince años en las Indias Orientales, los seis primeros como ayudante general a las órdenes del conde de Moira, y fue el primer Maestro de la logia Moira, *Freedom and Fidelity*, constituida por y bautizada con el nombre de dicho noble, a su llegada a Calcuta como gobernador general y comandante en jefe en 1813.

Sir Alexander Leith, que recibió la Cruz de Oro con un pasador por sus servicios en la guerra de la Independencia de España y a quien los oficiales del 31.º de Infantería regalaron una copa de plata con motivo de la reducción del ejército en 1815, pudo haber sido miembro de la logia escocesa que entonces existía en el cuerpo. Pero de que al menos fue masón escocés no cabe duda, ya que en agosto de 1827, siendo Maestro de la logia Glenkindie, en Aberdeenshire, tuvo lugar una reunión especial en su propia casa y el difunto John Hill Burton, historiógrafo real de Escocia, junto con el difunto coronel W. J. B. MacLeod Moore (quien en el momento de su muerte, en 1890, era Gran Maestro de los Caballeros Templarios de Canadá), recibieron en una sola noche los tres grados pertenecientes a la Fraternidad.

Sir John Lysaght Pennefather fue iniciado en la logia Sussex, en Jamaica, en 1828, cuando era capitán en el 22.º de Infantería. Acompañó a este regimiento a la India en 1841 y comandó la Brigada de Infantería (de la que formaba parte) en la batalla de Miani, donde recibió un disparo que le atravesó el cuerpo. También sirvió a lo largo de la campaña de Oriente de 1854, al mando de una brigada en el Alma y de una división en Inkerman.

Sir Charles Staveley —miembro sucesivamente de logias en Montreal y Hong Kong— comandó el 44.º de Infantería en la última parte de la campaña de Crimea, y una brigada en la expedición al norte de China de 1860. También sirvió (como segundo al mando) a lo largo de toda la guerra de

Abisinia. Consideraciones de espacio me impiden proseguir con todos los nombres que había marcado para citar, pero hay uno más para el que debe encontrarse hueco: el mayor general A. G. Yeatman-Biggs, de la Artillería Real, quien, tras distinguirse grandemente en China, Egipto y el Cabo, fue nombrado para el mando de la 2.ª división de la Fuerza de Campaña de Tirah, que soportó el peso de la ardua campaña en la frontera noroeste de la India, llevada tan recientemente a un término exitoso bajo la dirección personal de sir William Lockhart. En el momento de su muerte, producida a causa de una enfermedad contraída durante el servicio activo, el general Yeatman-Biggs era Gran Maestro de Distrito de Bengala y Gran Superintendente del Arco Real.

Que muchos miembros de la familia real fueron recibidos en la Sociedad durante la segunda mitad del siglo XVIII se ha mencionado en un capítulo anterior, y a los nombres ya dados pueden añadirse ahora los de Alberto Eduardo, Príncipe de Gales —almirante de la flota y mariscal de campo—, Muy Venerable Gran Maestro de Inglaterra; el duque de Connaught —general del ejército—, Gran Maestro Provincial de Sussex; y dos Pasados Grandes Vigilantes que, ay, han cruzado a la orilla del silencio, los duques de Albany y Clarence, coroneles de las fuerzas regulares.

Tres hijos de Guillermo IV también fueron miembros de la fraternidad: el mayor general conde de Munster; el teniente general lord Frederick FitzClarence; y el capitán lord Adolphus FitzClarence, de la Marina Real. Lord Frederick, que fue elegido Gran Maestro de Escocia en 1841 y nuevamente en 1842, realizó una gran visita a la Logia de Edimburgo en este último año, y fue testigo de la iniciación de su hermano, lord Adolphus, «al mando del yate de S. M. *Royal George*, que fue posteriormente ascendido al 2.° grado (*passed*) y elevado al 3.er grado (*raised*) en la misma sesión».

A continuación hay que hacer frente a una dificultad formidable. Los nombres de marinos y militares ilustres a los que se ha negado la oportunidad de ejercer un alto mando contra un enemigo, pero que, sin embargo, merecen una mención honorífica por ser dignos de mención como francmasones, son muy numerosos; no obstante, en este volumen solo cabe nombrar a unos pocos. Para empezar por el servicio naval, no puedo decir si el capitán James Cook era o no hermano, aunque sir Joseph Banks (posteriormente presidente de la Royal Society) sin duda se había convertido en uno antes de acompañar al primero (como naturalista) en su primer viaje (1768-1771). Pero la razón por la que se ha incluido el nombre del gran navegante en el relato se verá a continuación:

En unas interesantes *Memoirs* (*Memorias*) de un «guardiamarina del *Bellerophon*», el autor habla de su padre como de un antiguo oficial de marina que servía a las órdenes de Cook cuando fue asesinado en Hawái. El viejo marinero estaba lleno de relatos, y a continuación se cuenta la historia que narró de la muerte de Cook. Antes de bajar a tierra el día que fue asesinado, ordenó al segundo teniente de su propio barco (Williamson) que tomara el mando de los botes de ambos barcos —el *Resolution* y el *Discovery*—, que se acercara a la orilla, que esperara allí los acontecimientos y que, si observaba alguna conmoción tras el desembarco del capitán, se uniera a él de inmediato con todas sus fuerzas. Según este acuerdo, Cook, con un pequeño grupo de infantes de marina, bajó a tierra, donde se produjo una riña con los nativos; los ingleses se vieron abrumados por los salvajes, y el capitán y dos infantes de marina resultaron muertos.

> Pero mientras ocurría todo esto (para utilizar las palabras del propio narrador), ¿dónde estaban, se preguntarán ustedes, Williamson y los botes armados? Pues remando con todas sus fuerzas de vuelta a los barcos, en lugar de desembarcar para apoyar a su capitán. Nuestra intención era someterle a un consejo de guerra a nuestra llegada a Inglaterra; pero tras la muerte del capitán Cook, él pasó a ser primer teniente del *Resolution*, y a nuestra llegada a Kamchatka estableció muy astutamente una logia masónica, consiguió que todos los hombres se hicieran francmasones sobornándoles con brandy, y logró que prometieran, como hermanos, que no dirían nada de su cobardía cuando llegara a Inglaterra. Así que, con este truco (concluyó el anciano reminiscente), «salvó el pellejo».

Paul Jones bien podría haber sido mencionado en una página anterior como un comandante de éxito, pero, aunque era súbdito británico, sus operaciones navales no fueron de una naturaleza tal que le hicieran querer a sus compatriotas, o que justificaran que su nombre se colocara en yuxtaposición con los de los héroes nacionales cuya fidelidad al Oficio ha ido de la mano de su lealtad al trono. Jones alcanzó el grado de comodoro en el servicio estadounidense, y el de contralmirante en el servicio ruso. Era muy admirado en los círculos refinados de París, especialmente por las damas, «que estaban todas locas de amor por él, como él por ellas», pero el objeto especial de su adoración era la condesa de Lavendal, a quien (enviándole un mechón de su pelo) le escribió desde Rusia en 1780: «Antes de tener el honor de verla, deseaba cumplir con la invitación de mi logia, y no hace falta añadir que desde entonces he encontrado razones más poderosas que me han obligado a buscar los medios de volver a Francia lo antes posible». La logia mencionada era, sin duda, la de las Nueve Musas (*Neuf Soeurs*), fundada por el filósofo Helvecio y el célebre astrónomo de Lalande, que absorbía gran parte del talento literario, artístico y científico de París. Voltaire fue iniciado en esta logia el 7 de abril de 1778. Entre los demás miembros famosos se encontraban Claude Joseph Vernet, Jean-Baptiste Greuze y Benjamin Franklin.

El capitán Nicholas Lockyer (que en una época fue teniente de bandera de sir John Duckworth en las Indias Occidentales) tenía muchas buenas historias de sus propias aventuras, y entre ellas cómo se salvó su vida al caer prisionero de los españoles sudamericanos en la costa principal, donde él y sus camaradas fueron considerados espías y se esperaba que fueran ahorcados al día siguiente. El oficial de la guardia encargado de él era masón, al igual que él, y el primero hizo la vista gorda ante su huida por la noche.

Douglas Jerrold, autor de *Black-Eyed Susan* (*Susana la de los ojos negros*), *The Chronicles of Clovernook* (*Las crónicas de Clovernook*) y *Mrs. Caudle's Curtain Lectures* (*Las conferencias de alcoba de la señora Caudle*) —una de las cuales se pronunció la noche de la admisión del Sr. Caudle en el Oficio, y otra a su regreso de una cena masónica—, era miembro de la logia del Banco de Inglaterra, n.º 263. Este gran humorista sirvió durante dos años como guardiamarina a bordo del *Namur,* donde tuvo de compañero de rancho a Clarkson Stanfield (también francmasón en años posteriores).

Ambos abandonaron la Marina en 1818 y, como todo el mundo sabe, mientras que Stanfield alcanzó un alto rango como pintor, especialmente en cuadros relacionados con el mar, el éxito de Jerrold fue igualmente grande como hombre de letras y, particularmente, como autor de dramas náuticos que nunca han sido superados.

La masonería encontró una aceptación muy rápida entre los miembros del servicio marítimo de la Compañía de las Indias Orientales, y uno de los tenientes (en 1849) dijo «que siempre era motivo de disgusto y pesar para él en sus viajes el no ser Hermano, siendo el único individuo que se encontraba en tal circunstancia de todos los oficiales de su barco». La Marina de la India ha desaparecido, pero quizás no haya habido mejor representante de la misma en los últimos años que el capitán sir Henry Morland, Gran Maestro (hasta su muerte) de Toda la Francmasonería Escocesa en la India.

Pasando del servicio marítimo al terrestre, el capitán George Smith, inspector de la Real Academia Militar de Woolwich y Gran Maestro Provincial de Kent, fue el autor de *The Use and Abuse of Freemasonry* (*El uso y abuso de la francmasonería*), obra que apareció en 1783. En el mismo año se le acusó (junto con otro) de «hacer masones de manera clandestina en la prisión del King's Bench». Se alegó en su defensa que «habiendo varios masones en la prisión, se habían reunido como tales en beneficio de la instrucción, y también habían avanzado a algunos de ellos al 3.er grado. Pero al surgir la duda de si podía hacerse con propiedad, la logia Militar Real, n.º 371, en Woolwich, se trasladó con su Constitución para ese propósito a la prisión del King's Bench (siendo el capitán Smith Maestro de la misma), siendo esta una de esas logias itinerantes que se mueven con el Regimiento, y cuyo Maestro, dondequiera que se encuentre, al tener la Constitución de la logia, fue considerado por el capitán Smith como poseedor del derecho de celebrar logia, hacer masones, etc.». A lo cual se resolvió: «Que en opinión de la Gran Logia, es incoherente con los principios de la masonería que ninguna logia de francmasones pueda celebrarse regularmente con el propósito de hacer masones, ascenderlos al 2.º grado o elevarlos al 3.º, en ninguna prisión o lugar de confinamiento». La logia Militar Real fue borrada de la lista y, en 1785, el capitán Smith, que había cometido una falta aún más grave, fue expulsado de la Sociedad.

El general William Augustus Bowles, un aventurero estadounidense, se unió al ejército británico en Filadelfia (1776) y recibió un despacho de oficial, pero fue expulsado por indisciplina. Poco después se vinculó a los indios creek, a quienes comandó cuando ayudaron a los británicos en Pensacola en 1780. Posteriormente llevó una vida itinerante; en un momento dado fue actor, en otro retratista, y visitó Inglaterra en 1790. Al año siguiente se unió a la logia del Príncipe de Gales y a su regreso a América volvió a ser comandante en jefe de los creek. Tras perturbar la paz de los estados vecinos durante algún tiempo, fue hecho prisionero por los españoles y enviado a Madrid, y posteriormente a Manila, de donde escapó para volver a su antigua vida. Finalmente fue capturado en 1804 y encarcelado en La Habana hasta su muerte. Este singular personaje fue nombrado Gran Maestro Provincial de los indios creek, cherokee, chickasaw y choctaw bajo la Gran Logia de Inglaterra, y su nombre aparece como tal en los calendarios oficiales de la época.

John Shipp, un hombre que bien merece ser contado entre los «más valientes de los valientes», se alistó en el 22.º de Infantería, al que acompañó a la India, y sirvió contra los marathas al mando de lord Lake. Fue uno de los soldados de asalto en la toma de Deeg en 1804 y encabezó tres veces las fuerzas de vanguardia de la columna de asalto en los infructuosos ataques a Bharatpur en 1805. Su arrojo fue recompensado por lord Lake con el grado de alférez en el 65.º de Infantería, desde el cual fue ascendido a teniente en el 76.º Regimiento durante ese mismo año. Entonces regresó a su país, pero se vio en la necesidad de vender su despacho para pagar sus deudas, así que se alistó de nuevo y regresó a la India como soldado raso en el 24.º de Dragones Ligeros. En 1812 era sargento mayor del regimiento y tres años más tarde el conde de Moira le nombró alférez en el 87.º de Infantería. John Shipp había realizado así la proeza única de ganar dos veces un nombramiento de oficial desde las filas antes de los 30 años.

Posteriormente se distinguió en la guerra de los gurkhas y en el Estado Mayor del «Gran Ejército» bajo el mando del marqués de Hastings, en las operaciones contra los marathas y los pindaris (1817-18). En 1820 fue miembro de la logia de la Sinceridad en Cawnpore y al año siguiente alcanzó de nuevo el grado de teniente. En 1823 fue destituido del servicio por insubordinación, pero se le permitió vender su plaza y la Compañía de las Indias Orientales le concedió una pensión de 50 libras esterlinas.

Luego se hizo autor y su primera obra, *Memoirs of the Extraordinary Military Career of John Shipp* (*Memorias de la extraordinaria carrera militar de John Shipp*), aparecida en 1829, ha conocido desde entonces muchas ediciones. También escribió *The Military Bijou, or the Contents of a Soldier's Knapsack* (*La joya militar, o el contenido de la mochila de un soldado*), *The Eastern Story-Teller* (*El cuentista oriental*) y *The Soldier's Friend* (*El amigo del soldado*).

En un capítulo posterior se hallarán las memorias de los hermanos (James y Alexander) Burnes, y con los nombres de tres oficiales más del ejército regular y un número igual de las fuerzas auxiliares, se pondrá fin al presente.

En primer lugar, me referiré a sir James Brooke, rajá de Sarawak, quien, a consecuencia de una herida recibida en la guerra birmana, abandonó el ejército de Madrás y se embarcó en la aventurera carrera que se tradujo en su conversión en el héroe del archipiélago indio; al capitán sir Richard Burton, del destacamento de Bombay, el gran escritor y viajero; y al mayor general sir Francis Worgan Festing, que comandó las tropas regulares durante las primeras etapas de la guerra ashanti, y posteriormente la Infantería de

Marina durante las operaciones subsiguientes al mando de sir Garnet Wolseley.

Sir James Brooke fue miembro de la logia Zetland, en Singapur; sir Richard Burton, de la logia Hope, en Karachi, Sind; y sir Francis Festing, de la logia Phoenix, en Portsmouth, cuya pertenencia conservó desde su iniciación en 1859 hasta su muerte en 1886.

John Wilkes, distinguido por la violencia de su conducta política, fue coronel de la milicia de Buckinghamshire. A su regreso a Inglaterra, tras haber sido proscrito en 1768, fue internado en la prisión de King's Bench, donde fue hecho masón por los miembros de la logia de la Taberna Jerusalem, en St. John's Gate, en marzo de 1769. Al año siguiente fue elegido «general» de la Honorable Compañía de Artillería de Londres. Edward Gibbon, el célebre historiador, fue nombrado capitán del batallón sur de la milicia de Hampshire en 1759. Relata en su *Autobiography* (*Autobiografía*): «Siempre instruía al batallón en el campo de instrucción. La disciplina y las evoluciones de un batallón moderno me dieron una noción más clara de la falange y de las legiones, y el capitán de los granaderos de Hampshire (el lector puede sonreír) no ha sido inútil para el historiador del Imperio romano». Gibbon, que posteriormente fue ascendido sucesivamente a los grados de mayor y teniente coronel comandante, no siempre habla en términos igualmente elogiosos del valor de su instrucción en la milicia, ya que se permite decir con respecto a las costumbres de sus hermanos oficiales: «De las armas que aparentan serlo hacen un breve ensayo: Luego se apresuran a emborracharse... la ocupación del día».

El famoso autor de *The Decline and Fall of the Roman Empire* (*La decadencia y caída del Imperio romano*) fue iniciado en la logia de la Amistad (actual n.º 6), en diciembre de 1774, y se convirtió en Maestro Masón en marzo de 1775.

Sir Walter Scott, el Mago del Norte, obtuvo un nombramiento en la Caballería Real de Midlothian en 1797. Si los franceses hubieran estado de veras frente a la costa, el ayudante Scott no podría haber mostrado más presteza de la que demostró al instruir a caballos y hombres. Era un compañero de lo más agradable en el comedor de oficiales, donde su inafectada alegría y su inagotable reserva de anécdotas a menudo provocaban las carcajadas de los presentes. Sir Walter fue hecho masón en la logia St. David, en Edimburgo, el 2 de marzo de 1801, y la logia St. John, en Selkirk, le eligió miembro honorario con motivo de la colocación por su parte de la primera piedra del Salón de los Francmasones en Selkirk, el 4 de junio de 1816. Tras su muerte, se erigió un monumento a su memoria en Edimburgo, cuya primera piedra fue colocada con honores masónicos por el Gran Maestro de Escocia en 1840.

> Es un honor para la francmasonería que un hombre del talento y el genio de sir Walter Scott sintiera tal afecto por el Oficio, que pasara, como él mismo atestiguó a menudo, muchas de sus horas más deliciosas dentro de los muros de la logia; y es igualmente un honor para el cuerpo masónico que sus miembros estuvieran entre los primeros en conferir honores póstumos a la memoria de una Gran Luz que alegra a la humanidad con su aparición, tan solo a largos y distantes intervalos.

CAPÍTULO V

«En el eterno campamento de la Fama
Se extienden sus silenciosas tiendas,
Y la Gloria guarda con ronda solemne
El *vivac* de los muertos».
ANÓNIMO

Las logias «ambulantes» o «móviles» fueron en un tiempo comunes a los ejércitos de la mayoría de las naciones civilizadas, pero alcanzaron su mayor esplendor en conexión con las fuerzas de la Corona británica. En su tendencia general, se suponía que fortalecían los lazos de amistad y difundían entre los oficiales —con mando y sin mando— y la tropa, un espíritu de caridad, amabilidad fraternal y subordinación.

La Gran Logia de Escocia nunca impuso restricciones con respecto a la clase de personas que podían iniciarse en una logia regimental. Pero por una ley de 1768 se prohibió a las logias del ejército irlandés hacer masón a cualquier habitante en un lugar donde hubiera una logia registrada; y a las logias urbanas, de manera similar, iniciar a «cualquier hombre del ejército donde hubiera una logia patentada en el regimiento, tropa o compañía, o en el cuartel» al que perteneciera. La zona de jurisdicción exclusiva, o radio dentro del cual ningún militar podía invadir el dominio de una logia urbana, se amplió posteriormente, y desde el año 1850 a ninguna logia del ejército se le ha permitido iniciar a un civil en ninguna parte de los dominios británicos, cuando existe una logia registrada a menos de diez millas del lugar donde este reside, o donde se reúne dicha logia del ejército.

Las competencias de las logias regimentales inglesas no sufrieron interferencias hasta después de la unión de las dos Grandes Logias en 1813. Dos años más tarde se promulgó un nuevo código de leyes, del cual extraigo lo siguiente:

> Ninguna logia militar, bajo ningún pretexto, iniciará en la masonería a ningún habitante o residente temporal en ninguna ciudad o lugar en el que sus miembros puedan estar destinados, o por el que puedan estar marchando, ni a ninguna persona que no pertenezca en ese momento a la profesión militar, ni a ningún militar por debajo del grado de cabo, excepto como hermanos sirvientes, o por dispensa del Gran Maestro o de algún Gran Maestro Provincial.

Había logias en cada rama o división del servicio de tierra. En términos generales, la Infantería de Línea encabeza la lista con un total de 290. Le siguen las milicias británica e irlandesa con 68, la Caballería con 46 y la Artillería Real con 28. Cifras menores se convirtieron ahora en la norma. Había una sola logia en la Infantería de la Guardia, y solo tres en el Cuerpo de Ingenieros Reales. En la Infantería de Marina Real había siete, y un número similar estaban adscritas a los batallones de guarnición y veteranos. Los regimientos de «Fencibles» (tropas locales) les siguen de cerca con seis, y tras estos venían los cuerpos auxiliares (extranjeros) y los regimientos extranjeros y coloniales con cuatro y doce logias respectivamente.

El número de logias distintas adscritas en diferentes épocas a regimientos particulares es muy digno de mención. Por ejemplo, hubo nada menos que siete en el 52.º y seis en el 28.º de Infantería, mientras que entre los demás regimientos de caballería e infantería hubo cuatro con cinco, seis con cuatro, veintiuno con tres y cuarenta y seis con dos logias cada uno.

El hecho de que existieran varias logias en un mismo regimiento al mismo tiempo solía coincidir con una pluralidad de batallones, pero no siempre. Por ejemplo, el 6.º de Dragones poseyó al mismo tiempo patentes de constitución de ambas Grandes Logias de Inglaterra («Modernos» y «Antiguos»), junto con una tercera de la Gran Logia del reino vecino. La posibilidad, además, de que dos logias trabajaran simultáneamente en un batallón de infantería de los efectivos habituales se evidencia en los procedimientos del centenario de la Gran Logia de Escocia en 1836, cuando los miembros de las logias «Hibernia» y «St. Andrew», en el 42.º de Infantería (o Guardia Negra), despertaron la admiración tanto por su aspecto marcial como por su comportamiento masónico.

Los ejemplos de una lealtad dividida, o en algunos casos cambiante, podrían multiplicarse enormemente, pero bastará con afirmar que logias inglesas, irlandesas y escocesas estuvieron en varios períodos adscritas a los regimientos de infantería 1.º, 17.º, 23.º y 51.º. Por otra parte, la Artillería Real, con su larga lista de veintiocho logias, un total que es cuatro veces superior al alcanzado por cualquier otro regimiento o cuerpo, se mantuvo inquebrantable en su fidelidad a los «Antiguos». El 9.° de Dragones poseía dos patentes irlandesas al mismo tiempo, y el 31.° de Infantería, dos escocesas. Las denominaciones territoriales de los batallones de milicia proporcionarán en general una pista del reino particular del que se suministró una patente. Así, en los regimientos ingleses, todas las logias eran, para usar la frase hecha —que significa justo lo contrario de lo que las propias palabras parecerían transmitir—, o «Modernas» o «Antiguas», excepto dos, una de las cuales (irlandesa) estaba en el batallón de «South Lincoln» y la otra (escocesa) en el batallón de Durham.

Ninguna de las logias de la milicia irlandesa debía lealtad a ningún poder (masónico) exterior; y lo mismo (con una sola excepción) puede decirse de las de los regimientos escoceses, siendo la única que se desvió de la regla general el batallón de Berwickshire, que obtuvo una patente de los «Antiguos» en 1811.

La práctica de distinguir a las logias por sus números no se generalizó en Escocia hasta principios del siglo actual. De ahí que las logias militares de esa jurisdicción fueran comúnmente conocidas por sus nombres. En Inglaterra se utilizaban tanto números como nombres, y la Gran Logia más antigua («Modernos») cerraba periódicamente los huecos de su lista y volvía a numerar a las logias hijas. Pero el cuerpo menor («Antiguos») tenía la costumbre de vender los números vacantes de la parte superior de la lista a las logias que estaban más abajo; y los demás huecos (de menor importancia) se rellenaban de forma rutinaria, asignándoselos a los peticionarios de nuevas logias. Ejemplos del primer método nos los brindan los casos de la n.º 86 y la n.º 213, ambas en la Artillería Real, que, tras el pago de cinco guineas «a la Caridad», pasaron a ser (en 1788) la n.º 7 y la n.º 9, respectivamente, y son ahora logias estacionarias, siendo una de ellas la «Union Waterloo», n.º 13, en Plumstead, Kent; y la otra la «Albion», n.º 2 en el registro de Quebec. Del modo en que se rellenaban los números más bajos de la lista de los «Antiguos», la historia temprana de la logia St. Luke's, n.º 225, en Ipswich, nos proporcionará una ilustración. Originalmente se celebraba en la milicia de Westminster, con la patente fechada en 1804; pero logias con el mismo número (309) habían existido anteriormente en el 52.º de Infantería (1797) y en la 2.ª milicia Real de Lancashire (1803).

Las logias irlandesas fueron siempre principalmente, y en muchos casos exclusivamente, conocidas por sus números, que se variaban en ocasiones (como ocurría en la Gran Logia Menor de Inglaterra) asignando lugares vacantes en la lista a logias que estaban más abajo. Por ejemplo, en 1817, al 21.º de Infantería se le asignó el n.º 33 (el número de su patente original y caducada) en lugar del n.º 936; y al 64.º, el 130 en lugar del 686. También en 1823, el 17.º Regimiento subió del número 921 al 258.

Pero la costumbre que distinguía particularmente a las logias del ejército de esta jurisdicción era la de intercambiar, siempre que fuera factible, los números de sus patentes por los de los regimientos a los que estaban adscritas. Así, en los regimientos de Dragones 4.º y 12.º, en el 7.º de Guardias Dragones y en los de Infantería 25.º, 26.º, 30.º, 36.º, 42.º y 83.º, los números regimentales y los de las logias eran idénticos. Los únicos casos que conozco de lo que pudo haber sido un uso algo similar en otras jurisdicciones masónicas, ocurrieron bajo los «Antiguos», en el Bajo Canadá y en Jamaica, respectivamente. Los regimientos implicados fueron el 7.º y el 18.º de Infantería, y en cada caso aparece una logia adscrita al cuerpo con un número local similar en la lista provincial.

En su elección de nombres, las logias adoptaban frecuentemente los de los santos patronos, como San Jorge, San Andrés y San Patricio, y, en casos aislados, los de San David y San Cuthbert. Las denominaciones territoriales de los regimientos también se elegían a menudo, o bien las batallas y los asedios en los que habían participado. Existieron las logias «North Hants», «Oxfordshire Light Infantry», «West Norfolk» y «Argyle», en los regimientos de Infantería 37.º, 52.º y 54.º; la «Salamanca» (en el 4.º de Guardias Dragones), así como «Orthes», «Albuhera» y «Waterloo» (en los regimientos 6.º, 57.º y 79.º); junto con «Mount Calpe» y «Gibraltar» (en el 12.º y 39.º), y «Minden» (en el 20.º y 51.º).

Denominaciones muy apropiadas fueron la de la «Queen's» (De la Reina) en el 7.º de Dragones Ligeros (o *Queen's Own*), la «Royal Rose» en los Fusileros Reales, la «Fuzilier» en el 21.º Regimiento, la «Cameronians» (que aún hoy sobrevive felizmente) en el 26.º, y la «Amphibious» en la Infantería de Marina Real. «White's», «Barry» y «Rainsford», en el 30.º, 34.º y 44.º, eran los nombres de los coroneles de los batallones a los que estaban adscritas estas logias.

Las actuales logias ambulantes se mostrarán en dos grupos: el primero denotará a las que se hallan bajo obediencia irlandesa, y el segundo (de menor número), bajo la inglesa.

En cuerpos militares no estacionarios

26, en el 26.° de Infantería, 1758
174, en el 46.° de Infantería, 1892
263, en el 20.° de Infantería, 1860
316, en el 1.° de Infantería, 1798
743, en el 31.° de Infantería, 1858
295, en el 4.° de Guardias Dragones, 1758
322, en el 29.° de Infantería, 1759
570, en el 5.° de Guardias Dragones, 1780
497, en el 89.° de Infantería, 1844

Aunque los números antaño asignados a los regimientos de infantería del ejército británico han desaparecido, el uso de las denominaciones territoriales por las que se les conoce en la actualidad resultaría impracticable en el presente volumen. Por tanto, se han mantenido los antiguos títulos numéricos y, en el sistema regimental actual, la identidad de cualquier «batallón vinculado» (de una época anterior) quedará revelada de un vistazo consultando un escalafón del ejército.

La mayoría de las actuales logias regimentales irlandesas remontan su ascendencia a una fecha bastante remota, pero en ninguno de los casos que he podido investigar a fondo existe un ejemplo, bajo ninguna jurisdicción, de una logia militar que haya estado trabajando de forma ininterrumpida durante el período de un siglo. Así, la patente de la n.° 295 (en el 4.° de Guardias Dragones) fue devuelta a la Gran Logia en 1830, y no se reavivó de nuevo hasta 1877, fecha en la cual el único miembro antiguo de la logia (cuando cesó de trabajar) era el coronel titular del regimiento, el teniente general sir Edward Hodge, quien, he de observar, lo comandó con gran valentía en Crimea.

La patente de la n.º 322 (en el 29.º de Infantería) fue igualmente devuelta en 1820, y hubo una interrupción en los trabajos hasta la reactivación de la logia en Thayetmyo (Birmania) en 1855.

La «logia de la Caridad», n.º 570, en el 5.º de Guardias Dragones, quedó inactiva hacia 1823 y, en 1858, devolvió su carta de constitución, que fue expedida nuevamente en 1863.

La patente original de la logia en los «Cameronians» —la n.º 309— fue otorgada en 1758, pero el Diputado Gran Secretario de Irlanda me informa de que no hay registro de que haya estado trabajando entre 1765 y 1805. Sin embargo, desde el año 1810 no ha habido ruptura de continuidad en su andadura, y bajo su antiguo número regimental (el 26), por el que se intercambió el 309 en 1823, esperemos que la logia pueda celebrar a su debido tiempo el siglo de vida activa que completará en breve.

La logia regimental más antigua, hasta su reciente desaparición de la lista en 1886, fue la n.º 128, establecida en el 39.º de Infantería por la Gran Logia de Irlanda allá por 1742. Se dice que esta, la «logia Gibraltar», se erigió en el batallón cuando este formaba parte de la guarnición durante uno de los accidentados asedios de «La Roca». El 39.º regimiento —*Primus in Indis*— afirmó haber hecho el primer masón de la India con patente europea, en 1757. Posteriormente fundó numerosas logias en varias partes del Indostán. Hay una piedra incrustada en el muro del fuerte William, en Calcuta, que conmemora la historia temprana de esta logia. Todas sus herramientas y joyas cayeron en manos del enemigo durante la guerra de la Independencia de España, pero posteriormente fueron devueltas al regimiento. La patente original (la 128) parece haber caducado antes de 1758, ya que en ese año se otorgó una nueva, la n.º 290. La logia continuó entonces en existencia activa hasta 1785, y se la eliminó de la lista en 1813, pero seis años más tarde se le concedió una renovación de su carta original, la n.º 128.

La logia «Minden» (irlandesa), n.º 63, en el 20.º de Infantería, se fundó en 1748 y se reavivó en 1812, fecha en la que «no había ni rastro de ella desde hacía 40 años en los libros de la Gran Logia». A partir de 1819 quedó nuevamente inactiva hasta que tuvo lugar una segunda reactivación en Cannanore en 1824. Un tercer letargo, que duró ocho años, concluyó en las Bermudas en 1844; pero hubo un cuarto y definitivo letargo en 1850, y finalmente la patente, los registros y las joyas se perdieron en el motín de la India.

De las logias inglesas que aún existen, la n.º 316, «Unity, Peace, and Concord» («Unidad, Paz y Concordia»), en el 1.º de Infantería (hoy los «Royal Scots»), ha alcanzado probablemente el período más largo de vida ininterrumpida que se haya concedido jamás a una logia del ejército, y cumplirá su centenario (habiéndosele asignado una patente vacante de fecha anterior) en 1808. A la situación de la n.º 743, «Meridian», en el 31.º regimiento, ya me he referido antes; pero, por razones que resultarán bastante comprensibles, soy reacio a omitir de la lista de logias militares vivas a una con la que he estado tan estrecha y gratamente asociado, hasta que su destino haya sido pronunciado oficialmente mediante su borrado de la lista.

Los «Antiguos» reavivaban a veces las patentes extintas (o inactivas), pero no, que yo sepa (en el caso de ninguna logia militar), los «Modernos», ni tal uso ha sobrevivido bajo la Gran Logia Unida de Inglaterra, en la que estos dos cuerpos se fundieron felizmente en 1813.

La práctica escocesa era sustancialmente la misma que la observada con respecto a las logias irlandesas y a las «Antiguas». Por ejemplo, la patente n.º 63, otorgada al 23.º de Fusileros Reales Galeses en 1751, fue «confirmada» en 1767; y la de la n.º 108, «St. George», expedida al 31.º de Infantería en 1761, fue «confirmada» de manera similar en 1805.

Acaso no sea motivo de gran asombro que, salvo raras excepciones, haya desaparecido toda la inmensa cantidad de registros reales que habrían arrojado una luz tan necesaria sobre los procedimientos de las logias del ejército. No hay libros de actas de tales cuerpos en los archivos de la Gran Logia de Escocia, y, lo que es aún más extraño —teniendo en cuenta el número de patentes militares expedidas—, su ausencia es igualmente de lamentar en los de la jurisdicción irlandesa. Ciertamente se encuentran algunas pocas en la sala de archivos de la Gran Logia de Inglaterra, todas las cuales he leído diligentemente, junto con algunas otras que han caído en mis manos. Pero el gran volumen de las pruebas relativas a unas organizaciones hoy casi extintas, de cuya difusión de la luz masónica en los países de ultramar bien podría haberse dicho en el siglo inmediatamente anterior al nuestro:

Como poderosos misioneros llegan,
a las tierras de los infieles,

o bien yace sepultado en ese mausoleo del trabajo ingrato que son los «registros» perdidos o extraviados de nuestra fraternidad, o bien se halla esparcido por toda la superficie de la literatura efímera y fugaz del Oficio.

Se menciona a las logias ambulantes, o regimentales, tomando parte en procesiones masónicas, en la colocación de primeras piedras, y de otras maneras, no solo en las Islas Británicas, sino en todas nuestras dependencias coloniales, así como en la India y el Lejano Oriente. Las encontramos trabajando armoniosamente con las logias estacionarias que se encuentran en sus turnos de servicio, y son numerosos los casos en los que la presencia de una logia del ejército ha sido de beneficio duradero para una comunidad civil. Un ejemplo notable de esto ocurrió en 1759, cuando los miembros de la logia n.º 74, en el 2.º batallón del 1.º de Infantería, al salir de Albany, concedieron una copia exacta de su patente irlandesa a algunos ciudadanos influyentes. Fue cambiada, en 1765, por una carta provincial, y la logia —Mount Vernon— ocupa hoy el tercer lugar en la lista de Nueva York.

Una patente aún anterior, y de hecho la primera patente militar jamás expedida, se había concedido previamente al 1.er batallón del mismo regimiento. La logia así establecida, de acuerdo con la práctica irlandesa más general, nunca tomó un nombre, y solo se distinguió por su número. En 1814 los batallones 1.º y 4.º de los «Royals» estaban estacionados en Quebec, y a ambos se adscribieron logias, la «n.º 11» (irlandesa), sin ningún otro apelativo distintivo, y la «n.º 289» (escocesa) «Royal Thistle», respectivamente. En la misma fecha existía una tercera logia —«Unity, Peace, and Concord»— en los «Royals», que se había establecido en el 2.º batallón, entonces prestando servicio en la costa de Coromandel, en 1808, y en el momento de solicitarla, un oficial del regimiento escribió a las autoridades provinciales lo siguiente:

> El teniente coronel Stewart, a quien descubro como Maestro Masón de la Antigua y Muy Honorable Orden, me asegura que hay una patente en el batallón, pero que desgraciadamente se quedó en Europa, debido a la repentina orden que recibió el regimiento de abandonar aquella parte del globo, pero que en breve se puede esperar que llegue cuando se conozca nuestro destino en la metrópoli.

La patente a la que se hace referencia, no cabe duda, era la n.º 74, originalmente otorgada por la Gran Logia de Irlanda en 1737, y que, aunque cancelada en 1801, casi con toda seguridad habría sido renovada, y en tal caso figuraría ahora probablemente como de más de medio siglo de antigüedad que la carta de cualquier logia militar viva, si los masones del batallón hubieran conservado el mismo apego a la antigua lealtad que han demostrado desde entonces por la nueva.

La primera piedra del Puente Norte de Edimburgo se colocó con honores masónicos en 1762, y «La logia Militar del duque de Norfolk», en el 12.º de Infantería, fue una de las que desfilaron en la procesión.

El 25.º, ahora los «King's Own Borderers», obtuvo una patente irlandesa en 1749, y las actas de una logia «Border» existente se limitan a registrar el hecho de que, habiéndose perdido el arca de la logia de este regimiento en Munster, en Alemania, se «consagró» una nueva en Berwick, en diciembre de 1763.

En la primera reunión registrada de la logia del Arco Real —St. Andrew's— en Boston, Nueva Inglaterra, en agosto de 1769, se eligió a soldados extranjeros como primeros oficiales de la logia. William Davis, de la n.º 58 (Antiguos), en el 14.º de Infantería, recibió «cuatro grados», descritos como los de «Excelente, Superexcelente, Arco Real y Caballero Templario».

Hacia la misma época, la logia del Arco Real n.º 3, de Filadelfia, estaba en estrecha comunicación con la n.º 351 (irlandesa), en el 18.º Regimiento, y ambos cuerpos tenían la costumbre de prestarse mutuamente su mobiliario del Arco Real.

El 22.º de Infantería, después de recibir primero una patente irlandesa, que «perdió en el Misisipi» hacia el año 1759, solicitó a continuación una escocesa, que, con el título de «Moriah», n.º 132, le fue concedida en 1769. Esta, junto con otras logias del ejército, tomó parte en la formación de lo que hoy es la Gran Logia de Nueva York (1782), pero durante su etapa inicial ocurrió un incidente más notable, si hemos de dar crédito a lo siguiente, que apareció en el *Newcastle Courant* del 4 de enero de 1770:

> La presente es para poner en conocimiento del público que el lunes día primero del corriente, siendo Noche de logia (o reunión mensual) de los Masones Libres y Aceptados del 22.º Regimiento, celebrada en el Crown, cerca de Newgate (Newcastle), la Sra. Bell, patrona de la Casa, forzó

> una puerta (con un atizador) que llevaba algunos años sin abrirse, con lo cual logró entrar en una habitación adyacente, hizo dos agujeros en la pared, y mediante esa estratagema descubrió los Secretos de la Masonería; y ella, sabiéndose la primera mujer en el mundo que ha descubierto jamás ese Secreto, está dispuesta a darlo a conocer a todas las de su Sexo. Por tanto, cualquier Dama que desee aprender los Secretos de la Masonería, dirigiéndose a esa mujer tan instruida (la Sra. Bell, que vivió quince años en Newgate y sus alrededores), podrá ser instruida en los Secretos de la Masonería.

Sería interesante saber cuántas alumnas obtuvo la Sra. Bell, y por qué se dirigió en particular a su propio sexo.

En la provincia del Bajo Canadá, en 1772,

> Un comité de la Gran Logia, habiendo examinado las pretensiones que un número de masones en el 21.º Regimiento de Su Majestad tienen para celebrar una logia en ese cuerpo, bajo el título de 'N.º 32 del Registro de Irlanda'; hacen constar su opinión de que, hasta que no presenten una autoridad mejor que la ofrecida, no pueden ser recibidos entre nosotros, a pesar de su voluntad de someterse a nuestras leyes.

La logia referida era evidentemente la n.º 33, patentada originalmente *circa* 1734, que, tras haber caducado, fue renovada en 1817, como se ha relatado anteriormente; y el episodio del año 1772, en mi opinión, apunta a que la pérdida de la patente (que los hermanos eran claramente incapaces de presentar), tuvo lugar en una fecha anterior. Que yo sepa, aunque el apuro de los masones en el 21.º de Infantería no pudo ser, en aquellos tiempos agitados, algo infrecuente, no se ha registrado ningún otro incidente de un carácter exactamente similar.

Muchos años después, la logia «Fuzileer», n.º 33, volvía a estar trabajando en los Reales Fusileros Británicos del Norte y, acompañando a ese regimiento a Tasmania, se le concedió una patente civil, con el antiguo nombre y número, y se convirtió en la primera logia estacionaria en esa colonia, en 1823.

Las actas de la Gran Logia Menor de Inglaterra, o de los «Antiguos», nos proporcionarán el siguiente ejemplo:

> 15 de diciembre de 1773: Se ha oído una carta de la n.º 148 (Artillería Real) en Gibraltar, exponiendo que un grupo de individuos que tenían su autoridad de la Gran Logia 'Moderna', tuvieron a bien disputar la legalidad de dicha patente n.º 148. Que en dicha guarnición también se celebraban las logias 11, 244, 290, 359, 420 y 466 (regimientos de infantería 1.º, 2.º, 39.º, 76.º, 56.º y 58.º), en el Registro de Irlanda, y la n.º 58 (12.º Regimiento) en el Registro de Escocia.

El capitán Murray, de la Marina Real (*R.N.*), por los servicios prestados por él en esta ocasión a la n.º 148, «al demostrar la autenticidad de su patente», recibió una medalla de oro por votación de la Gran Logia «Antigua» en 1777.

Pocos años después, como sabemos por los mismos registros oficiales, los «Antiguos» en Gibraltar estaban más que defendiendo su posición en la rivalidad que existía con los «Modernos». En una carta al Gran Maestro, fechada el 20 de marzo de 1786, el Gran Secretario M'Cormick le informaba de que la Gran Logia Provincial de Andalucía, que había estado bajo el gobierno de los «Modernos» durante más de 20 años, había solicitado una patente bajo los «Antiguos», y que sus miembros (ninguno de los cuales estaba por debajo del grado de alférez) se habían negado a actuar por más tiempo bajo la autoridad de los «Modernos», aunque se decía que el duque de Cumberland era entonces el Gran Maestro.

Como se verá en breve, la contienda por la supremacía entre los hermanos de los dos sistemas ingleses se resolvió en el mismo año (1786) de una manera muy diferente en la costa de Coromandel.

Pasando por alto muchos años, y acercándonos mucho más a nuestros tiempos, los miembros de la n.º 960, en el 2.º de Guardias Dragones, «en señal de respeto por su uniforme conducta masónica durante su estancia en Norwich», fueron fraternalmente agasajados por la «Logia de los Misterios Eleusinos», de esa ciudad, en 1825.

La «Logia Cameronian», n.º 26, ofreció en Calcuta, el día de San Juan (en invierno) de 1838, un baile masónico, al que los hermanos visitantes fueron libremente invitados. En el mismo año, una reunión de la n.º 7, en el 7.º de Guardias Dragones, entonces estacionado en Edimburgo, fue visitada por diputaciones de casi todas las logias de esa metrópoli. Un poco más tarde, en julio de 1844, la n.º 26, a su regreso de la India, fue acuartelada en la misma capital, y asistió a la ceremonia de colocación de una primera piedra, cuyos procedimientos se registraron oficialmente de la siguiente manera:

> Entre las numerosas logias asistentes se encontraba la del 26.º Regimiento o Cameronian, en el Registro de Irlanda, que, siendo una Logia Forastera visitante, bajo la regla de una Gran Logia Hermana, fue colocada cerca de la Gran Logia de Escocia.

Pero los materiales, si no faltan por completo, son, no obstante, del todo insuficientes para permitirme hacer algo más que presentar el más somero esbozo de los procedimientos, en tiempo de guerra, de las logias del ejército. Según una balada del siglo pasado:

A nuestro Dios y al soldado adoramos por igual
Justo al borde de la ruina, y no antes:
Pasado el peligro, ambos son pagados de la misma manera,
Dios es olvidado, y el soldado menospreciado.

Si, en verdad, estos antiguos versos pueden admitir una aplicación moderna, no pretenderé determinarlo. Los asuntos militares no relacionados con la masonería están fuera de mi competencia, pero que los servicios prestados a nuestra propia fraternidad por los Hermanos navales y militares están imperfectamente registrados y se recuerdan muy poco, es una proposición que estableceré sin ningún temor a que su exactitud se considere discutible.

El período más antiguo en el que se puede identificar la presencia de un gran número de logias regimentales en los ejércitos en campaña fue el de la guerra de los Siete Años, llevada a cabo de 1756 a 1763 por Federico el Grande, en alianza con Inglaterra, contra Francia, Austria, Rusia, Suecia, Sajonia y la mayoría de los pequeños estados alemanes.

Hubo muchos «campos de batalla», pero las batallas que nos conciernen principalmente fueron las de Minden y Quebec.

La famosa batalla de Minden se libró el 1 de agosto de 1759, estando la infantería inglesa formada en dos brigadas, la 1.ª de las cuales incluía los regimientos 12.°, 23.° y 37.°, y la 2.ª comprendía el 20.°, 25.° y 51.°. Con la posible excepción de este último, se sabe que los seis batallones en su totalidad tenían logias adscritas a ellos en aquella época.

Mientras estos regimientos británicos (y otros) prestaban servicio en el continente, antes, después y durante la continuación de la guerra de los Siete Años, existía el rito o sistema llamado de la Estricta Observancia. Este se basaba en la ficción de que, en el momento de la destrucción de los templarios, un cierto número de caballeros se refugió en Escocia y preservó allí la debida sucesión de la Orden. Por diversas razones también, se decía que estos caballeros se habían unido a los gremios de masones de aquel reino, dando así origen a la Sociedad de Francmasones. La gran doctrina establecida para los seguidores del Rito era «que todo verdadero masón es un Caballero Templario».

Las logias de los regimientos británicos debieron de trabajar constantemente codo con codo con las logias de la Estricta Observancia, la cual, durante al menos veinte años, impregnó toda la Europa continental. Durante las operaciones militares, además, en las que participó el ejército aliado, se hicieron muchos prisioneros en ambos bandos, y que los masones de entre ellos fraternizaron en cada caso con sus captores debe darse por seguro.

Puede afirmarse también que dondequiera que hubiera depósitos de prisioneros de guerra —en las Islas Británicas, al igual que en todos los demás países—, surgían invariablemente logias compuestas por dichos detenidos.

El grado de Caballero Templario se convirtió en uno de los favoritos en las logias del ejército británico, y a través de estos cuerpos militares y masónicos —que debieron derivar su conocimiento del mismo al asociarse con las logias y los hermanos de la Estricta Observancia— el grado fue introducido sin duda en Inglaterra y América.

Fernando, duque de Brunswick, que comandó las fuerzas aliadas en Minden, sirvió en varias campañas a las órdenes de Federico el Grande, y fue considerado uno de los mejores soldados de su tiempo. Su iniciación tuvo lugar —en diciembre de 1740— en la logia de los «Tres Globos», en Berlín. En 1770 fue nombrado Gran Maestro Provincial inglés para el ducado de Brunswick, pero en 1771 abandonó la «francmasonería pura y antigua» y fue admitido en la Estricta Observancia.

Lord George (posteriormente vizconde) Sackville (1716-1785) ingresó en el ejército a una edad temprana y estuvo presente en las batallas de Dettingen y Fontenoy. De 1746 a 1749 fue coronel del 20.º de Infantería, y en 1758, como teniente general, sucedió al duque de Marlborough como comandante de las fuerzas británicas en el ejército del príncipe Fernando. En la batalla de Minden estuvo a la cabeza de toda la caballería británica y alemana. Estando el enemigo sumido en el desorden por la infantería aliada, el comandante en jefe envió órdenes para que lord George Sackville avanzara.

Pero el momento crítico pasó, la caballería británica perdió su parte en la gloria de la acción, y los franceses se retiraron con cierto orden. Sin embargo, se supone que si lord George hubiera obedecido la orden del príncipe Fernando, el enemigo se habría quedado sin ejército en Alemania.

Por esto lord George fue despojado de todos sus empleos militares y reprendido por el público de cobardía; pero a la llegada al trono de Jorge III fue restituido en el favor real, y se convirtió en secretario de Estado para las Colonias en 1776, cargo que conservó hasta la conclusión de la desastrosa guerra estadounidense. De su carrera masónica después de 1748 solo sabemos que fue Gran Maestro de Irlanda en 1751, y que la Gran Logia cismática de Inglaterra (o de los «Antiguos») le ofreció el mismo cargo al año siguiente.

El 20.º de Infantería, por utilizar el título numérico por el que posteriormente se hizo (en más de un sentido) distinguido, recibió en diciembre de 1748 una patente de constitución —la n.º 63— de la Gran Logia de Irlanda. Fue concedida a lord George Sackville (coronel y primer Maestro), al teniente coronel honorable Edward Cornwallis y al capitán Milburne.

La práctica de nombrar al coronel (u oficial al mando) de un regimiento como primer Maestro no era en absoluto inusual. El coronel Edward Huntingford ocupó un puesto similar en una logia establecida en el 28.º de Infantería, en Louisbourg, en 1758. El honorable William (posteriormente sexto lord) Napier se convirtió en Maestro de la «St. Andrew, Royal Arch» —en los Scots Greys— en 1770; el honorable sir Brydges Henniker (teniente general en 1808), de una logia en el 9.º de Dragones, en Macclesfield, en 1794; y el coronel George Congreve, C.B., que comandó el 29.º de Infantería en las batallas de Ferozeshah, Chillianwallah y Gujrat, de una que fue reavivada en dicho regimiento, tras un prolongado letargo, en 1855.

En la batalla de Minden, el 20.º de Infantería estaba a la derecha de la línea en la 2.ª brigada, comandada por el coronel del regimiento, el mayor general William Kingsley (pág. 26). La gran mortandad sufrida por el batallón hizo que el príncipe Fernando emitiera la siguiente orden general:

> Minden, 2 de agosto de 1759
> El regimiento de Kingsley de la línea británica, debido a sus graves pérdidas, dejará de prestar servicio.

Pero el celo y el espíritu de cuerpo que animaba a los supervivientes del 20.º queda patente en la orden general posterior:

> Minden, 4 de agosto de 1759
> El regimiento de Kingsley, a petición propia, reanudará su porción de servicio en la línea.

Tras la gran victoria mencionada, la n.º 63 adoptó el título de «Logia Minden», bajo el cual celebró el centenario de su patente en 1848.

El 20 de marzo de 1750, el mayor James Wolfe (posteriormente mayor general y comandante de la expedición contra Quebec) había sido nombrado teniente coronel del 20.º de Infantería, sucediendo al honorable Edward Cornwallis; pero como no hay registros que nos guíen, no podemos decir si Wolfe, al igual que los demás coroneles que fueron sus contemporáneos en el regimiento, era masón y miembro de la n.º 63.

La escena se trasladará ahora a Norteamérica, país hacia el que Edward Cornwallis había zarpado en 1749, llevando consigo a 1.140 colonos, que desembarcaron a salvo en Nueva Escocia, provincia de la que se convirtió en fundador y primer gobernador.

Este valiente oficial, cuyo celo por la masonería volvió a ponerse de manifiesto en su nueva esfera de acción, aceptó la Maestría de una nueva logia poco después de su llegada a Halifax. En julio de 1749 se recibió una patente provincial, «y esa misma noche el capitán lord Colville, y varios de los caballeros de la Marina, fueron iniciados como Aprendices en esta logia».

En 1760, Cornwallis fue ascendido a teniente general, y ocho años más tarde fue por tercera vez fundador de una nueva logia. Esta apareció con el número 426 (inglés) en la lista de 1768 como: «Vigesimocuarto Regimiento de Infantería (General Cornwallis), Gibraltar, España»; siendo el general en aquella época tanto coronel del regimiento como gobernador de la guarnición de la que formaba parte.

A principios del presente siglo, otro francmasón, sir David Baird, era coronel del regimiento, y también al mismo tiempo de la milicia de Westminster, en la que había una logia. Al embarcarse las tropas para el Báltico, la «Westminster», que estaba estacionada en Harwich, se ofreció hasta el último hombre como voluntaria para ir con «su propio general», como le llamaban, pero como esto no se pudo permitir, demostraron su sinceridad cuando se aprobó la Ley de Traslado de la Milicia, pues acto seguido, de los 288 hombres a los que se permitía ser voluntarios, 223 se enrolaron en el 24.º de Infantería, el regimiento de sir David Baird.

Volviendo al Nuevo Mundo, Alexander, 4.º lord Colville, que fue iniciado por el coronel Cornwallis en 1749, se convirtió al año siguiente en Maestro de la «2.ª Logia de Boston», a la que representó en cada reunión de la Gran Logia

Provincial, hasta su nombramiento como Diputado Gran Maestro de Norteamérica en 1752. Estuvo presente en la toma de Louisbourg en 1758 y sirvió en la expedición contra Quebec en 1759, y al mando de la flota en la reconquista de Terranova —uno de los éxitos mejor dirigidos, más espléndidos y más importantes de la guerra— en 1762, tras lo cual fue ascendido a contralmirante de la escuadra blanca.

El asedio de Louisbourg tiene un doble interés para el lector militar: en relación con la historia del valeroso Wolfe, que actuó como uno de los brigadieres; y por el hecho de que esta fue la última plaza que los franceses mantuvieron contra Inglaterra en la costa este de América. Para el lector masónico o general, la serie de operaciones navales y militares conjuntas, que comenzaron con el asedio de Louisbourg en 1758 y terminaron con la reconquista de Terranova en 1762, también pueden poseer un interés, en conexión con las logias ambulantes de francmasones que acompañaron a las fuerzas británicas.

Los regimientos que participaron en Louisbourg fueron los de infantería 1.º, 15.º, 17.º, 22.º, 28.º, 35.º, 40.º, 45.º, 47.º, 48.º y 58.º, dos batallones del 60.º (Royal Americans) y los Highlanders de Fraser (78.º). Se sabe que seis de ellos tenían logias adscritas, el 1.º, 15.º, 17.º, 35.º, 47.º y 48.º. El 28.º recibió una patente irlandesa en 1734, pero presumiblemente había caducado en 1758, ya que Richard Gridley, coronel de infantería e ingeniero jefe, formó ese año una nueva logia en el regimiento bajo una carta provincial. El 40.º recibió una «constitución» en 1759, el 78.º en 1760, el 60.º en 1764, el 45.º en 1766, y tanto el 22.º como el 58.º en 1769. De ahí se desprende que los trece regimientos tenían logias adscritas a ellos unos años antes del inicio de la guerra de la Independencia de los Estados Unidos. Pero no debemos concluir de forma demasiado apresurada, por la ausencia de entradas relativas a ellos en las listas oficiales, que los seis que he nombrado en último lugar carecieran de logia en 1758. El historiador del 43.º de Infantería, escribiendo en ese mismo año, se queja de que «el tiempo pasa muy tediosamente» en Nueva Escocia, y añade: «Cuando el calendario no nos proporciona una excusa leal para reunirnos por la noche, recurrimos a una logia de francmasones, donde trabajamos tan duro que es inconcebible pensar qué cantidad de asuntos de gran importancia se despachan en poquísimo tiempo». No he logrado rastrear esta logia, y hay otras en la misma categoría de fechas anteriores y posteriores. Una logia sin ninguna «constitución» conocida trabajaba en el 6.º de Infantería en 1744, y otra en el 12.º en 1747; mientras que en una fecha tan tardía como diciembre de 1786 se predicó un sermón (publicado posteriormente) sobre «Los placeres y ventajas de la unidad fraternal» ante el Maestro, Vigilantes y Hermanos de la «Logia Regimental de Masones Libres y Aceptados del 54.º», igualmente no registrada, en la iglesia parroquial de St. John, en Nuevo Brunswick.

Al menos seis logias registradas acompañaron a las fuerzas terrestres británicas en la expedición contra Quebec, y probablemente hubo otras, ya que además de aquellas que pudieran haber existido sin «constituciones» escritas, la práctica de «congregar a todos los Masones Libres y Aceptados» en tales ocasiones, y «formarlos en una o más logias», era de frecuente ocurrencia en la jurisdicción masónica de Norteamérica. De este modo se formaron logias militares en Louisbourg, Lake George y Crown Point, todas las cuales pudieron haber estado —y la primera y la última casi con toda seguridad estuvieron— presentes con el ejército ante Quebec.

Pero existen pruebas documentales para demostrar que en el invierno de 1759, tras la capitulación de lo que se ha denominado la «Gibraltar de América», las logias «patentadas» de los regimientos allí destinados, en número de ocho o nueve, se reunieron y eligieron a un Gran Maestro en funciones. Esta medida temporal fue sucedida al año siguiente por otra de carácter más permanente, en la que Thomas Dunckerley, condestable del *Vanguard,* tomó un papel principal; y sobre este ilustre personaje, cuyos largos y meritorios servicios al Oficio nunca han sido superados, se entretejerá un breve esbozo con el relato general.

Dunckerley, que era de humilde cuna, habiendo ingresado en la Marina a una edad temprana, alcanzó el puesto de condestable en 1746, y le encontramos sirviendo en el mismo cargo en el *Vanguard* (que parece haber sido su barco favorito) por un período de seis años. Estuvo presente como tripulante de este buque en la reducción de Louisbourg y la capitulación de Quebec. El barco regresó entonces a Inglaterra y, en enero de 1760, Dunckerley, habiendo obtenido permiso de ausencia, fue a Londres y asistió al funeral de su madre. Al día siguiente se le relató la declaración que hizo su madre en el lecho de muerte, afirmando que su verdadero padre era el entonces rey, Jorge II. Los registros de la

Gran Logia muestran que en ese mismo mes se estableció una logia en el *Vanguard.* Este buque, junto con otros barcos de guerra, zarpó poco después hacia Quebec, llegando justo a tiempo para evitar que dicha capital fuera retomada por el enemigo.

El 24 de junio de 1760 (día de San Juan), el coronel sir Simon Fraser, del 78.º de Infantería, fue elegido para presidir las logias canadienses y (para usar las palabras de un condestable terrestre en una carta al Gran Secretario) «el Hno. Dunckerley, del barco de Su Majestad el *Vanguard,* que estaba en posesión de una potestad de la Gran Logia de Inglaterra para inspeccionar el estado del Oficio adondequiera que fuese, les honró con su aprobación de su conducta, e instaló al Hermano Fraser en su alto cargo».

Es razonable suponer que el Diputado Gran Maestro de Inglaterra solicitó a Dunckerley que visitara e informara sobre las logias de Quebec; y las comisiones itinerantes, que facultaban a un hermano marino para ejercer las funciones de Gran Maestro Provincial «donde no se pueda encontrar ningún otro Provincial», no eran en absoluto desconocidas ni antes ni después de que Dunckerley cumpliera la misión que su biógrafo, el Sr. Henry Sadler, sugiere con acierto (a mi modo de ver) que se le confió.

Durante ese mismo año Dunckerley regresó a Inglaterra, pero la muerte del rey acababa de producirse, y sus esfuerzos fueron ineficaces para establecer la veracidad de la extraña historia que le había sido revelada.

El *Vanguard* zarpó hacia las Indias Occidentales en octubre de 1761, pero entretanto Dunckerley había sido destinado al *Prince*, un barco de mayor tamaño, en el que se estableció la segunda logia naval, el 22 de mayo de 1762. La nueva logia parece haber seguido de cerca la suerte de su fundador, ya que en la segunda edición de la Lista Grabada de 1764, la n.º 279, que en la edición anterior se describía como «a bordo del *Prince*», ahora figura como celebrada «a bordo del *Guadeloupe*».

Ambas «logias navales» fueron finalmente reactivadas por Dunckerley en tierra firme, siendo la del *Vanguard* la actual «London», n.º 108, y la del *Prince* y el *Guadeloupe*, que adoptó el título de «Somerset House», y que tras fusionarse sucesivamente con la «Old Horn Lodge» (pág. 28) y la «Royal Inverness», en un cuerpo de voluntarios del que era comandante el duque de Sussex (conde de Inverness), se ha convertido en la «Royal Somerset House and Inverness», actual n.º 4.

En 1767, en gran medida gracias a los esfuerzos del general James Adolphus Oughton, que le conocía desde hacía muchos años, el rey concedió a Dunckerley una pensión, lo que le permitió dedicar todo su tiempo al bienestar de la Institución Masónica.

El grado de Pasado Gran Primer Vigilante le fue conferido en 1786, y como Gran Maestro Provincial sus servicios fueron tan apreciados que en 1795, cuando había treinta y cuatro provincias en total, tenía a su cargo nada menos que ocho de ellas. También se interesó profundamente por el grado del Arco Real y fue el Gran Superintendente de dieciséis condados, además de Bristol y la Isla de Wight.

En 1768 se estableció una tercera «logia naval» «a bordo del barco de Su Majestad *Canceaux* en Quebec», pero a pesar de la tradición popular que ha encontrado expresión en una página anterior, no hay pruebas que demuestren que Dunckerley fuera parte de su formación o estuviera interesado en su éxito.

Esta logia, que debía «celebrarse en el lugar más conveniente adyacente a dicho buque», nunca pagó su «constitución» ni devolvió ninguna lista de sus miembros, y fue eliminada del registro en 1792. Parece haber existido un gran deseo de fundar logias regimentales en el ejército en Quebec y, en menor medida, podría esperarse naturalmente que hubiera un impulso correspondiente para establecer logias navales entre los oficiales de la flota. También es importante recordar que lord Colville, un antiguo Diputado Gran Maestro de Norteamérica y francmasón muy entusiasta, que como comodoro había comandado la reconquista de St. John's (Terranova) en 1762, fue nombrado poco después, como almirante, comandante en jefe de la estación, cargo que conservó hasta fines de 1768.

Nunca se constituyó ninguna otra logia naval, aunque en 1810 se recibió una petición del teniente Crawford y de otros oficiales navales para celebrar una, la «Naval Kilwinning», «a bordo del barco de S. M. *Ardent*». Pero la Gran Logia de Escocia, tras consultar con las jurisdicciones hermanas, «a pesar de la respetable posición de los solicitantes, se vio obligada a denegarla».

La primera logia militar que surgió en Quebec fue la St. Andrew's, establecida el 20 de octubre de 1760 en el 78.º de

Highlanders por sir Simon Fraser, coronel del regimiento y Gran Maestro Provincial. Pronto le siguieron otras, y el número de «itinerantes» (como a menudo se las llamaba) se vio aún más incrementado por la presencia de muchas logias militares «transeúntes» procedentes de las Islas Británicas. A estas últimas, cabe señalar, se les exigía que tuvieran sus patentes registradas en los libros de la Gran Logia Provincial, que pagaran cinco chelines por la iniciación de cada nuevo hermano y que se ajustaran a los reglamentos de la autoridad local. Una práctica similar prevalecía en otras jurisdicciones provinciales.

Como ya se ha señalado, la contienda entre las dos Grandes Logias de Inglaterra se trasladó al otro lado del Atlántico, y en última instancia los «Antiguos» salieron victoriosos en toda la línea, pero los «Modernos» mantuvieron su posición en la parte de Norteamérica que ahora son los Estados Unidos hasta la guerra de la Independencia; y en Canadá, hasta la última década del siglo pasado.

Por su éxito en la lucha por la supremacía, los vencedores estuvieron principalmente en deuda con las logias del ejército, de cuya fidelidad a la causa de los «Antiguos» en Boston y Nueva York, en 1768 y 1781-82, se han dado ejemplos en un capítulo anterior.

Entre estas fechas —en 1775— comenzaron las hostilidades entre Gran Bretaña y América. En la batalla de Bunker Hill, lord Rawdon (posteriormente segundo conde de Moira) luchó denodadamente en un bando, y el mayor general Joseph Warren (que resultó muerto) en el otro. El coronel Richard Gridley, que por sus distinguidos servicios en los asedios de Louisbourg y Quebec había recibido una pensión y una concesión de tierras del gobierno británico, planeó las fortificaciones que Warren dio su vida por defender, y también resultó herido en la acción. La guerra se trasladó a Canadá, y el mayor general Montgomery (también un destacado francmasón) cayó en el asalto a Quebec.

El año siguiente fue testigo de la ocupación británica de Nueva York y de la introducción en dicho estado de la llamada «masonería antigua».

Llegados a este punto, quizá convenga explicar que, si bien los miembros de las logias de todas las jurisdicciones de las Islas Británicas, a excepción de la Gran Logia original de Inglaterra, eran conocidos comúnmente como «masones antiguos», los términos «antiguos masones de York» y «antigua masonería de York» solo fueron empleados en un principio por los cismáticos ingleses, y no se generalizaron —en América— hasta finales de siglo.

A continuación, Pensilvania fue ocupada en masa (1777). El ejército estadounidense tomó posiciones en Valley Forge, a veintiséis millas de Filadelfia, y la tradición afirma que en este campamento se celebraban logias a las que Washington asistía con frecuencia. Apenas puede dudarse de que así fuera, pero por desgracia no existen registros de las logias de campaña continentales de ese período.

Durante mucho tiempo se creyó que el fundador y primer presidente de la República de los Estados Unidos fue hecho masón en la «Logia de las Virtudes Sociales y Militares» (*Lodge of Social and Military Virtues*), en el 46.º de Infantería, que poseía una patente —la n.º 227— de la Gran Logia de Irlanda, concedida en 1752.

En el comedor de oficiales de este valeroso cuerpo se conserva una Biblia. Reposa en un estuche de nogal con tapa de cristal, en el que figura la siguiente inscripción:

> Sobre este volumen sagrado recibió Washington un grado de masonería. Fue tomado dos veces por el enemigo, y ambas veces devuelto al regimiento con todos los honores de guerra.

El 46.º de Infantería formó parte de la expedición del general Grey contra New Bedford (Massachusetts) en 1778, y fueron soldados de sus filas quienes se llevaron la Biblia familiar de los «West» que residían en dicha ciudad. En la fecha mencionada, la marcha de los acontecimientos parece descartar por completo la posibilidad de que Washington hubiera visitado posteriormente la logia en el 46.º de Infantería, mientras que su presencia en cualquier momento anterior, antes de que la Biblia dejara de estar en posesión de la familia West, es una hipótesis que, a menos que desechemos la inscripción, sería inútil discutir. Washington, que recibió los tres grados de la masonería en Fredericksburg (Virginia) algunos años antes de la llegada del 46.º Regimiento a América, fue en efecto iniciado en una colonia inglesa y en una logia que trabajaba, en un sentido secundario, bajo autoridad inglesa. Que los principios del Oficio arraigaron firmemente en su mente lo demostró su conducta posterior, pues cuando estalló la guerra y quedó separado de sus hermanos de la madre patria, en sentimiento y en comunión de alma siguió siendo su hermano.

El arca masónica del 46.º, por azares de la guerra, cayó en manos de los estadounidenses. De la circunstancia se informó al general Washington, quien dispuso que una guardia de honor se hiciera cargo del arca, junto con otros artículos de valor pertenecientes al 46.º, y los devolviera al regimiento.

Un incidente similar ocurrió en Dominica en 1805, cuando el 46.º fue atacado por una fuerza francesa a la que repelió con gallardía, pero en la acción tuvo nuevamente la desgracia de perder su arca masónica, que el enemigo consiguió asegurar a bordo de su flota sin conocer su contenido. Tres años después, el gobierno francés, a instancias de los oficiales que habían comandado la expedición, devolvió el arca con varios regalos de cortesía, ofreciendo con ese acto el reconocimiento y el homenaje de una nación ilustrada a la pureza, el valor y la utilidad de la masonería.

La «Logia de las Virtudes Sociales y Militares», tras sufrir muchas otras vicisitudes, se encontraba trabajando en el mismo regimiento en Sídney (Nueva Gales del Sur) en 1816.

Al año siguiente la encontramos en la costa de Coromandel, donde, conservando su antiguo nombre, solicitó y obtuvo una carta de constitución local —la n.º VII— que posteriormente se fusionó en una patente inglesa (1836) con el número 634. En algún momento después del año 1822, cuando el regimiento marchó de Cannanore a Hyderabad, varios miembros murieron, otros fueron declarados inválidos y el arca de la logia cayó en el olvido hasta que fue redescubierta accidentalmente por un miembro del comité del comedor de oficiales en 1829. Su descubridor, el capitán

Lacy, que era masón, se llevó el arca a casa cuando el regimiento regresó a Inglaterra en 1833.

La patente irlandesa se renovó en 1834, habiendo en aquel momento solo un miembro vinculado originalmente a la logia; pero la antorcha que se había vuelto a encender, tras arder con brillo durante unos años, empezó a parpadear y finalmente se apagó, en el sentido de que la patente regimental o itinerante, que había vuelto a acompañar al 46.° al Nuevo Mundo, fue devuelta a la Gran Logia de Irlanda en 1847. Dos días después se emitió una nueva, de carácter militar aunque estacionario, con el mismo número, con el fin de formar una logia de guarnición permanente en Montreal.

En 1855, la n.° 227 se unió a la Gran Logia de Canadá, recibiendo una patente civil, y dos años más tarde se resolvió: «Que la 'Logia de las Virtudes Sociales y Militares' se denomine en lo sucesivo 'Logia de la Antigüedad' (*Lodge of Antiquity*), que use joyas de oro en lugar de plata y que tenga precedencia sobre todas las logias numeradas».

En 1869 se estableció una Gran Logia para la provincia de Quebec, y la primera logia de su lista es la «Antiquity», originalmente en el 46.° de Infantería, mientras que las dos siguientes —«Albion» y «St. John's»— estuvieron en tiempos en la Artillería Real.

Resulta gratificante relatar que la venerable «Logia de la Antigüedad», ahora n.° 1 de Quebec, celebra con gran *éclat* su «Noche militar» anual, a la que un gran número de oficiales de la Fuerza Voluntaria acude de uniforme.

Cabe señalar que el 46.° no fue el único regimiento británico al que, durante la lucha revolucionaria en América, se le brindó la oportunidad de presenciar una ilustración práctica de los bellos y humanizadores principios de la francmasonería.

En una escaramuza con el enemigo, la «constitución» y las insignias de una logia adscrita al 17.° de Infantería cayeron en manos de un general estadounidense. Animado, no obstante, por los genuinos principios de la masonería, los devolvió inmediatamente con la siguiente carta:

> Tierras altas de Nueva Jersey, 23 de julio de 1779
>
> HERMANOS: Cuando la ambición de los monarcas, o los intereses contrapuestos de los Estados beligerantes, llaman a sus súbditos a la guerra, como masones nos desarmamos de ese resentimiento que incita a la desolación indiscriminada y, por mucho que nuestros sentimientos políticos nos impelan en la disputa pública, seguimos siendo Hermanos y (dejando a un lado nuestro deber profesional) debemos promover la felicidad y fomentar el bienestar de unos y otros.
>
> Aceptad, por tanto, de manos de un Hermano, la Constitución de la logia 'Unity, n.° 18', celebrada en el 17.° regimiento británico, que vuestras recientes desgracias han puesto en mi poder el restituiros.
>
> Soy, vuestro Hermano y obediente Servidor, Samuel H. Parsons.
>
> Al Maestro y Vigilantes de la logia «Unity, n.° 18», del Registro de Inglaterra.

La historia de esta logia ilustra de manera muy contundente lo que podría denominarse la «confusión de jurisdicciones», que resulta patente en los procedimientos de tantas de las logias ambulantes de aquel período.

La logia «Unity», en el 17.º de Infantería, fue inicialmente autorizada por la Gran Logia de Escocia, como la n.º 168, en 1771. El regimiento desembarcó en Boston en 1776 y estuvo en Filadelfia en 1777 y 1778. Durante este último período, la logia (que permaneció en la lista escocesa hasta 1816) aceptó una patente de la Gran Logia Provincial de Pensilvania, bajo los «Antiguos», con el «n.º 18» local.

Un poco antes, el coronel (posteriormente general) Samuel H. Parsons fue fundador y primer tesorero de la logia «American Union» (una logia militar), patentada por el coronel (posteriormente general) Richard Gridley, Diputado Gran Maestro Provincial de Massachusetts, bajo los «Modernos», el 15 de febrero de 1776. En el mes de abril siguiente, los miembros de la logia se encontraban de servicio con su regimiento en el estado de Nueva York y, tras haberse cursado una solicitud para la confirmación de su patente, esta fue denegada. Sin embargo, se concedió una nueva con el título de «Military Union», n.º 1. Pero la alteración del nombre ofendió a los miembros, quienes, aunque aparentemente asintieron al cambio, nunca utilizaron el nuevo apelativo a menos que fuera por necesidad. En la época referida, debe recordarse que la madre patria y sus provincias estadounidenses estaban en guerra, y que sir John Johnson, Gran Maestro Provincial de Nueva York (un jefe militar de cierta reputación, hijo único del más famoso sir William Johnson, también francmasón), simpatizaba con el gobierno del país del que emanaba su potestad masónica. A la espera del conflicto provincial, Johnson había nombrado diputado suyo al Dr. Peter Middleton, y para este último, la confirmación de la patente de una logia distinguida con el título de «American Union» debió de haber sido considerada desaconsejable por la propia naturaleza de las cosas.

Los actos posteriores de esta logia volverán a presentarse ante nosotros, pero una reseña de ella en este momento transmitirá (espero) alguna idea de las complicaciones que se produjeron entre las logias del ejército —en ambos bandos— durante la guerra de la Independencia. Podría respaldarse con muchas pruebas adicionales que las asperezas que caracterizaron la rivalidad de los dos sistemas masónicos no encontraron cabida en las logias del ejército. Por citar las palabras de un orador un tanto apasionado: «la contienda entre 'Antiguos y Modernos' se redujo a cenizas en la ardiente fragua de la libertad»; y como ya hemos visto, la patente y la parafernalia de una logia Antigua en la infantería británica fueron devueltas fraternalmente por un miembro (y a la sazón Pasado Maestro) de una logia Moderna en el ejército estadounidense.

Después de la guerra, el 17.º de Infantería se dirigió a Nueva Escocia y, en 1786, la Gran Logia Provincial de Pensilvania (que, más adelante ese mismo año, se convertiría en Gran Logia) recibió una carta de la logia n.º 18, celebrada en Shelburne (Nueva Escocia), afirmando haber permanecido bajo su obediencia «y solicitando a la Gran Logia que dirigiera en su nombre una carta al general Parsons sobre el tema de la patente de una logia y las atenciones que habían experimentado por su parte».

Esta logia se quedó aparentemente rezagada al regreso del servicio exterior del 17.º de Infantería; y es probable que la mayoría de los miembros permanecieran en Nueva Escocia bien como colonos militares, bien como voluntarios en otros cuerpos. Los casos, sin embargo, de logias «regimentales» que se convirtieron en «estacionarias», tanto en Canadá como en los Estados Unidos, son muy numerosos.

La primera logia del registro actual de Quebec (como ya se ha relatado) se celebraba antiguamente en el 46.º de Infantería, y las dos siguientes en la Artillería Real. Pero tal vez el caso más curioso de todos haya sido el de una logia que aún sobrevive, constituida originalmente en el 60.º de Infantería, a la sazón en Detroit, Míchigan, en 1764, por el Gran Maestro Provincial de Nueva York.

Míchigan fue francesa hasta 1763, británica hasta 1796, se rigió por un gobierno territorial hasta 1810, dependió de Indiana durante cinco años y luego fue «Territorio de Míchigan» hasta 1837.

La logia Zion, n.º 1, adscrita al 60.º o Regimiento Real de Norteamérica (*Royal American Regiment*), fue así establecida por los «Modernos» en 1764, pero treinta años más tarde (1794), a instancias de otra logia del ejército —entonces en la Artillería, hoy «Albion», n.º 2, de Quebec—, se pasó a los «Antiguos», convirtiéndose en la logia Zion, n.º 10, en el registro (provincial) del Bajo Canadá. Esta patente fue concedida dos años antes de la rendición del territorio de Míchigan a los Estados Unidos, pero la logia, que evidentemente había sido «dejada atrás» por el 60.º en una fecha muy anterior, experimentó un destino similar cuando la guarnición británica fue sucedida por una estadounidense en Detroit en 1796. En 1806, la patente de Quebec fue entregada y se obtuvo una nueva, con el n.º 62, de la Gran Logia de Nueva York. En 1819, pasó a ser la n.º 3, y en 1826 se unió a la formación de la Gran Logia de Míchigan, en cuyo registro esta antigua «logia ambulante», antiguamente adscrita al Regimiento Real de Norteamérica, ocupa hoy el primer lugar, bajo su título original de «Zion», n.º 1.

A este respecto, y anticipando ligeramente el hilo del relato, cabe aludir brevemente a los avatares posteriores de la logia «American Union». Se reunió por última vez como logia del ejército el 23 de abril de 1783, y se ordenó que «permaneciera clausurada hasta que el V. M. los convocara». Esto ocurrió en 1790, cuando, habiéndose establecido una colonia de Nueva Inglaterra al noroeste del río Ohio, la logia fue reabierta en Marietta por Jonathan Heart, el Maestro, con Benjamin Tupper y Rufus Putman oficiando como Vigilantes. Heart permaneció en la silla hasta el año siguiente, cuando se unió al ejército de St. Clair y murió en la batalla de Fort Recovery. La logia se unió a otras en la formación de la Gran Logia de Ohio, de la cual el general Rufus Putman fue el primer Gran Maestro, en 1808, y bajo su antiguo título de «American Union» conserva el lugar de la n.º 1 en la jurisdicción masónica de ese Estado.

Muchas y grandes fueron las vicisitudes de buena y mala fortuna experimentadas por las logias de los regimientos británicos en el curso de la guerra con Francia, que, comenzando en 1793, continuó casi sin interrupción hasta 1815. En agosto de 1795 se concedió un duplicado de su patente irlandesa (n.º 441) al 38.º de Infantería, «habiendo sido tomada la original por los franceses»; y una orden exactamente idéntica fue dictada por la Gran Logia de Irlanda en septiembre del mismo año en el caso del 5.º de Guardias Dragones, cuya arca masónica, con la patente (n.º 570) y las joyas, también había caído en manos del enemigo.

En febrero de 1798, los «Antiguos» establecieron una logia en el 11.º de Infantería, a la sazón destinado en Norwich, y en el mes de mayo siguiente, mientras prestaban servicio en Flandes bajo el mando de sir Eyre Coote, todo el regimiento cayó prisionero de guerra. Desde Ostende los oficiales y soldados fueron conducidos a Douai y al Fuerte L'Escarpe, y permanecieron en Francia hasta 1799, cuando fueron canjeados. Que las labores de la logia quedaran en suspenso durante el período de su cautiverio no puede determinarse en términos absolutos, pero lo más probable es todo lo contrario, ya que la logia seguía existiendo al menos hasta el año 1807, y la costumbre de reunirse como masones ha prevalecido siempre en gran medida allí donde ha habido prisioneros de guerra.

Felizmente, los registros de unas pocas logias regimentales han escapado a la fatalidad general, y entre ellos se encuentran los de la n.º 183, establecida en el 9.º de Infantería por la Gran Logia Menor de Inglaterra, o de los «Antiguos», en febrero de 1803. En noviembre de 1805, el 1.er batallón del 9.º Regimiento se embarcó en la ensenada de Cork en tres transportes, con la expectativa de tomar parte en la guerra del Continente. Dos de los transportes, sin embargo, fueron arrastrados por los vientos contrarios a los Downs, mientras que el tercero, el *Ariadne*, que llevaba el cuartel general a bordo, naufragó en la costa de Francia, cerca de

Calais, y los oficiales de Estado Mayor y 262 soldados fueron hechos prisioneros de guerra.

Aunque los archivos de la logia parecen haberse hundido con el *Ariadne*, un número suficiente de sus miembros capeó el temporal, y parecen no haber perdido el tiempo, tras su desembarco involuntario en suelo francés, en reanudar sus trabajos masónicos.

El regimiento permaneció en Valenciennes hasta después de la primera abdicación de Napoleón, y los procedimientos de esta «logia cautiva» se extienden a lo largo de un período de ocho años, a saber, desde el 30 de enero de 1806 hasta el 20 de enero de 1814, en cuya última fecha aparece lo siguiente:

> Habiendo escuchado la logia los informes de los distintos Hermanos, se clausuró, en perfecta armonía y Amor Fraternal, con 21 miembros presentes, y se aplazó hasta que la suerte de la Guerra decida la de Europa. *El 25 de enero de 1814, todos los hermanos fueron dispersados. Estos asuntos se decidieron el 31 de marzo de 1814, mediante la entrada triunfal de los aliados en París y el derrocamiento de Bonaparte. El arca se encontraba en Riom, en la provincia de Auvernia, hallándose presentes únicamente los Hnos. Butler y Ware, que se separaron, y el Hno. Butler trajo la logia a Inglaterra.*

Lo anterior es una transcripción literal de lo que parece ser la última entrada en el libro de actas de la logia durante el cautiverio del batallón al que estaba adscrita, pero las palabras en cursiva deben haber sido interpoladas de modo evidente por el Maestro, el sargento Edward Butler, en algún momento posterior.

Pocos libros de actas de logias regimentales, como ya he señalado en más de una ocasión, se encuentran disponibles para su examen. Creo, sin embargo, que si los registros de esta clase fueran más numerosos, constataríamos, en la generalidad de los casos, que el honor, la reputación y el bienestar de cada logia dependieron en gran medida del entusiasmo y la asiduidad de uno o dos suboficiales destacados. Edward Butler era el alma y el corazón de la logia en el 9.º de Infantería, y esta se desmoronó tan pronto como tan digno sargento obtuvo su licencia del servicio.

El 96.º de Infantería recibió una patente (n.º 170) de los «Antiguos» en 1804, cuyas vicisitudes quedan registradas de manera muy sucinta, aunque expresiva, en el siguiente memorándum del Gran Secretario:

«6 de enero de 1809: Patente 170. Caja y mobiliario perdidos en St. Croix. Todos los miembros perdidos, muertos o con otro destino, excepto el Hno. Geo. Baxter, intendente».

Los anales de la guerra de la Independencia de España deparan numerosos ejemplos masónicos, y los del 6.º de Guardias Dragones, en el que había una logia irlandesa (n.º 557), uno muy especial. El regimiento, tras un severo combate, perdió su equipaje, entre el cual se encontraba el arca que contenía el mobiliario de la logia, la patente y las joyas. El comandante de la partida que la había capturado, al ver los emblemas masónicos en el arca, mandó llamar inmediatamente a uno de los prisioneros y exigió saber el significado de las marcas, que el soldado, en la medida de lo prudente, le explicó. El oficial francés, al descubrir que el arca pertenecía a una logia de francmasones, ordenó que fuera devuelta al regimiento inglés, con una bandera de tregua y una guardia de honor, enviando al mismo tiempo una carta en la que declaraba que, si bien él mismo no era francmasón, respetaba a la Sociedad, y que sus compañeros de armas nunca le perdonarían si no trataba con consideración los infortunios de sus Hermanos masones.

Otra anécdota de la misma azarosa época está relacionada con el 42.º de Infantería, pero si el autor que la relata era miembro de la logia irlandesa «Hibernia» (n.º 42) o de la escocesa «St. Andrew» (n.º 310), ambas existentes en el regimiento en aquella época, no se revela en la narración de la que voy a citar. James Auton, «ex sargento intendente del 42.º o de los Royal Highlanders», en su obra *Retrospect of a Military Life* (*Retrospectiva de una vida militar*, 1841), nos dice:

> Yo era el ordenanza del general Park aquella noche y tenía un buen techo sobre la cabeza, y el suelo seco de un cobertizo para carretas, con abundante paja seca para la cama: pero mi pobre esposa estaba ausente, por primera vez desde que salimos de casa. Había sido retenida, junto con otras mujeres, en la margen derecha del Adur, hasta que se reparase el puente. Mientras esto se hacía, una de las mujeres pertenecientes al regimiento le rogó que cuidara de un pequeño potro de asno, con un par de fardos, hasta que regresara a Saint-Sever para hacer unas compras; ella accedió, y antes de que la otra regresara el puente fue reparado. Nuestro regimiento había cruzado, y ella lo siguió, conduciendo al potro ante sí; pero antes de llegar al otro extremo, el tes-

tarudo animal se detuvo y no quiso mover ni un pie. Otro regimiento avanzaba, el paso estaba bloqueado, y ella no sabía qué hacer. Estaba en el acto de quitar los fardos de la mujer del lomo de la bestia, y de forcejear para apartarse del camino, decidida a dejar al animal, cuando un granadero del regimiento que avanzaba, posando la vista en un cuerno finamente pulido con los emblemas masónicos tallados en él y que ella llevaba en bandolera, se hizo a un lado y dijo: 'Pobre criatura, no he de verla abandonada aquí, forcejeando en apuros por consideración a lo que lleva usted colgado del costado'; al mismo tiempo, entregando su mosquete a uno de sus camaradas, levantó al potro en brazos y lo llevó hasta el final del puente. Mi pobre esposa se lo agradeció con los ojos llorosos, el único reconocimiento que pudo ofrecer por su amabilidad; pero ha pensado en ello a menudo desde entonces, y se ha felicitado por la buena fortuna de haber llevado a su lado, en aquella ocasión, ese cuerno, vacío como estaba, con su jeroglífico talismánico; y de haber suscitado así a un amigo cuando tanta falta le hacía uno.

En otra popular obra, *Adventures of a Soldier* (*Aventuras de un soldado*), aparecida en el mismo año (1841), el autor, Edward Costello, que también describe sus experiencias como parte de la «tropa» durante la guerra de la Independencia de España, observa:

En Castelsarrasin (entre Toulouse y Burdeos), solíamos mantener nuestra habitual y excelente relación con los franceses acuartelados en las inmediaciones. Conocí aquí a un tipo muy avispado: un sargento francés perteneciente al

83.º Regimiento. Entablamos una amistad, como es natural, puesto que ambos éramos francmasones.

A los testimonios de estos soldados rasos, pues tal era la condición de ambos cuando ocurrieron los incidentes que ellos mismos describieron con posterioridad en sus libros, añadiré la prueba corroborativa de un oficial que prestó servicio en la misma serie de campañas y que, al ser capturado por los franceses, fue objeto de grandes atenciones fraternales.

El teniente general sir Charles James Napier, uno de los soldados más valerosos de su tiempo, ingresó en el ejército a una edad temprana y, en 1806, obtuvo una mayoría en el 50.º de Infantería, que comandó en La Coruña, donde fue hecho prisionero tras recibir cinco heridas. También sirvió en la Península durante campañas posteriores, en una expedición naval frente a la costa de América, y acompañó al ejército inglés a París en 1815. En 1842, mientras comandaba las fuerzas en Bombay, fue enviado al Sind, donde en 1843 libró y ganó las decisivas batallas de Miani y Hyderabad.

En la primavera de 1849, cuando los desastres de la campaña sij habían despertado las inquietudes del pueblo de Inglaterra, todas las miradas se dirigieron al héroe del Sind, y fue nombrado comandante del ejército indio. Pero a su llegada a la India, el objetivo de la guerra ya se había alcanzado. No obstante, se esforzó por reformar los abusos que habían proliferado en el ejército, especialmente entre los oficiales. Se celebraron un gran número de consejos de guerra a causa de la laxitud de la disciplina que se había introducido en el ejército indio, y un infortunado oficial, único sostén de su anciana madre, fue degradado. Aquella madre, al no tener otro medio de salvarse ella y a su hijo de la ruina, rogó a sir Charles que permitiera a su hijo retirarse del servicio mediante la venta de su nombramiento. Pero el comandante en jefe fue fiel a su deber como oficial y como masón. Con la mano derecha confirmó la sentencia del consejo de guerra, y con la izquierda envió a la angustiada madre el valor del nombramiento decomisado de su hijo.

En la Doyle's Lodge of Fellowship, en Guernsey, hay un retrato del general, y el libro de actas registra con fecha 16 de junio de 1807: «Emergencia. El mayor Charles James Napier fue iniciado, ascendido al 2.º grado y elevado al 3.er grado por estar a punto de abandonar la isla». En abril de 1841 se recibió una carta suya, cuando estaba al mando en Chester, en la que preguntaba la fecha de su iniciación, pues había perdido todos sus papeles al naufragar; y una segunda, más adelante ese mismo año, en la que agradecía a los hermanos de su logia madre por haberle elegido miembro honorario.

En septiembre de 1845, cuando era gobernador del Sind, a invitación de la logia de la Esperanza, en Karachi, colocó la primera piedra de un Salón Masónico, y posteriormente pronunció un discurso sumamente interesante, anteponiendo que su situación era difícil debido a lo repentino de la convocatoria; que habiendo desviado su atención a otros asuntos durante muchos años, era probablemente uno de los peores masones presentes, pero que, como podía haber alguien menos familiarizado con el tema incluso que él mismo, intentaría ofrecer un esbozo de la historia de la masonería desde los tiempos más remotos.

A su regreso de la India, sir Charles fue agasajado en una cena por la logia Meridian, de Dublín, y fue elegido miembro honorario de la logia Union, en Limerick, en noviembre de 1848.

Al año siguiente volvió a estar en la India, y se ofreció un gran banquete masónico en su honor en Simla, el 1 de octubre. El comandante en jefe, como lo era entonces, se presentó con uniforme de gala, luciendo el mandil y las insignias del grado del Arco Real, y en respuesta al brindis por su salud se expresó en los siguientes términos:

> Pocos masones pueden afirmar que le deban tanto a la masonería como yo. Soy un masón viejo y, me temo, un inútil. Llevo cuarenta años como Masón del Arco Real, y sin embargo me temo que no podría abrirme paso en un capítulo de ese alto grado; pero con la ayuda de mi amigo, el coronel Curtis, espero quitarme el óxido y ser capaz de hacerlo, pues, como he dicho antes, probablemente ningún hombre presente pueda decir que tenga la misma obligación para con la masonería que yo, y siempre me alegro de tener la oportunidad de reconocérselo al Oficio. En cierta ocasión fui prisionero, sin esperanza de ser canjeado jamás, y esperaba ser enviado a Verdún, lugar de Francia al que se destinaba a todos los prisioneros, pues en aquella época los dos gobiernos de Francia e Inglaterra estaban tan exasperados el uno contra el otro que su ira recaía sobre los individuos, y no había canje de prisioneros. El hombre que era apresado perdía toda posibilidad de ascenso o de volver a ver a sus amigos. En este estado de desesperación y miseria, sabiendo que mi familia debía de haberme creído muerto, estaba buscando en mi propia mente algún medio por el

que pudiera comunicarme con mi familia; se me ocurrió que era masón y me las ingenié para localizar a un hermano. Era un oficial francés de nombre Bontemps, creo, y era muy buen nombre, pues, como hermano bueno y honorable, se las arregló para enviarme una carta a Inglaterra, asunto nada fácil en aquellos tiempos, pues no había ferrocarriles, ni barcos de vapor, ni máquinas de vapor que llevaran las cartas como un relámpago a todas partes. Además, en aquella época era una empresa sumamente peligrosa y arriesgada para un oficial francés. Pero mi honrado y buen hermano lo hizo por mí, y en un plazo de tres meses mi familia supo que yo seguía vivo.

A su regreso definitivo de la India se ofrecieron banquetes masónicos en honor a sir Charles Napier por parte de los hermanos del distrito de Rugby en 1851, y ese mismo año (en el día de Trafalgar) por las logias de Portsmouth, de cuyo discurso extraigo lo siguiente: «Le aclamamos dándole una calurosa bienvenida a su tierra natal; como ciudadano cuenta usted con nuestra estima, como soldado con nuestra admiración, como Hermano con nuestro honor y amor».

Dos años más tarde, con honores militares y masónicos, el difunto guerrero fue depositado en su tumba. «Mi intención era decir», son las palabras de su hermano menor, el historiador de la guerra de la Independencia de España, pero que intentó pronunciar en vano en aquel momento, «que un gran y buen soldado estaba en su tumba; que en su vejez comandó ejércitos y los llevó siempre a la victoria. Ni en la juventud, ni en la madurez, ni en sus años de vejez, dejó jamás de amar, de apreciar y de confiar en los soldados. Y ahora se congregaban en torno a su tumba para rendir honor al difunto, a quien, en vida, por su valor, devoción y disciplina, habían encumbrado a la fama».

El Dr. Edward J. Scott, de Southsea, Pasado Maestro de la logia Phoenix y uno de los médicos que atendió al difunto, declaró que, más o menos una hora antes de su muerte, el gran general puso su mano en la de él, y que, poco antes de ese acontecimiento, sir Charles le dio el apretón de un Maestro Masón y así falleció, evidenciando en sus últimos momentos una inquebrantable simpatía por sus hermanos del lazo místico.

La batalla de La Coruña, en la que el mayor Napier fue hecho prisionero, se libró el 16 de enero de 1809; y más adelante, ese mismo año, otro oficial británico corrió una suerte similar; la historia de su captura fue relatada por el teniente coronel lord Wantage, V.C. (que sirvió a lo largo de la guerra de Crimea), con motivo de su instalación como Gran Maestro Provincial de Berkshire en 1898:

> Declaró que su primer interés por la masonería a una edad temprana le sobrevino por un suceso que le ocurrió a su padre, el difunto teniente general James Lindsay, cuando servía en la campaña de Walcheren, en 1809. Recibió un disparo que le atravesó la pierna y, al quedar totalmente incapacitado, cayó en manos del enemigo; pero apenas lo retiraron del campo de batalla descubrió que su captor era un Hermano Masón, quien, fiel a las tradiciones del Oficio, cual Buen Samaritano, le vendó las heridas, le llevó a su propia casa y se hizo cargo de él hasta el momento de su liberación, costeando todos los gastos sin ninguna garantía de pago.

Al concluir la guerra de la Independencia de España, se firmó la paz con Francia, pero las hostilidades se reanudaron pronto. Napoleón escapó de Elba, luego siguieron los Cien Días, y finalmente la batalla de Waterloo, durante cuyo trascendental conflicto la influencia de la masonería entró en juego en ambos bandos con resultados muy felices, como el lector ya habrá deducido de un capítulo anterior.

Con la caída de Napoleón llegó la reducción del ejército británico de un pie de guerra a uno de paz. Esto condujo no solo a la desmovilización de toda la fuerza de la milicia, que había ocupado el lugar de las tropas regulares en el Reino Unido, sino también a la disolución de todos los batallones de veteranos y de guarnición, de muchos de los regimientos de caballería e infantería, y a la reducción de aquellos que se mantuvieron en el establecimiento fijo a un número de efectivos mucho menor del que había prevalecido anteriormente.

Muchas logias militares desaparecieron, pero otras, en lugar de adoptar un carácter itinerante, asumieron (y mantuvieron) uno estacionario. Tampoco hay que olvidar que había otras causas en juego, en particular los frecuentes cambios de los regimientos de un destino a otro, que condujeron al mismo fin, a saber, una reducción en el número de las logias móviles y su conversión, en otros casos, en inamovibles.

A los ejemplos ya dados de logias en jurisdicciones extranjeras que antiguamente se celebraban en regimientos del ejército británico, añadiré uno más: La logia «Virgin», en Halifax (Nueva Escocia), que en 1786 se convirtió en logia «Artillery», y en 1800 de nuevo en «Virgin», es ahora la n.º 3 en el registro de Nueva Escocia. Otras logias existentes antiguamente en la Artillería Real, de Bengala y de Bombay son la «Union Waterloo», en Kent; «St. John's», en Gibraltar; «Humility with Fortitude» y «Courage with Humanity», en Calcuta; y «Orion in the West», en Poona.

La logia «Amphibious», originariamente de la Infantería de Marina Real, se encuentra ahora amarrada apaciblemente en la localidad interior de Heckmondwike, en Yorkshire.

La logia «Royal York Lodge of Perseverance», de Londres, establecida en 1776, no comenzó su andadura militar hasta 1793, cuando su suerte se asoció a la del regimiento de Coldstream Guards, en el que continuó trabajando hasta 1821, año en el que reanudó su carácter civil.

La logia «Mount Olive», en el 67.º de Infantería, fue transferida al Regimiento Real de Mineros de Cornualles en 1807, pero su patente militar fue posteriormente cambiada por una civil, y ahora es la «Logia de la Fortaleza» (Lodge of Fortitude), en Truro.

Las logias «Euphrates» de Londres, «Unanimity» de Preston, y «One and All» de Bodmin, se celebraban en la milicia del oeste de Londres, en la 3.ª de Lancashire y en la 1.ª de Cornualles, respectivamente.

La logia «St. Cuthbert's», en la milicia de Durham, era una logia escocesa y, en 1813, cuando el regimiento fue desmovilizado, continuó reuniéndose en Barnard Castle bajo la patente escocesa hasta 1825, año en el que se solicitó y recibió una patente inglesa. Esta sirvió a los miembros durante once años, pero en 1836 hicieron un esfuerzo por reanudar su antigua lealtad, en el que, huelga decirlo, no tuvieron éxito.

Estas ilustraciones podrían ampliarse considerablemente, pero me contentaré con aducir el caso de la «Logia Shakespeare», de Warwick, que es el más singular de la serie. Los ejemplos de logias que han sido «dejadas atrás» por los militares al cambiar de destino no son infrecuentes, pero los de logias estacionarias que se convierten en ambulantes por el simple proceso de que los regimientos se las lleven consigo, si no del todo desconocidos, son, no obstante, de ocurrencia comparativamente rara. Tal evento sucedió en 1796, cuando los miembros de una logia de Norwich vendieron su mobiliario a unos hermanos de la milicia de Warwickshire, haciéndoles, al mismo tiempo, un regalo de la «Constitución». Al trasladarse el regimiento al año siguiente, la «Logia Shakespeare» (por usar el título adoptado en 1797) le acompañó, y fue llevada a Warwick en 1802. Al año siguiente, el batallón recibió nuevamente la orden de entrar en servicio, pero la logia permaneció en Warwick. El regimiento regresó en 1805 y tres años más tarde fue acuartelado en Sunderland, momento en el que se aprobó una resolución en la logia de Warwick para que se hiciera estacionaria en esa ciudad. Los miembros de Sunderland presentaron una protesta, y los de Warwick, una contraprotesta. Estos últimos contaban con treinta y una firmas, y los primeros solo con diez, por lo que cuando el asunto llegó ante un comité de la Gran Logia, este decidió a favor de la mayoría, y el traslado de la «Logia Shakespeare» de la milicia de Warwickshire a la tutela de los hermanos no militares de Warwick fue reconocido y aprobado.

Ya se ha sugerido que el grado de caballero templario penetró en nuestras logias militares británicas durante (o antes de) la guerra de los Siete Años. Resulta irrelevante si derivó de los sistemas de Clermont o de la Estricta Observancia, aunque se puede aludir a las tradiciones de ambos en tanto que poseían atractivos que, al menos para los escoceses, pudieron resultar irresistibles. Así, pasando por alto la supuesta recepción de Von Hund por parte de un antiguo Gran Maestro de Escocia (lord Kilmarnock), el sexto de los grados de Clermont y toda la estructura de la Estricta Observancia se basaban en la leyenda de que Pierre d'Aumont fue elegido Gran Maestro de los templarios en Escocia en el 1313 d. C., y de que, para evitar la persecución, los caballeros se hicieron francmasones.

No obstante, fue a su relación con los hermanos pertenecientes a regimientos que sirvieron en Irlanda hacia finales del siglo pasado a lo que debieron las logias escocesas su conocimiento del templarismo.

Esta Orden, conocida por aquel entonces como Masonería Negra, se propagó, en gran medida, a través de las patentes expedidas por una logia de francmasones de Dublín, la cual había sido constituida por la logia Mother Kilwinning para la práctica de los grados del Oficio. La actuación de su logia hija alentó, como es natural, la creencia de que Kilwinning era un centro de los llamados «Altos grados», y en 1813 se cursó una solicitud a la logia madre para autorizar la transferencia de una «Patente Negra» de Caballeros del Temple y de Malta en el regimiento de Westmeath, a hermanos del mismo grado que prestaban servicio en la milicia de

Shropshire. Pero la logia de Kilwinning, en respuesta a los «sir caballeros» de este último regimiento, repudió firmemente la existencia de un lazo materno entre ella y cualquier Sociedad de Caballería Masónica, y expresó su incapacidad para considerar como masonería cualquier cosa que fuera más allá de los tres grados (*steps*) regulares. La milicia de Westmeath poseía en la época una patente irlandesa, la n.º 791 (cancelada en 1826) y el regimiento de Shropshire una inglesa, que se hizo «civil» y «estacionaria» en 1820, y es ahora la autoridad para reunirse como masones de la Salopian Lodge of Charity en Shrewsbury. Es probable que todos los grados, adicionales a los «tres grados regulares», obtuvieran una base en las Islas Británicas por mediación de las logias del ejército.

En Escocia, estos grados adicionales fueron trabajados, en primera instancia, por las logias, y posteriormente más a menudo en campamentos. En la milicia de Aberdeen se formó una logia, la «Aboyne», en 1799, y un campamento en 1812. Ambos se desplazaron con el regimiento, hallándose en Dover en 1812, en Liverpool en 1813 y en Londres en 1814, regresando a Aberdeen en 1815. En esta última fecha, los grados practicados en el «Campamento de St. George Aboyne» estaban organizados en siete grupos:

I.- Pasado Maestro. Excelente y Superexcelente. Arco Real. II.- Arca. Marca Negra. Eslabón y Cadena. III.- Caballero Templario. Caballero de San Juan de Jerusalén. Paso del Mediterráneo. Caballero de Malta. IV.- Paso del Jordán. Paso de Babilonia. V.- Caballero de la Cruz Roja. VI.- Sumo Sacerdote. VII.- Azul Prusiano.

Tanto los Maestros Masones como los Masones del Arco Real eran recibidos indistintamente como candidatos; si eran de los primeros, recibían primero el Grupo I de grados del Arco Real; si eran de los segundos, comenzaban con el Grupo II. Cuando se conferían los grados del Arco Real, la reunión se denominaba Capítulo; para todos los demás, Campamento.

En las logias inglesas pertenecientes al establecimiento regular, los únicos grados trabajados (con sanción oficial) eran los tres primeros, hasta 1813; y el precio que pagaron por la Unión de aquel año consistió en parte en la aceptación de los grados del Arco Real y de los Pasados Maestros como adiciones a la masonería pura y antigua que les había sido legada en 1717.

Con la otra sección del Oficio inglés, el caso era diferente. Bajo la Gran Logia «Antigua» (o Cismática), ambos grados eran características esenciales de su sistema. Apenas cabe duda, a menos que sea del todo infundada, de que la comunicación de los secretos del Arco Real fue la forma más temprana en la que cualquier enseñanza mística se asoció al incidente de que un Maestro fuera colocado en la silla de su logia. De esto evolucionó finalmente el grado de Pasado Maestro, una ceremonia desconocida (salvo como grado secundario o paralelo) en el sistema «Moderno» hasta la primera década del presente siglo, y de la que no puedo rastrear ningún indicio entre los «Antiguos» hasta que la creciente práctica de conferir el «Arco» a hermanos que no tenían el derecho propiamente dicho a recibirlo, provocó un paso constructivo por la silla, el cual, al habilitar a candidatos que de otro modo no serían elegibles, conllevó de forma natural la introducción de una ceremonia, adicional a las formas simples heredadas por la primera de las Grandes Logias.

Los registros de la n.º 441, en el 38.º de Infantería, ofrecen un ejemplo de la práctica irlandesa. El trabajo del grado del Arco Real se reanudó en la logia en 1822, cuando se leyó una carta del Diputado Gran Secretario, de la cual aparece el siguiente pasaje en las actas:

> La Gran Logia de Irlanda no emite ninguna otra patente que la que vosotros poseéis: ha sido por tanto siempre práctica de las logias irlandesas conferir los Altos Grados bajo esa autoridad.

La logia Minden, n.º 63, en el 20.º Regimiento, también continuó el trabajo del Arco Real bajo su patente original (del Oficio) hasta 1838, cuando el Gran Capítulo de Irlanda expidió una carta de constitución separada.

Debe aludirse a continuación a la costumbre escocesa de que las logias privadas expidieran autorizaciones o, como se denominaron más tarde, «dispensas», un mal de gran magnitud que suscitó frecuentes quejas en relación a la práctica de hermanos que recorrían el país reuniendo a los miembros que podían para sus propias logias, en detrimento de las «situadas localmente».

La erección de logias filiales por «dispensa» se hizo muy popular en Ayrshire, y una de este tipo permaneció en activo durante ocho años en la milicia del condado, con resultados tan beneficiosos para la logia madre —Renfrew St. Paul— como para justificar que a los titulares de la «dispensa», a expensas de dicha logia, se les «invitara a dos cuencos de ponche» en la ocasión de la entrega de la misma.

En diciembre de 1808 se leyó una carta del agente de confianza de la logia madre en la milicia de Ayrshire, en la que se solicitaba que a los miembros de dicho regimiento se les concediera una dispensa, lo cual fue acordado, con la condición de:

> Que ningún masón pueda ser iniciado, o convertirse en miembro de la dispensa, ni que ningún hombre pueda ser hecho masón bajo ella, si ha sido hallado culpable de alguno de los siguientes delitos por un Consejo de guerra general o regimental, a saber: cobardía, robo, motín o deserción.

Parece haber sido habitual por parte de las logias que otorgaban dispensas, exigir un tributo de la mitad de la cantidad recibida en concepto de cuotas de ingreso, pero la logia madre, «por el deseo de complacer a sus hermanos de la milicia de Ayrshire», pidió «no más de 3 chelines por cada ingresante, 2 chelines y 9 peniques de los cuales se retendrían para sufragar cualquier gasto necesario».

Los registros de la hija irlandesa de la logia de Kilwinning muestran que no solo los miembros de la milicia o los voluntarios, sino también (al menos en un caso) los hermanos de las fuerzas regulares estaban facultados para formar logias filiales y hacer masones durante su ausencia de la sede de su logia madre.

> 22 de julio de 1783. Se tomaron en consideración varias comunicaciones de nuestro Hno. el tte. col. Heath relativas a una patente y dispensa por nuestra parte para celebrar una logia en el 1.° o Regimiento Real (*Royal Regt.*). Se resuelve

que se conceda por nuestra parte una dispensa al Hno. tte. col. Heath y a los caps. Trail y O'Brien para convocar logia y actuar como masones mientras estén ausentes de Dublín.

En el presente capítulo se ha demostrado que las logias del ejército tanto concedían como poseían dispensas, y el tema volverá a reclamar nuestra atención, pero puede lanzarse ya la sugerencia de que el origen de esta costumbre puede rastrearse hasta una fuente escocesa. Volviendo por un momento a la milicia: en 1854, los regimientos 4.º de Middlesex y 1.º de Lancashire estaban destinados en Portsmouth, y los registros de la «Phoenix Lodge» nos informan de que la totalidad de los oficiales de los dos batallones fueron iniciados o admitidos como miembros afiliados.

Explicar la decadencia de la masonería «militar» o, para variar la expresión, el descenso en el número de logias regimentales, no es en absoluto una tarea fácil.

La reducción del ejército de un pie de guerra a uno de paz, aunque fue uno de los factores del caso, no pudo ejercer ni mucho menos tanta influencia como comúnmente se ha supuesto. Tampoco la fusión de las dos Grandes Logias de Inglaterra en 1813 bastará por completo para aclarar lo que de otro modo queda sin explicar respecto a la desaparición de las logias del ejército. Las estadísticas revelan, de hecho, que cincuenta logias regimentales fueron transferidas en el momento de la Unión, de las cuales, con solo seis excepciones, todas trabajaban bajo patentes «Antiguas». Podría parecer, por tanto, a primera vista, que la prevalencia de logias en el ejército británico se vio muy seriamente afectada por el hecho de que la Gran Logia menor de Inglaterra dejara de existir como institución independiente.

La proporción de logias militares respecto a las civiles (en la lista inglesa), que en 1814 era de una por cada doce, había caído a una por cada trescientas en 1878; y ha bajado hasta una por cada mil cien (o algo menos) en 1899.

Las leyes que se promulgaron en 1815, prohibiendo la iniciación de civiles o de militares por debajo del rango de cabo, fueron también grandes innovaciones sobre el uso establecido. Pero en las jurisdicciones irlandesa y escocesa —en ninguna de las cuales hubo una amalgama similar de Grandes Logias, ni legislación restrictiva alguna con respecto a la iniciación de soldados rasos, y cuyas costumbres continuaron ajustándose a lo que había sido la práctica de los «Antiguos»— hubo también, en ambos casos, un marcado descenso (después de Waterloo) en el número de logias militares.

De estas asociaciones no se han conservado registros muy antiguos; pero, por lo que las pruebas nos indican, las logias regimentales del siglo pasado parecen haber tenido su origen en casi todos los casos en el celo de la tropa, y en los pocos casos en que un espíritu masónico ha impregnado a un regimiento entero, el amor por el Oficio parece no haberse extendido de arriba hacia abajo, sino de abajo hacia arriba: es decir, desde el cuarto de banderas de los soldados hacia el comedor de oficiales.

Hacia finales de siglo, sin embargo, no faltan indicios de que estaba surgiendo la costumbre de celebrar logias en los regimientos cuya membresía estaba limitada a los rangos de oficiales con mando.

La primera «logia de oficiales» (de la que se tiene constancia) fue establecida por la Gran Logia de Irlanda en el 32.º de Infantería. La patente, n.º 617, fue emitida en 1783 y posteriormente «borrada por negligencia» en algún momento después de 1785 y antes de 1792 (pág. 52). Antes, después y durante todo este período hubo una logia escocesa, la n.º 73 —presumiblemente el lugar de reunión de los suboficiales y soldados—, en el mismo batallón.

Los anales de la Gran Logia de Escocia suministran el siguiente ejemplo. En 1801 se concedió una carta de constitución (n.º 274) para la «Orange Lodge» a los oficiales del 51.º Regimiento; existiendo al mismo tiempo otras dos logias en el cuerpo con el mismo nombre, bajo patentes irlandesa y «Antigua», cada una de las cuales, resulta algo singular relatarlo, portaba el número 94.

Determinar si estos síntomas apuntan a un relajamiento gradual del vínculo masónico que unía al soldado británico con su oficial es algo que supera mi competencia. El soldado que ha visto servicio está ciertamente, en un sentido, altamente educado, y es siempre buena compañía. En cuanto a los requisitos de la disciplina y la necesidad que se supone existe de que los oficiales mantengan las distancias con los soldados para preservar su dignidad, recuerdan un dicho familiar del sagaz Goethe: que la verdadera razón por la que tanta gente tiene miedo de mezclarse con aquellos a quienes consideran sus inferiores sociales es el vago temor de que, si abandonaran así las ventajas del privilegio, podrían no ser capaces de mantener su posición por su mérito personal. Un oficial tiene razones para temer la sociedad familiar de un soldado raso cuando este último es verdaderamente su superior en carácter e inteligencia, pero no en caso contrario. Es, además, un hecho curioso que los soldados rasos de Inglaterra, aunque procedentes de las clases más humildes de la sociedad y escasos en número comparados con los cientos de miles forzados a ingresar en las filas de los ejércitos continentales, han superado sin embargo a todos los extranjeros (de su misma condición social) tanto en las letras como en las armas. Tenemos varios libros sumamente interesantes de aventuras militares escritos por soldados rasos, que transmiten cuadros vívidos de sus hábitos, sentimientos y opiniones, así como de las privaciones a las que estaban expuestos en campaña. Tres obras de este tipo fueron escritas por hermanos militares a los que ya se ha hecho referencia: los soldados John Shipp, John Auton y Edward Costello.

Pero, como ya hemos visto, a partir del año 1815 la práctica de admitir a soldados rasos, excepto como hermanos sirvientes, fue absolutamente prohibida por la Gran Logia de Inglaterra; y, aunque bajo la obediencia irlandesa no existe una ley real sobre el tema, hay todas las razones para suponer que desde aproximadamente la misma fecha los reglamentos de todas las logias militares —regimentales o de guarnición— han contenido una cláusula en un sentido similar.

Podría haber sido, en efecto, una mera coincidencia singular que, con posterioridad a la Unión Masónica de 1813, cuando los soldados rasos fueron inhabilitados para la membresía, la práctica de los oficiales con mando de reunirse como hermanos sin la compañía de los rangos inferiores alcanzara un gran auge. Hubo «logias de oficiales» en Bengala, Madrás y Bombay, y los procedimientos de estos cuerpos, junto con algunas pruebas colaterales sobre el mismo tema derivadas de las actas de una logia de caballería, reclamarán nuestra atención en el próximo capítulo.

La ley inglesa de 1815, que prohibía la admisión de civiles, fue probablemente acatada por los regimientos en servicio en la metrópoli; pero por los que estaban en el extranjero, más especialmente en el Este, fue totalmente ignorada durante muchos años.

La «Lodge of Hope» de Poona fue formada por miembros civiles de la «Orion in the West», de la Artillería de Bombay, en 1825; y en el mismo año la logia «Humanity with Courage», una rama de la «Courage with Humanity», de la Artillería de Bengala, florecía tanto en Penang, en la península malaya, que todo civil de respetabilidad se alineaba bajo su estandarte. La «Union Lodge», en el 14.º de Infantería, entonces estacionado en Meerut, registró como miembro a A. J. Colvin —juez y magistrado— en 1826.

La práctica irlandesa de restringir la libertad de sus logias militares solo cuando se calculaba que podía ser perjudicial para los intereses de sus logias estacionarias parece haber evitado siempre cualquier fricción entre ambos cuerpos, y ha permitido a las primeras ser, en varias ocasiones, el medio para establecer logias locales (o civiles) en continentes o islas donde los regimientos a los que estaban adscritas resultaban enviados de servicio. El 1.er regimiento *Royals* (como se mencionó en el presente capítulo) constituyó una logia nueva y estacionaria en Albany (Nueva York) en 1759;

y, posiblemente en una fecha aún más temprana, el 39.º de Infantería formó muchas en el Indostán. En tiempos más recientes (1857), el 4.º regimiento, o *King's Own*, prestaba servicio en las Mauricio, y veintiocho caballeros de Port Louis fueron iniciados en la logia regimental o se afiliaron a ella. El *King's Own* abandonó la isla en 1858, pero antes de su partida los hermanos de la logia militar instalaron a los oficiales de una logia civil, compuesta por diecinueve miembros del cuerpo matriz que permanecieron en las Mauricio. Del mismo modo, la «Lodge of Yokohama», la más antigua de Japón, fue una rama de la «Sphinx Lodge» del 2.º batallón del 20.º de Infantería, que inició a un número suficiente de miembros civiles para permitir que el trabajo de la masonería continuara tras la partida del regimiento de aquel país en 1866.

Ya se han expuesto al lector muchas de las vicisitudes experimentadas por las logias del ejército. Algunos de estos cuerpos dejaron de trabajar debido a la pérdida de sus patentes, otros a causa de que los regimientos a los que estaban adscritos recibieron órdenes de servicio exterior, y quizás el mayor número por la pura incapacidad de continuar sus labores con una insuficiencia de miembros. Pero hubo una razón adicional por la que ciertas logias llegaron a un final prematuro. El consentimiento del oficial al mando para su formación original parece haber sido siempre esencial, y en cualquier momento posterior, según parece por las pruebas a mi disposición, mediante el decreto (*fiat*) del coronel de turno, el permiso podía ser revocado. Entre los años 1805 y 1846 se cerraron logias de esta manera sumaria en los regimientos de dragones 3.º y 11.º, en los de infantería 13.º, 18.º y 85.º, y en la 1.ª milicia de Lancashire.

Existen algunos ejemplos de «clausura» por una autoridad incluso superior. La patente n.º 295 del 4.º de Dragones, hoy reavivada, fue devuelta a la Gran Logia «debido a la desaprobación de las autoridades militares» en 1830. El caso del 38.º de Infantería fue muy singular. Una logia irlandesa, la n.º 441, en este regimiento, tras muchos períodos de inactividad, fue reavivada en Limerick en 1840, pero el comandante en jefe en Irlanda, sir Edward Blakeney, instigado por el lord teniente, ordenó perentoriamente que cesaran las reuniones y que «todos los documentos relacionados con la institución fueran devueltos inmediatamente a la sociedad matriz». La patente, por tanto, fue enviada a la Gran Logia, cuerpo del cual, sin embargo, se recibió una indicación en 1842, estando el 38.º entonces en Corfú, de que estaba tanto a disposición de los miembros como cuando estaba en su propia posesión; y ese mismo año la caja que la contenía, que no había sido abierta, fue devuelta al regimiento, en cuya custodia (aunque la logia aparentemente ha exhalado su último suspiro) aún permanece.

En 1863 se estableció una logia en la 37.ª Compañía de los Ingenieros Reales, pero la patente fue retirada y la cuota devuelta por orden del Gran Maestro de Inglaterra en 1864.

De las logias formadas en regimientos de voluntarios, dos de las más famosas son la «Edinburgh Defensive Band», erigida en 1782, y la «First Volunteer Lodge of Ireland», que nació al año siguiente. La «Edinburgh Defensive Band» se levantó hacia el final de la guerra de Independencia de los

Estados Unidos, y unos cincuenta de sus miembros, anticipándose a su disolución, formaron una logia del mismo nombre bajo la Maestría del coronel del regimiento, Andrew Crosbie, quien figura en las páginas de sir Walter Scott como Pleydell, el abogado de Bertram en *Guy Mannering* (*Guy Mannering o el astrólogo*).

La «First Volunteer Lodge of Ireland» se estableció en 1783, y Henry Grattan, el afamado orador y estadista, fue propuesto y elegido en 1784. Los miembros vistieron el uniforme regimental durante casi sesenta y un años, hasta que se resolvió que «la vestimenta fuera pantalón y frac negros, con solapas de satén y cuello de terciopelo, con chaleco blanco». Las «solapas de satén» eran del mismo color que el uniforme.

Las logias que existen en la actualidad en las fuerzas de voluntarios, tanto en la metrópoli como en el extranjero, son muy numerosas, pero a los ejemplos ya dados solo añadiré un tercero, a saber, la «Fitzroy», en la Honorable Compañía de Artillería de Londres. El rango exacto, en efecto, de este antiguo y distinguido cuerpo nunca se ha establecido definitivamente. Según su historiador, «los miembros son clasificados habitualmente con los Voluntarios, cosa que, hablando con propiedad, no son; y sigue siendo una cuestión abierta si los oficiales tendrían precedencia antes o después de los de la Milicia, o junto con ellos según las fechas de sus despachos».

Una lista de las logias en ciudades de guarnición o plazas fortificadas, que son (o fueron) de carácter militar, aunque estacionarias, me llevaría demasiado lejos. Bastará decir que allí donde los miembros de los servicios de mar o tierra estaban destinados permanentemente, la masonería florecía. Los nombres de las logias «Friendship» e «Inhabitants», en Gibraltar; «St. John and St. Paul», en Malta; y «Pythagoras», en Corfú, estarán asociados a recuerdos muy gratos para aquellos hermanos que han servido en el Mediterráneo. Del mismo modo, los recuerdos de las logias en otras partes del imperio no serán menos apreciados por los oficiales con mando, suboficiales y oficiales técnicos que, durante sus turnos de servicio, han disfrutado del beneficio de la fraternidad masónica en las Indias Orientales y Occidentales, Australasia, el norte y sur de África, el Lejano Oriente y en las diversas provincias que hoy se conocen colectivamente como el Dominio del Canadá.

Una característica notable de la masonería de nuestros tiempos ha sido el extraordinario aumento en el número de lo que comúnmente se describe como «logias de clase». Graduados universitarios, abogados, médicos y los miembros de casi cualquier otra vocación o profesión acostumbran, en periodos establecidos, «a reunirse en el Nivel y separarse en la Escuadra».

Ni se supondrá que tal costumbre imperante sea una que haya sido más honrada por los hermanos de los dos servicios (regulares) «en el incumplimiento que en la observancia». Entre las «logias de clase» en el distrito de Londres se encuentran la «Navy» y la «Household Brigade», de las cuales el príncipe de Gales (almirante de la flota y mariscal de campo) fue el primer Maestro; *Nil Sine Laborc* (Cuerpo de Intendencia del Ejército); «Army and Navy» (principalmente suboficiales y pensionistas); «Comrades» (oficiales técnicos y subroficiales de la Caballería de la Casa Real y la Brigada de Guardias); y *Ubique* (Artillería Real). Las logias «Aldershot Army and Navy» y «Camp» son ejemplos de asociaciones similares en la provincia (y condado) de Hampshire.

Quedan por describir, sin embargo, algunos usos de fecha anterior, y entre ellos el hábito de congregarse en logias, practicado por los prisioneros de guerra en todos los países de Europa. Los *detenus militaires* en Gran Bretaña e Irlanda visitaban a menudo las logias regulares. Gran cantidad de oficiales franceses que fueron internados en Bandon en 1746 y 1747 fueron admitidos como miembros de la «Ancient Boyne Lodge» en esa ciudad irlandesa. Cautivos de la misma nacionalidad experimentaron la amabilidad fraternal a manos de sus hermanos británicos en Leeds en 1761, en Kelso en 1810 y en Selkirk —donde 23 de ellos fueron inscritos como miembros honorarios de la logia de St. John— en 1812.

Los prisioneros de guerra en Basingstoke, en 1756, «hallándose en número competente», formaron una logia, presentando al mismo tiempo su debida sumisión a la (más antigua) Gran Logia de Inglaterra, y se puso una patente a su disposición que, por razones pecuniarias, se vieron obligados a rechazar. Después de esto, una parte de los cautivos fue trasladada a Petersfield, donde, en 1758, formaron una segunda logia y volvieron a presentar su «debida sumisión» a la Gran Logia. En esta ocasión, sin embargo, esta última no tomó nota de sus procedimientos, pero los hermanos franceses, tomando el silencio por aprobación, «continuaron trabajando e iniciando masones hasta mediados de 1759», cuando hubo un nuevo cambio de cuarteles, y algunos de los prisioneros que habían sido trasladados de Basingstoke y Petersfield se unieron para formar una tercera logia en Leeds, que todavía existía en 1761.

Al año siguiente (1762), la Gran Logia de York concedió una «constitución o patente» a cautivos similares «bajo palabra» (*on their parole*) para celebrar logia en el «Punch Bowl», en esa ciudad, «prohibiéndoles, no obstante, hacer hermano a nadie que sea súbdito de Gran Bretaña o Irlanda».

También en Escocia los prisioneros de guerra franceses celebraron logias propias, una de las cuales, «St. John of Benevolence», fue constituida, según parece, por permiso y patente de la logia de Melrose; mientras que la otra debió de reunirse, si no por el permiso directo, al menos por el tácito de la logia «St. John», de Selkirk, cuyas actas registran que los prisioneros celebraban allí una logia de vez en cuando, cuyos procedimientos eran dirigidos por ellos mismos en su propia lengua.

Una logia similar, bajo el Gran Oriente de Marsella, se estableció en Malta tras su ocupación por los británicos. Esta cambió posteriormente su obediencia y se convirtió en *Les Amis en Captivité* en la lista inglesa, pero su vida fue corta y desapareció sin haber realizado nunca comunicación alguna a la Gran Logia.

Al abandonar el tema, cabe observar que la Gran Logia de Inglaterra y la de Escocia votaron sumas considerables en varias ocasiones para el auxilio de los prisioneros de guerra franceses confinados en Gran Bretaña que, tras ser investigados, resultaron ser masones meritorios y, por consiguiente, considerados dignos de asistencia. Es muy digno de elogio que los receptores de esta benevolencia, en todos los casos, prometieran fielmente, si se presentaban oportunidades, realizar actos igualmente amables hacia sus hermanos británicos prisioneros en Francia.

Al cerrar el capítulo, se pueden registrar dos ejemplos comparativamente recientes de la masonería en la guerra. El primero, que el coronel William Fordyce y el teniente Hirzel Carey, del 74.º de Highlanders, muertos en combate durante la guerra cafre, fueron enterrados con honores masónicos por la «Albany Lodge», en Grahamstown, el 9 de mayo de 1852; y el último, que la «Lodge of Integrity», que acompañó al 14.º de Infantería a Crimea, continuó trabajando durante la guerra y en lo más crudo del invierno. Muchos oficiales distinguidos vieron por primera vez la luz de la masonería en esta logia, entre el estruendo de los cañones, y entre ellos lord Eustace Brownlow Cecil, quien fue iniciado en el campamento ante Sebastopol el 24 de mayo de 1855.

CAPÍTULO VI

«¡Progenitor del Ganges, escucha y sonríe! Pronto, de la isla elísea del Oeste, Vendrá un guerrero cuya poderosa voz ¡Hará que tus cien reinos se regocijen! Tan lejos como fluye el imperial Indo, Su mano extenderá la Rosa sagrada». ANÓNIMO

Las logias estacionarias más antiguas de la India, que debieron de participar todas en mayor o menor medida de un carácter militar, se establecieron en Calcuta en 1730, en Madrás en 1752 y en Bombay en 1758. Pero los registros que existen hoy no permiten remontarnos con certeza más allá del año 1774, fecha en la que había logias en las principales sedes del gobierno civil y también en algunas de las estaciones militares, o con las brigadas del ejército. Poco después sobrevino la guerra en el Carnático, y la masonería en la India estuvo a punto de ser barrida por ella. A principios de 1787, había una logia compuesta por suboficiales y soldados en la 3.ª brigada, y otra de carácter similar en Fort William, Calcuta; mientras que en la 4.ª brigada se había establecido recientemente lo que era aparentemente una «logia de oficiales». Al cierre de ese mismo año había dos logias «entre los militares de menor rango» en Calcuta, y en 1788 las autoridades provinciales dirigieron una carta a la Gran Logia (regular) de Inglaterra, de la que extraigo lo siguiente:

> Con respecto a las brigadas, se han dividido en seis de infantería y tres de artillería. Esta regulación ha disminuido el número de oficiales en cada una, y estos estarán más expuestos a traslados que anteriormente. La primera circunstancia será un gran desincentivo para la formación de logias en las brigadas, y la segunda expondría a veces a tales logias al riesgo de ser aniquiladas.

Casi al mismo tiempo, o para ser más precisos, en 1784, había tenido lugar un «renacimiento» de la masonería igualmente importante en Madrás. Es digno de recordarse que por un breve período esta Presidencia predominó sobre todos los demás asentamientos ingleses en la India; y durante la segunda mitad del siglo XVIII, las continuas guerras con los franceses, y después con Haider Alí y su hijo, hacen que el Carnático figure prominentemente en la historia de la India.

El mayor (posteriormente general de brigada) Matthew Horne, del ejército de la Costa, era Gran Maestro Provincial de Madrás (bajo los «Modernos») en 1776, año durante el cual el gobernador, lord Pigot, fue depuesto por el Consejo. El espíritu de partido parece haber sido enconado, y el mayor Horne cerró las logias. Mientras tanto, la masonería «Antigua» o de «Atholl», tan practicada en el ejército, se había introducido en Madrás, y se estableció una logia bajo ese estandarte en Fort St. George. Hacia finales de 1784, sin embargo, las disensiones entre los masones «regulares» se habían apaciguado, y se estableció en Arcot una nueva logia bajo la sanción más antigua, la «Carnatic Military», con la idea de que ocupara en la lista inglesa la posición de la n.º

355, de Tiruchirappalli, cuya patente —que acompañaba al Maestro, el Dr. Terence Gahagan, cirujano del ejército de la Costa en servicio de campaña— había sido capturada con su equipaje en la acción entre el coronel Owen y Haider Alí en 1781.

Entre los fundadores de esta logia, como se relató anteriormente (pág. 103), se encontraban el general de brigada Horne y el capitán (posteriormente sir David) Baird. Este último, que ingresó en el ejército en 1772, había sido seleccionado por lord Macleod (hijo del segundo Gran Maestro de Escocia) en 1778 para ser capitán de la Compañía de Granaderos en el regimiento escocés recién levantado por él, llamado al principio el 73.º, pero después famoso como el 71.º de Infantería Ligera. El batallón llegó a la India en 1780 y, poco después, un pequeño destacamento (de todas las armas), que incluía la Compañía de Granaderos del regimiento de lord Macleod bajo el mando del capitán Baird, fue enviado para auxiliar al coronel Baillie, que estaba en peligro de ser rodeado por el enemigo; pero toda la fuerza fue aniquilada por Haider Alí y su hijo Tipu Sahib. Baird resultó gravemente herido y fue dado por muerto, pero logró llegar al campamento francés, desde el cual, sin embargo, pronto pasó junto a sus compañeros al poder de Haider Alí, quien trató a los cautivos con barbarie oriental. Los infortunados oficiales vivieron durante tres años e hiciere meses en la más terrible agonía, sabiendo que muchos de ellos eran sacados de la prisión solo para ser envenenados o torturados hasta la muerte. Que había otros masones además de Baird entre los cautivos podría inferirse de forma natural, pero la circunstancia queda fuera de toda duda por expresiones como «Prisionero con Tipu», que aparecen junto a los nombres de los miembros en los registros de algunas de las logias de la Costa. El trato inhumano que experimentaron a manos de Tipu Sahib, quien sucedió a su padre como sultán de Mysore en 1782, parecería en verdad del todo irreconciliable con el supuesto hecho de que el hijo de Haider Alí fuera él mismo miembro de nuestra fraternidad. La afirmación se ha hecho de forma muy tajante y se dice que está respaldada por pruebas documentales que no dejan lugar a dudas, pero como la historia misma suena a fábula, lo más seguro será relegar la suposición de que Tipu fuera un «hermano» al limbo de la fantasía, al menos hasta que aparezca alguna prueba sobre la cual pueda ejercerse nuestro juicio.

El prisionero de Haider Alí y Tipu Sahib (que fue liberado en marzo de 1784), el asaltante de Seringapatam, el general de la marcha a través del desierto y el comandante en la toma del Cabo de Buena Esperanza, seguirá siendo siempre, con todo merecimiento, un héroe popular. Había una gallardía caballeresca en su naturaleza que hacía que el *jeu d'esprit* «no 'Baird', sino 'Bayard'» le resultara particularmente aplicable.

El general Horne también había sido prisionero de guerra, aunque su cautiverio no estuvo acompañado de privaciones similares y, de hecho, dejó tras de sí recuerdos muy agradables, ya que experimentó la más fraternal amabilidad de las logias francesas en Reunión y la isla de Francia [Mauricio], a lo cual se refiere con elegancia al final de una carta dirigida por él a los oficiales de la Gran Logia de Inglaterra, el 16 de enero de 1785:

> Antes de concluir, permítanme observar, en justicia a una muy respetable logia francesa en la isla de Reunión, que muchos de nuestros afligidos compatriotas que habían sido hechos prisioneros y llevados a esa isla, y que demostraron ser Hermanos, recibieron de ellos un auxilio y asistencia muy generosos; y aquellos de nosotros que no tuvimos necesidad de ayuda en el aspecto pecuniario, fuimos objeto de grandes atenciones y de todos los esfuerzos por parte de los miembros principales para hacer nuestra situación en la isla grata y agradable. Sabiendo algunos de los caballeros que yo había presidido en la logia de Madrás, en su primera reunión se resolvió que los oficiales de la logia me hicieran una visita y me extendieran una invitación; y en mi visita me distinguieron con una invitación general y la libertad de la logia, la cual encontré dirigida con los verdaderos principios de la masonería, aunque algunas de sus reglas son diferentes de las nuestras.

El renacimiento de la masonería «regular» mediante la formación de la «Carnatic Military» en 1784 condujo a una unión, que tuvo lugar en 1786, entre los masones de «Atholl» o «Antiguos» bajo el teniente coronel Joseph Moorhouse, presidente del Comité Gran Provincial; y los masones regulares o titulares «Modernos», bajo el general Horne, Gran Maestro Provincial. El resultado inmediato fue la apertura de una nueva logia, «Perfect Unanimity», cuya historia, desde 1786 hasta la fecha actual, es, en efecto, la historia de la francmasonería en la costa de Coromandel. De esta logia fue miembro el mayor David Baird, y el teniente coronel Moorhouse fue su Maestro en 1789. Al año siguiente este último, oficial de la artillería de la Costa, al recibir órdenes de servicio, renunció a la silla y murió en el valiente asalto a la puerta Pettah de Bangalore, en marzo de 1791.

Se verá que los francmasones de Madrás se anticiparon a la «Unión» en Inglaterra de manera muy afortunada por veintiocho años. Pero ocurrieron muchísimos casos tras la sanación del cisma en los que se supuso erróneamente que las logias de Madrás trabajaban bajo un estandarte de «Atholl». Esto se debió al hecho de que los hermanos de Madrás, aunque en plena comunión con los «Modernos», realizaban no obstante sus ceremonias según la práctica de los «Antiguos».

En 1802 se concedió una patente «ambulante», la n.º VII —«Unity and Friendship»—, al 33.º de Infantería. Había existido una logia de «Atholl» en este regimiento, la «n.º 90», pero la patente se perdió en Hellevoetsluis en 1795, y los hermanos del 33.º, al solicitar una carta provincial, parecen haber tenido la plena impresión de que se estaban comunicando con masones de «Atholl» o «Antiguos». A su regreso a Inglaterra parecen haber vuelto a su antigua lealtad y reanudaron los trabajos bajo el n.º 90, que había sido concedido de nuevo y enviado a Fort William, Calcuta (aunque evidentemente se perdió en el camino), por la Gran Logia menor de Inglaterra en 1798.

En 1799 se estableció «St. Andrew's Union» en el 19.º Regimiento de Infantería, en Madrás, y fue numerada como X en la Costa. Poco después, el regimiento fue trasladado a Ceilán, y las dificultades de la Logia comenzaron cuando el

Venerable Maestro y nueve de sus miembros fueron masacrados por el Rey de Candía en 1804.

Tras este suceso, la regularidad de la patente fue impugnada por no ser «Antigua», por la Logia «Atholl», n.º 329, en la Artillería Real, que trabajaba en Colombo desde 1802. En un principio, ambas Logias fraternizaron debido a la similitud de sus trabajos, pero posteriormente cesaron toda relación, y los desertores del bando contrario eran recibidos con entusiasmo por ambas partes.

Las Logias de otros dos regimientos, en 1809, aunque admitían libremente que el trabajo era «estrictamente Antiguo», declararon, no obstante, «que la patente era Moderna», y por esa razón «no viajarían» con los hermanos del 19.º de Infantería. Estas eran la (irlandesa) n.º 863, en el 89.º, y una de las dos Logias «Orange» («Antigua» e «Irlandesa»), con el n.º 94, en el 51.º regimiento.

Al año siguiente (1810), los hermanos de la n.º 863 solicitaron a «Carnatic Military» que iniciara a dos candidatos por ellos, y cuando la ceremonia estaba comenzando, un miembro de la n.º 863 ordenó a los hermanos que cesaran inmediatamente, «pues estaban trabajando con masones Modernos, y que derribaría la Logia en diez minutos si continuaban». Tras esto, resulta casi paradójico señalar que, en junio de 1811, un nuevo miembro de «Carnatic Military», siendo masón Moderno, fue pasado por los antiguos trabajos. Tres años más tarde, en la misma Logia, dos Capitanes, descritos como «hermanos modernos», fueron «conducidos por los antiguos trabajos hasta el grado de Maestro Masón»; y, para colmo, la Logia n.º 863, en 1822, renunció a su patente irlandesa, convirtiéndose primero en «Hibernia and Union», n.º XL en la costa de Coromandel, y posteriormente en la n.º 633 en el registro de la Gran Logia Unida de Inglaterra.

Una Logia militar, «Strength and Beauty», n.º VIII, fue constituida en Vellore en 1802, pero tuvo un final prematuro en 1806, cuando la patente fue hallada en el fuerte tras el motín.

Los cuerpos «itinerantes» establecidos en la Costa a menudo compartieron un destino similar, si no idéntico; por ejemplo, la «Lodge of Philanthropists», en la Brigada Escocesa, un regimiento que, tras haber estado al servicio de los Países Bajos desde 1586 hasta 1793, fue incorporado al ejército inglés y se convirtió en el 94.º de Infantería en 1802. De esta Logia —patentada en diciembre de 1801— las Autoridades Provinciales recibieron en marzo de 1806 la siguiente información:

> Hallándose el regimiento durante tanto tiempo en servicio de campaña, la Logia n.º XI ha sido sometida a diversas penalidades, especialmente la de haber perdido dos tercios de sus miembros, entre los cuales se contaban algunos de sus más valiosos y brillantes ornamentos.

No se vuelve a mencionar esta Logia después de 1807, y en la unión de 1813 fue eliminada del registro.

En 1808 se presentó una petición de patente «por algunos Maestros Masones, soldados del Regimiento de Su Majestad de los Royals en Wallahjabad». La solicitud fue concedida, y la «Lodge of Unity, Peace, and Concord», que aún subsiste, fue establecida en el 2.º Batallón de lo que entonces era el 1.º o Regimiento Real, hoy conocido como los Royal Scots. Sin embargo, los peticionarios no eran todos soldados rasos, sino que incluían un gran número de suboficiales; y al año siguiente los oficiales del batallón solicitaron permiso para formar una segunda Logia en el mismo cuerpo, que habría de denominarse «The Officers' Lodge».

El resultado de esta petición no ha quedado registrado, pero abundan los ejemplos, especialmente en la India, de Logias formadas en regimientos cuya membresía estaba restringida a oficiales con comisión. La «Lodge of United Friendship», n.º V, fue formada en Madrás en 1812 por oficiales de la 16.ª Infantería Nativa; «Orion in the West», n.º XV, en Poona, por oficiales de la Artillería de Bombay en 1823; y la «Corinthian Lodge», n.º XIV, en Cannanore, por suboficiales de la 7.ª Infantería Nativa en ese mismo año.

La «tropa inferior» también figura como peticionaria exclusiva de Cartas, pues encontramos que en septiembre de 1818 se recibió una solicitud (remitida por «St. Andrew's Union», n.º X, en el 19.º de Infantería) de tres hermanos, «soldados del 73.º Regimiento de Su Majestad», solicitando una patente de constitución para el establecimiento de una Logia regular en dicho regimiento bajo la denominación distintiva de «St. John's Lodge».

La petición no fue concedida de inmediato, únicamente porque el Gran Maestro Provincial consideraba que Ceilán estaba fuera de su jurisdicción. En consecuencia, se envió respuesta a la n.º X (en el 19.º de Infantería) «indicando que el asunto quedaba aplazado por el momento».

En Bengala, a finales del siglo pasado, se produjo una deserción casi general de la Gran Logia Provincial, y en consecuencia de la antigua o legítima Gran Logia de Inglaterra. Las Logias «True Friendship» y «Humility with Fortitude» (compuestas por suboficiales y soldados) fueron las primeras en transferir su lealtad a los «Antiguos», y la «Marine Lodge» (integrada por personas empleadas en el servicio marítimo del gobierno) siguió pronto su ejemplo.

En el día de San Juan (Navidad) de 1809, estas Logias, acompañadas por la n.º 338 (Antiguos) en el 14.º de Infantería, y una «Dispensation Lodge» que trabajaba bajo una patente concedida por la n.º 338, marcharon en procesión hasta la iglesia de San Juan, en Calcuta, donde el reverendo James Ward pronunció un sermón masónico. Este hecho parece haber reavivado el celo de los «Modernos». Dos de las antiguas Logias fueron reactivadas, y estas, en el día de San Juan (invierno) de 1812, acompañadas por «Humility with Fortitude» y la Logia de «Oficiales» (antiguamente «Dispensation»), n.º 347 en el 14.º de Infantería, marcharon igualmente en procesión hacia la misma iglesia, donde se beneficiaron de un sermón similar pronunciado por el doctor Ward.

El espectáculo de dos Logias de cada una de las Sociedades rivales (inglesas), unidas así en fraternidad masónica, debió de ofrecer, sin duda, un presagio de lo que estaba a punto de suceder al año siguiente respecto a las aún latentes animosidades entre los «Modernos» y los «Antiguos».

Pero el momento había llegado en que la masonería en Bengala echaría raíces en la tierra y florecería como nunca antes lo había hecho. Este período está inseparablemente ligado a la memoria de un gran gobernante de la India, cuyo perfil general precederá al de su carrera masónica.

El conde de Moira

El personaje de este bosquejo, conocido sucesivamente como Lord Rawdon, conde de Moira y finalmente marqués de Hastings, era el hijo mayor del primer conde de Moira. Nació el 7 de diciembre de 1754 y recibió un nombramiento como Alférez en el 15.º Regimiento de Infantería en 1771. Dos años más tarde fue nombrado Teniente en el 5.º Regimiento y embarcó hacia América para tomar parte en la Guerra de Independencia.

Por su valentía en Bunker Hill fue especialmente elogiado por el general Burgoyne, quien declaró en su despacho: «Lord Rawdon ha sellado hoy su fama para toda la vida». Un mes después fue ascendido a Capitán en el 63.º de Infantería, y poco después nombrado Ayudante de Campo de Sir Henry Clinton.

Tras haberse distinguido notablemente en numerosos enfrentamientos con el enemigo, fue ascendido al rango de Teniente Coronel y nombrado Ayudante General de las fuerzas británicas en América en 1778. Por sus servicios en esta función se le confió un mando independiente en Carolina del Sur, obteniendo nuevos laureles en las batallas de Camden —donde mandó un ala del ejército— y de Hobkirk Hill, donde dirigió la totalidad de las operaciones y derrotó al general Greene, uno de los más capaces generales americanos.

Su salud le obligó entonces a regresar a Inglaterra, y el navío en que viajaba fue capturado por la *Glorieuse* y llevado a Brest; sin embargo, pronto fue canjeado, y en 1782 recibió el ascenso al rango de Coronel y fue nombrado Ayudante de Campo del Rey.

Cuando un hombre se ha distinguido notablemente en su juventud y de nuevo en su vejez, no es frecuente que su vida intermedia sea un vacío. Sin embargo, esto es, según la opinión de su biógrafo más reciente, lo que ocurrió en el caso de Lord Rawdon, quien —según se nos dice— nunca se elevó por encima de la mediocridad entre 1781 y 1812.

Este punto, en efecto, es uno sobre el que existen algunas diferencias de opinión, aunque no entre los masones ingleses; pero resultará conveniente exponer en primer lugar el resto de la historia personal de Lord Rawdon como Soldado, Estadista y Virrey en Oriente, tras lo cual concluiré con una relación de aquellos servicios que le dan derecho a figurar como uno de los caracteres más brillantes en los anales de nuestra Fraternidad.

A la muerte de su tío materno, el conde de Huntingdon, en 1789, heredó los estados de aquella antigua y noble familia, y ese mismo año actuó como padrino del duque de York en su duelo con el coronel Lennox, posteriormente duque de Richmond y Gran Maestro Provincial de Sussex.

Por la muerte de su padre, en junio de 1793, Lord Rawdon se convirtió en el segundo conde de Moira, y en octubre siguiente fue ascendido a Mayor General y encargado del mando de una fuerza destinada a cooperar con los realistas franceses en La Vendée. La expedición, sin embargo, resultó un fracaso, y las tropas ni siquiera llegaron a desembarcar.

Al año siguiente, el ejército en Flandes, bajo el duque de York, se hallaba en dificultades, y la batalla de Fleurus hizo desesperada la situación de los aliados. Lord Moira se encontraba entonces acampado cerca de Southampton con 10.000 hombres. Al frente de ellos zarpó hacia Flandes y logró reunirse con el duque de York, que se hallaba casi rodeado por fuerzas enemigas muy superiores en número. Esta fue una de las marchas más extraordinarias que ofrece la historia militar. Después de que el conde hubiera dejado atrás a los ejércitos franceses y pasara junto al cuerpo austríaco mandado por el mariscal de campo Clarfayt, este le saludó con estas palabras: «Milord, habéis hecho lo imposible».

La marcha desde Ostende fue el último servicio activo en el que el conde participó hasta su partida a la India. Fue ascendido a Teniente General en 1798 y a General en 1803. Por aquel mismo tiempo fue nombrado Comandante de las fuerzas en Escocia. En 1804 fue designado Coronel del 27.º de Infantería y, en 1806, Condestable de la Torre.

Acerca de su carácter como alto oficial militar, el general Sir John Doyle, que le conocía bien, observó:

> Ningún hombre poseyó en mayor grado la feliz pero rara facultad de atraerse a todos aquellos que entraban en la esfera de su mando. Cuando veían a su general asumir sobre sí la culpa de cualquier fracaso en la ejecución de sus planes —siempre que no procediera de falta de celo o de valor— y, cuando estos tenían éxito, atribuir todo el mérito a quienes empleaba, cada hombre se sentía seguro: una confianza ilimitada se difundía por todos los rangos, y su ejército se volvía irresistible. Nunca hubo hombre de quien pudiera decirse con mayor verdad: «Él mismo era el único ser que parecía olvidar».

Su sagacidad como estadista no era inferior a su intrepidez como soldado. En la Cámara de los Lores demostró ser un orador claro y capaz, y un hombre juicioso en los asuntos públicos. Sus benévolos y perseverantes esfuerzos en 1801, que dieron lugar a la aprobación de una ley destinada a aliviar las penurias de las personas encarceladas por pequeñas deudas, permanecerán como un monumento de filantropía en nuestros registros parlamentarios.

Lord Moira contrajo matrimonio en 1804 con Flora, condesa de Loudoun por derecho propio, con quien tuvo seis hijos. Fue nombrado miembro del Consejo Privado y designado Maestro General de la Artillería en 1806. Su madre falleció en 1808, y con ello heredó las antiguas baronías de Hastings, Hungerford, etc., vinculadas a la familia Hastings.

En 1812, tras el fracaso de Lord Wellesley en la formación de un gobierno, fue convocado y autorizado para proceder con la delicada tarea de establecer un gobierno de coalición del cual habría sido cabeza. En un primer momento parecía probable que el éxito coronara sus esfuerzos, pero los acuerdos finalmente fracasaron. Lord Liverpool fue nombrado Primer Ministro, y la crisis concluyó.

Poco después fue nombrado Caballero de la Jarretera y, tras la dimisión del conde de Minto, fue designado Gobernador General y Comandante en Jefe en la India. Zarpó de Portsmouth el 14 de abril y desembarcó en Calcuta el 4 de octubre de 1813.

«Al asumir el gobierno de la India», por emplear sus propias palabras, «se le transmitieron no menos de seis discusiones hostiles con potencias nativas, cada una de ellas capaz de desembocar en el recurso a las armas, y los príncipes independientes de la India eran tan numerosos y poderosos que se creían capaces de expulsar a los británicos». Pero al término del mandato de Lord Moira —periodo durante el cual llevó a buen término dos guerras de la mayor magnitud— todos los Estados nativos de aquella vasta región se hallaban en una situación de sometimiento reconocido o esencial a nuestro Gobierno.

James Mill, historiador de la India británica, observa:

> La administración del marqués de Hastings puede considerarse como la culminación del gran plan cuyos cimientos puso Clive, y cuya estructura habían levantado Warren Hastings y el marqués de Wellesley. El pináculo que coronaba la obra fue tarea de Lord Hastings, y por él quedó finalmente establecida la supremacía del Imperio británico en la India.

El personaje de esta memoria, que por sus servicios públicos había sido creado marqués de Hastings, conde de Rawdon y vizconde de Loudoun en 1817, regresó a Inglaterra en 1823, donde, sin embargo, pese a su edad avanzada y a sus crecientes dolencias, se vio incapaz de disfrutar del reposo al que su larga y brillante carrera al servicio de su país le daba justo derecho.

Se decía de él que su considerable fortuna quedó literalmente hundida bajo la benevolencia de su carácter, y su liberalidad fue declarada por un juez, desde el estrado, como «absolutamente superior a todo límite». Mientras mandaba en Southampton (1793-1794), su gasto privado superó las 30.000 libras; y, sin embargo, tal era su delicadeza, que no aceptaba ni paga, ni emolumentos, ni patronazgo alguno mientras las tropas de su campamento permanecían en aquel estado de indecisión que no prometía un servicio real, y esta regla fue observada estrictamente durante todo el tiempo en que estuvo en vigor su comisión.

El mayor Ross de Bladensburg ha sugerido, en la serie *Rulers of India* (*Gobernantes de la India*), que su extraordinario apego al Príncipe de Gales contribuyó en gran medida a la ruina de sus asuntos. «Moira y yo», decía a veces el Príncipe, «somos como dos hermanos: cuando uno necesita dinero, mete la mano en el bolsillo del otro»; y, para ayudar a su ilustre amigo, vendió sus propiedades en Irlanda y gran parte de sus bienes valiosos en Inglaterra. Asimismo, según el mismo biógrafo, durante el exilio de los príncipes Borbones en la Revolución francesa, puso Donnington Park a su disposición. Allí permanecieron varios años, y para satisfacer plenamente sus necesidades dejó en cada dormitorio un talonario de cheques firmado, que el ocupante podía rellenar a voluntad, sin tener que pasar por la humillación de solicitar ayuda pecuniaria.

Es satisfactorio señalar que los regios beneficiarios de su generosidad hicieron un uso moderado de ella. Su gasto en la India se llevó a cabo con gran prodigalidad, y, cuando regresó a Inglaterra, declaró que, tras nueve años de incesante labor en Oriente, era un hombre más pobre que cuando había partido. Se vio, por tanto, obligado a buscar nuevos cargos, y en 1824 fue nombrado gobernador de Malta.

Dos años más tarde su salud cedió, y sufrió una grave lesión a consecuencia de una caída de caballo. Se le prescribió un crucero por el Mediterráneo, pero no logró recuperarse, y falleció a bordo del H.M.S. *Revenge*, en la bahía de Baia, cerca de Nápoles, el 28 de noviembre de 1826. Su cuerpo fue trasladado a Malta y enterrado en las murallas.

> ¿Qué santifica el suelo donde duermen los héroes?
> ¡No son las pilas esculpidas que amontonáis!

Dejó una carta en la que, entre otras peticiones, expresaba el deseo de que le cortasen la mano derecha y la enterrasen, a la muerte de su esposa, junto a ella. El deseo fue cumplido, y ahora reposa enlazada con la de ella en la cripta familiar de la antigua iglesia de Loudoun.

No puede afirmarse con certeza cuándo ni dónde fue recibido en la Sociedad el eminente hombre cuya carrera masónica me corresponderá ahora exponer. Siempre se ha supuesto que fue iniciado en una Logia militar, y, de ser así, su admisión probablemente tuvo lugar bien en la n.º 86, adscrita al 5.º de Infantería, en el que sirvió como oficial subalterno de 1773 a 1775, bien en la n.º 512, en el 63.º Regimiento, al que fue trasladado como Capitán después del sangriento combate de Bunker Hill. Ambas eran Logias irlandesas; pero es con los anales de la masonería inglesa, en los que durante muchos años memorables el conde de Moira —como siempre será más conocido por los estudiosos del Arte— constituye la figura central, con los que principalmente nos ocupamos, y a ellos paso ahora.

En la fiesta anual de la Sociedad celebrada en 1790, Lord Rawdon fue nombrado Gran Maestro en funciones, y conservó ese cargo bajo el Príncipe de Gales, quien, a la muerte de su tío, el duque de Cumberland, fue elegido Gran Maestro e instalado en 1792.

En aquel tiempo, la Revolución francesa había dado lugar a muchas desdichadas disensiones en Gran Bretaña, y, para contenerlas, la mayoría de los cuerpos corporativos del reino y todos los verdaderos amigos de la Constitución presentaron discursos de adhesión al Trono. Se estimó conveniente que la Sociedad de Masones, añadiendo su modesta contribución al número de estos testimonios, manifestase aquel apego al Rey y a la Constitución que las leyes de la institución prescribían. En consecuencia, el 6 de febrero de 1793, la Gran Logia resolvió por unanimidad que se presentase a Su Majestad un discurso redactado por Lord Moira.

Los siguientes pasajes de esta vigorosa exposición de los principios masónicos se leerán con interés en el momento presente, cuando el hijo mayor del Soberano preside de nuevo los destinos de los francmasones de Inglaterra:

> Tal vez pudiera pensarse que, siendo lo que somos, una sociedad privada de hombres unidos por lazos invisibles; que profesamos un secreto misterioso en nuestras reuniones; no sancionados por acto alguno de prerrogativa ni reconocidos por ley alguna, asumimos en esta ocasión un papel y sostenemos un lenguaje para los que no podemos invocar ningún derecho legal ni admitido. Somos ciudadanos libres de un Estado libre, y contamos por muchos millares los miembros de nuestro cuerpo. El Heredero Aparente del Imperio es nuestro Jefe. Fraternizamos con fines de trato social, de asistencia mutua, de caridad hacia los afligidos y de buena voluntad hacia todos; y la fidelidad a la confianza depositada, la reverencia al magistrado y la obediencia a las

leyes están esculpidas en letras capitales sobre el frontón de nuestra Institución.

El 13 de mayo de 1795 se celebró una gran fiesta en el Freemasons' Hall, con el Gran Maestro en la presidencia. El Príncipe de Gales estuvo acompañado por el duque de Clarence y por el príncipe William, posteriormente duque de Gloucester, que había sido iniciado en la *Britannic Lodge* (*Logia Británica*) por el Gran Maestro en funciones la noche anterior. Como brindis final, el Gran Maestro propuso «el conde de Moira», a quien llamó «el hombre de mi corazón y el amigo que admiro», y expresó sinceramente su esperanza de que el Gran Maestro en funciones viviera mucho tiempo para supervisar el gobierno del Arte y extender los principios de la Orden.

El Príncipe de Gales presidió nuevamente la gran fiesta de la Sociedad en 1796, asistido por el príncipe Ernesto Augusto, posteriormente duque de Cumberland y más tarde rey de Hannover, cuya iniciación, informó a los hermanos, había tenido lugar aquel mismo día en una Logia especial celebrada con tal propósito en la casa del conde de Moira.

En 1797 se publicaron dos obras que, aunque hoy se leen raramente, produjeron una inmensa sensación en su tiempo. Fueron escritas por el abate Barruel y el profesor Robison, en el mismo año y sin consulta mutua. El propósito de ambos era demostrar que se había formado y sostenido una asociación secreta destinada a erradicar todas las instituciones religiosas y a derribar todos los gobiernos existentes en Europa; y que dicha asociación había empleado como instrumentos principales las Logias de francmasones.

Estas obras no carecieron de influencia a la hora de inspirar una parte de la legislación de 1799, cuando se aprobó una ley del Parlamento «para la supresión más eficaz de las sociedades establecidas con fines sediciosos y traicioneros, y para prevenir prácticas traicioneras y sediciosas».

Por este Estatuto —39, Jorge III, c. 79— se dispuso que todas las sociedades cuyos miembros estuvieran obligados a prestar cualquier juramento no autorizado por la ley serían consideradas asociaciones ilícitas.

Finalmente, sin embargo, las sociedades reunidas bajo la denominación de Logias de francmasones quedaron, bajo ciertas condiciones, exentas de la aplicación de la ley. Esto se debió principalmente al tacto y a la habilidad del conde de Moira, por cuyos esfuerzos la francmasonería inglesa se salvó de la extinción o, cuando menos, de una obliteración temporal.

El 15 de mayo de 1800, el Rey fue objeto de un disparo desde el patio de butacas del teatro de Drury Lane, y en una Gran Logia especial celebrada en junio, el Gran Maestro en funciones declaró que había sido convocada con el propósito de considerar un discurso apropiado que habría de presentarse a Su Majestad.

En el curso de su intervención, y refiriéndose evidentemente a las obras de Barruel y Robison, «aprovechó la ocasión para aludir a ciertas publicaciones modernas que presentaban a la Sociedad de Masones como una liga contra las autoridades constituidas»; y, aunque admitía «que en países donde prohibiciones impolíticas restringen la comunicación del pensamiento, la actividad de la mente humana podía, entre otros medios de eludir el control, haber recurrido al artificio de tomar prestada la denominación de francmasones para encubrir reuniones con fines sediciosos», afirmó con firmeza «no solo que tal subterfugio no tenía ninguna clase de conexión con los principios de la masonería, sino que era diametralmente opuesto a la unión considerada como fundamento de la Logia, a saber: temed a Dios y honrad al Rey».

En 1805, el conde de Moira, que entonces reunía las funciones de Gran Maestro en funciones de los francmasones ingleses con las de comandante de las fuerzas en Escocia, se convirtió en el feliz intermediario por medio del cual su propia Gran Logia y la Gran Logia del Reino del Norte fueron llevadas a una unión fraternal. Ese mismo año, el 27 de noviembre, y por el mismo conducto, se concertó una correspondencia en términos de amistad y comunicación fraternal con la Gran Logia de Prusia. En esta reunión de la Gran Logia, los hermanos, para manifestar su reconocimiento por los servicios prestados a la masonería por el Gran Maestro en funciones, «acordaron que la fraternidad cenase reunida el 7 de diciembre, por ser el cumpleaños del conde de Moira». La práctica continuó siendo observada por gran número de Logias metropolitanas hasta la partida de Su Señoría hacia la India, y una supervivencia de ella existe todavía en la Moira Lodge, n.º 92, que celebra su fiesta anual el 7 de diciembre, cuando el brindis de la velada es: «La memoria del conde de Moira, patrono de la Logia».

Una alianza amistosa con la Gran Logia de Irlanda, similar a la establecida con la Gran Logia de Escocia, se llevó a cabo por la misma mediación en 1808. La anterior relación masónica de ambas Grandes Logias se había limitado a la Gran Logia cismática de los «Masones Antiguos», secesionistas de la Gran Logia de Inglaterra hacia mediados del siglo anterior.

El conde de Moira, que fue Gran Maestro en funciones —o virtual— de Escocia en 1806 y 1807, desempeñó dos veces en 1809 los deberes ceremoniales inherentes a ese cargo. El 25 de octubre colocó la primera piedra del bastión de Jorge III en Leith, y el 21 de noviembre fue consagrado por él el *Freemason's Hall* (*Salón de los Francmasones*) de Escocia, dedicado a la masonería del modo más solemne. En cada una de estas ocasiones, el conde pronunció uno de aquellos elocuentes discursos por los que era tan justamente célebre.

Hacia finales del año 1812, habiendo sido Lord Moira nombrado Gobernador General de la India, la Fraternidad consideró que solo era justo, en atención a sus elevados méritos, agasajarle con un banquete de despedida y obsequiarle con una valiosa joya masónica como testimonio de su estima.

El día señalado —27 de enero de 1813—, el duque de Sussex, como Gran Maestro Diputado —cargo en el que había sucedido a Sir Peter Parker, almirante de la flota, fallecido en diciembre de 1811—, ocupó la presidencia, asistido por más de quinientos hermanos, entre los cuales se contaban seis duques reales.

Con felices términos, el Presidente caracterizó los servicios prestados por el conde durante los veintiún años en que había presidido los intereses de la fraternidad, diciendo que habían derramado esplendor sobre el Arte y salvado a la

Sociedad de una destrucción total; y en términos aún más felices el invitado de la velada agradeció el cumplido:

> La eminente posición que ocupo aquí —respondió Lord Moira— concentra todos los rayos del Arte sobre mi persona, como lo haría sobre la persona de cualquier otro situado en la misma elevación; y el ilustre Gran Maestro Diputado se esfuerza por persuadirse de que el brillo lunar es la genuina irradiación del sol. Mi verdadera relación con vosotros puede explicarse mejor mediante un apólogo asiático. En los baños de Oriente se emplea arcilla perfumada en lugar de jabón. Se introduce a un poeta, que rompe en un entusiasta torrente de admiración ante el aroma de un terrón de arcilla de esa clase. "¡Ay!", responde la arcilla, "solo soy un pedazo de tierra ordinaria, pero sucedió que entré en contacto con la rosa, y he tomado prestada parte de su fragancia". Yo he tomado prestado el carácter de las virtudes inherentes a esta Institución; y mi mayor esperanza es que, por minúscula que sea la porción con la que así he quedado impregnado, al menos no sea probable que pierda lo que tan fortuitamente he adquirido. La gratitud ocupa un alto rango entre esas virtudes; y, si de algo puedo estar seguro, ha de ser de esto: que la sincera gratitud hacia vosotros no abandonará mi pecho sino con el último latido de la vida.

La viuda del masón

Lord Moira estaba a punto de partir hacia la sede del Gobierno en la India. Pronto miles de millas se interpondrían entre él y el hogar de sus antepasados. ¿Volvería alguna vez a sus sombras como un hombre libre, sin cargas e independiente?

En su espléndida biblioteca de Donnington Park se hallaba ocupado en ordenar papeles, destruir cartas y firmar ciertos largos pergaminos, antes de una prolongada ausencia de Inglaterra. Mientras estaba así ocupado, entró un criado y dijo que una mujer deseaba verle.

«¿Qué asunto la trae?».

«Un asunto militar, milord, según dice».

«No puedo verla, sea cual sea su encargo».

«Así se lo he dicho, milord, pero no acepta una negativa».

«El modo más breve de poner fin a este asunto —dijo Lord Moira amablemente— será que la vea de una vez. Hazla pasar».

«¿Qué podéis querer de mí?», dijo el conde fríamente, al ser ella admitida en la biblioteca.

Ella explicó que su segundo hijo, que sostenía a toda la familia, había sido sorteado para soldado, y que deseaba que Lord Moira consiguiese librarlo.

«No puedo ayudaros —fue la respuesta del conde—; si vuestro hijo ha sido regularmente sorteado y designado para la milicia, debe servir».

«¿Servir? —exclamó la pobre mujer con amargura y vehemencia, como si su dolor estuviera venciendo tanto a la razón como a la prudencia—. Sí, esa es la palabra: "servir". Mis tres hermanos lo hicieron, y cayeron en el campo de batalla. Mi padre lo hizo, y sus huesos yacen en las arenas de Egipto. Mi marido lo hizo, y cayó en combate en La Coruña».

«La viuda de un soldado —dijo Su Señoría, pensativo—. ¿Cómo se llamaba vuestro marido?».

«Isaac Wardroper».

«¿Sirvió alguna vez en el 63.º?».

«Así fue, y se ofreció voluntario desde allí para el servicio en el extranjero».

«¡El 63.º! Algo debería saber yo de ese regimiento —repuso el conde con rapidez—. Tuve una compañía en él». Luego, en tonos más medidos: «Creo recordar a vuestro marido. ¿Cuál era su rango?».

«Cabo pagador», fue la respuesta.

«Cierto —dijo Su Señoría—. Lo recuerdo: un hombre firme y de buena conducta». Entonces, volviéndose hacia el abogado que tenía a su lado, preguntó en voz baja: «¿Cuánto costaría un sustituto?».

El caballero letrado no respondió, pero su mirada hacia los pergaminos que yacían ante ellos parecía decir: «¿Cómo podéis, con una hipoteca tan gravosa como la que estáis a punto de ejecutar, pensar siquiera por un instante en asumir el coste de un sustituto?».

Lord Moira se ruborizó y volvió el rostro. «No puedo intervenir —dijo al fin—; la ley es perentoria y debe obedecerse».

El tono de la voz del conde, o quizá la energía de la desesperación, pudo sugerirle el movimiento; pero, avanzando de nuevo, la mujer dijo débilmente: «Una semana antes, aproximadamente, de entrar en combate por quinta vez, mi pobre hombre puso esto en mis manos y me dijo que, si caía, y si alguna vez yo podía llegar a Inglaterra, tal vez me resultara útil».

Mientras hablaba, entregó a Su Señoría un certificado extendido sobre vitela, junto con ciertas insignias, y esperó, inclinada y desesperanzada, el resultado.

Aquel para quien la masonería era tan querida, cuya devoción a sus intereses nunca varió, que ocupaba un lugar tan elevado en el Arte y en el afecto de los hermanos, extendió la mano y examinó detenida y deliberadamente las diversas insignias; la vitela, su tenor y sus firmas. El escrutinio, al parecer, no dejó sospecha alguna, pues el conde, con una sonrisa, dijo con firmeza y ánimo:

> Vuestro marido, según parece, era masón. De eso estoy satisfecho. Pertenecía, indudablemente, a una Logia militar. Las hay en el ejército; no muchas, ni quizá muy favorecidas por las autoridades, pero existen. Para vos es una fortuna. Idos, y hacedlo con el corazón ligero. Un hijo tan bueno es mejor que permanezca donde está. No os será arrebatado. No necesito agradecimientos. No puedo escuchar nada más; idos, y no temáis por el futuro.

Se consiguió un sustituto para Stephen Wardroper. ¿Quién lo proporcionó? ¿Quién lo buscó? ¿Quién lo pagó? ¿Y quién, antes de terminar la semana, envió por correo un billete de 10 libras a la viuda del masón? La pobre mujer lo conjeturó con acierto, y sin duda también lo hará el lector.

Durante la travesía de Lord Moira hacia la India, el buque en que había embarcado hizo escala en Mauricio; allí, al frente de los masones de la isla, colocó la primera piedra de la catedral católica romana de Port Louis.

El conde, que no solo era Gobernador General y Comandante en Jefe, sino también Gran Maestro en funciones de la

India, llegó a Calcuta el 4 de octubre de 1813. Su primer acto masónico fue constituir una nueva Logia, que recibió su nombre: la «Moira Lodge, Freedom and Fidelity», a la que concedió una patente de constitución el 8 de noviembre de ese mismo año.

El primer Venerable Maestro fue el mayor general Sir William Keir Grant; los Vigilantes, el coronel C. J. Doyle y el comodoro John Hayes; y uno de los fundadores —o de los primeros miembros—, el mayor general Sir Rollo Gillespie.

El Gran Maestro en funciones, a quien el 11 de diciembre de 1813 se presentó un discurso de felicitación por su llegada sin novedad a la India, pronunció en respuesta un discurso muy elocuente ante los hermanos de Calcuta, declarando que «la difusión de un espíritu de benevolencia y caridad era el objeto de sus trabajos, y que la verdadera obra de los masones era la adoración del Altísimo».

En la misma ocasión se presentó un discurso a la condesa de Moira. Esta dama —nieta de John, cuarto conde de Loudoun, Gran Maestro de Inglaterra en 1736— era también condesa de Loudoun por derecho propio, y había sucedido en los honores familiares en 1786. Los hermanos expresaron a Su Señoría que no podían negarse la satisfacción de unir a sus felicitaciones a Lord Moira la misma cordial bienvenida hacia ella, y de reivindicar su influencia hereditaria sobre su Fraternidad con sentimientos de igual veneración.

Bajo el benéfico gobierno del conde de Moira como Gran Maestro en la India, que se prolongó durante nueve años, las Logias se multiplicaron, y en aquellos días gloriosos personas de todas las clases se mostraban ansiosas por convertirse en miembros de la Sociedad.

La sabiduría del nombramiento quedó ejemplificada en sus efectos inmediatos. La influencia del gran nombre de Su Señoría, de su rango eminente, de sus altos conocimientos, de su extensa benevolencia y de su eminencia masónica se vio en el nuevo celo que infundió en la Fraternidad. La constante presencia del Gobernador General y Comandante en Jefe entre los hermanos de la India dio vigor adicional al espíritu así inspirado; y, trabajando bajo la mirada de un Gran Maestro tan distinguido por toda virtud masónica, el ardor de aquel espíritu continuó sin disminuir hasta el final de su administración, para honor del Arte, aumento de sus miembros y extensión de sus obras caritativas.

Cuando se notificó que el Gobernador General estaba a punto de dejar su alto cargo y regresar a Inglaterra, los francmasones presentaron al marqués de Hastings —por emplear el título que le había sido conferido en 1817— un discurso de despedida, ofreciendo sus sentimientos unidos de respeto y estima hacia su persona y sus virtudes.

La Gran Logia Provincial de Bengala y ocho Logias particulares tomaron parte en la demostración, reuniéndose el 20 de diciembre de 1822 en el Town Hall de Calcuta y, tras unírseles varios hermanos distinguidos, marcharon en procesión hasta la Government House en número de unos trescientos. En la mayoría de las Logias debía de predominar el elemento militar, pero en tres de ellas la membresía estaba restringida a hermanos de los servicios de mar y tierra.

Estas eran «Courage with Humanity» —hoy n.º 392—, en el Regimiento de Artillería en Dum-Dum, así llamada porque «el valor fue siempre el rasgo principal de la Artillería de Bengala, y la humanidad la gran característica del soldado británico»; «Marine» —hoy n.º 232—, compuesta entonces, como su nombre indica, por personas empleadas en el servicio de Marina del Gobierno; y la n.º 921, bajo la Constitución irlandesa, adscrita al 17.º de Infantería.

La presencia de Logias militares, así como de hermanos militares, prestó un interés particular a la presentación del discurso, y probablemente nada ha superado jamás en patetismo o dignidad la despedida del Gobernador General y Comandante en Jefe como Gran Maestro de los francmasones ingleses en Oriente. Lo hizo con las siguientes palabras:

> Hermanos: El homenaje que me habéis ofrecido conmueve de manera particular mis sentimientos y me llena de gratitud. Así debe ser. Como vosotros mismos habéis observado, cada uno de vosotros ha estampado ya su nombre en el discurso general con que fui honrado hace algunos días. Hay, por supuesto, un motivo para que deseéis presentaros de nuevo, y, como no puedo dejar de comprenderlo, la naturaleza de ese motivo me resulta sumamente halagadora: habéis deseado dar un testimonio más preciso y enfático de mi conducta. Esa observación que los masones ejercen recíprocamente unos sobre otros, no como privilegio, sino como deber, obliga al Arte a ser estricto en la profesión pública de su opinión, de modo que, cuando puede elogiar, el elogio queda avalado por la cautela que todos conocen. Vuestra aprobación hacia mí puede estar equivocada; puede ser inmerecidamente parcial; puede hallarse exagerada

en sus términos, pero debe ser sincera, y como tal la recibo en mi corazón.

Me habéis dado las gracias por el estímulo que he dado aquí a la masonería y por la vigilancia que he ejercido para conservarla en un curso recto. Ese cuidado tutelar me incumbía por la superintendencia que he desempeñado. Pero no he considerado el cumplimiento de tal obligación como un deber árido.

He sentido un vivo interés por promover aquello que creo altamente beneficioso para la sociedad. El velo tendido sobre la masonería hace que su actuación sea silenciosa y no observada; sin embargo, la influencia de un cuerpo extendido por todas las clases sociales, que penetra en todos los círculos y difunde —aunque por medio de sus miembros por separado— opiniones elaboradas y maduradas desde épocas remotas en la Hermandad, debe ser poderosa en sus efectos. Creo que las huellas de su útil predominio pueden descubrirse si dirigimos la mirada a los tiempos antiguos. Reflexionad sobre aquel estado de semibarbarie que fue la condición de todos los Estados de Europa en edades no muy lejanas. ¿Qué causa aparente hubo para una mitigación repentina y rápidamente progresiva de las rudas opresiones que caracterizaban la época? Si no puede señalarse con seguridad ninguna de ellas, ¿no es razonable recurrir a una agencia que, mientras permanece discreta, debe ser por su propia naturaleza activa?

El secreto observado en los procedimientos masónicos, y el rígido escrutinio ejercido sobre el carácter privado de los candidatos a la admisión, excitaban la curiosidad de los rangos superiores y, al mismo tiempo, eliminaban todo temor a desacreditarse convirtiéndose en miembros de la Fraternidad. Una vez iniciados, recibían lecciones que nunca habrían podido alcanzarles en ninguna otra situación. Se les enseñaba que, a través de las necesarias gradaciones de una comunidad, y en medio de las inevitables distinciones nacidas del talento o de la propiedad, el hombre seguía siendo hermano del hombre. Adoptada una vez esta posición primaria, todos los corolarios derivados de ella eran fácilmente aceptados.

La doctrina asimilada en la Logia se convertía en regla de acción para el hombre poderoso en su esfera pública, y su ejemplo diseminaba los principios de humanidad y justicia hasta los últimos límites de su círculo. Seguramente, esto no es una suposición visionaria. Observad la diferencia de carácter entre las naciones de Europa donde la masonería ha florecido y aquellas en que ha sido proscrita, y dejad que el contraste, tan favorable a las primeras, sostenga mi hipótesis. La prueba será aún más fuerte si dirigís la atención al despotismo, la ferocidad y la degradación de la hombría en las regiones asiáticas, donde ningún rayo casual de masonería ha perforado jamás la oscuridad. En Europa, lo que en otro tiempo fueron solo principios masónicos se halla ahora tan generalmente extendido que hoy sería difícil hacer creer que alguna vez fueron reconocidos únicamente en una sociedad restringida.

Con todo, es bueno que el santuario de esos principios siga existiendo. Nuestras formas no son sino constantes inculcaciones de las reglas morales que deben observarse en todos los tiempos, casos y situaciones. Si he tenido la fortuna de recordarlas en el ejercicio de la autoridad, como tan amablemente queréis persuadirme, me considero sumamente feliz.

Ahora, con el más verdadero espíritu de afecto fraternal, os digo ADIÓS, con esta exhortación de despedida: CONTINUAD TEMIENDO A DIOS, HONRANDO AL REY Y CONSERVANDO PURO EL ARTE.

El marqués de Hastings abandonó la India, donde había restaurado la masonería y se había convertido en el pastor de los fieles, entre los lamentos de su grey. La escena de despedida, que ha sido bien descrita por el doctor Burnes en su oración «On the duties of the Masonic Soldier» («Sobre los deberes del soldado masón»), se encontrará en el presente volumen, y no hay nada en los anales de la masonería india que posea igual interés para aquellos lectores militares que sean también miembros de la Fraternidad.

Si la sabiduría en el consejo, la elocuencia en el debate, el valor en las armas, el patriotismo invariable y la benevolencia universal son dignos de figurar en las páginas de la historia y en los anales de la francmasonería, entonces, en el carácter del conde de Moira —primer marqués de Hastings—, igualmente célebre como soldado, estadista y gran gobernante del Arte, hallamos una feliz combinación de excelencia masónica y patriótica que ningún transcurso del tiempo debería borrar de nuestra memoria, como tampoco podrá jamás ser superada.

La patente de la «Moira Lodge, Freedom and Fidelity», que fue el único instrumento de su clase concedido por el Gran Maestro en funciones de la India —pues poco después restableció la Gran Logia Provincial de Bengala—, fue devuelta en 1823. Ya se ha dado una breve noticia del primer Venerable Maestro, Sir William Keir Grant (p. 109). El Primer Vigilante, el coronel —posteriormente general Sir Charles William— Doyle, sirvió en los Países Bajos y en Egipto bajo Abercrombie, y mandó una fuerza de Infantería Ligera, conocida como «Doyle's Triadores», en la Península, con un éxito tan notable que fue nombrado Teniente General español. El Segundo Vigilante, el comodoro —posteriormente Sir John— Hayes, ingresó en la Marina India, de la que fue uno de los más brillantes ornamentos, en 1781. Mandó una escuadra de nueve buques en la captura de Java y la flotilla armada en la costa de Aracán —como oficial de bandera— durante la guerra birmana de 1825.

El restante miembro de la «Moira Lodge» cuyo nombre ha llegado hasta nosotros fue Sir Robert Rollo Gillespie, de quien se presentará a continuación una breve memoria.

Desde tiempo inmemorial, el Arte ha reclutado entre las filas del ejército británico a hermanos que se han distinguido por su devoción a la masonería y a sus principios no menos que por su gallardía en el campo de las armas. Un brillante ejemplo de ello lo ofrece la carrera del general Gillespie, que nació en Comber, en el condado de Down, y llegó a ser Corneta en el 6.º Regimiento de Guardias Dragones, así como francmasón, en 1783. Algunos años más tarde fue trasladado al 20.º Regimiento de Dragones Ligeros —Jamaica—, con el que prestó muchos servicios en las Indias Occidentales, particularmente en la captura de Tiburon en 1794, y después en Puerto Príncipe, donde su vida se vio amenazada y estuvo a punto de ser ejecutado por orden del gobernador francés, el general Santhonax, en las siguientes circunstancias.

Fue elegido por el comandante en jefe británico como portador de un despacho con una intimación de rendición de la isla, y, habiendo sido enviado bajo bandera de tregua, era tan grande su ansiedad por alcanzar la costa desde la escuadra inglesa que la embarcación encalló y volcó, con el resultado de que tanto la bandera como los documentos se perdieron en el mar. Entonces Gillespie nadó hasta la orilla con la espada en la boca y, aunque le dispararon repetidamente, logró efectuar el desembarco sin recibir daño alguno. Al ser conducido prisionero ante el gobernador, fue acusado de espía y condenado a la horca. Gillespie, sin embargo, advirtió en los botones del gobernador —o de uno de sus oficiales— cierto emblema, y recurrió de inmediato al lenguaje de la francmasonería. La señal fue reconocida; fue liberado al instante, espléndidamente agasajado y enviado de vuelta a la escuadra y a sus compañeros de armas, escoltado por una guardia de honor, por orden del general Santhonax.

En 1796, como Mayor, acompañó al general Wilford a Santo Domingo, donde fue nombrado Ayudante General y llegó a ser muy temido por los republicanos. Una banda de ocho desesperados irrumpió en su alojamiento, asesinó a su muchacho esclavo y atacó a Gillespie, quien, sin embargo, se defendió con su espada y mató a seis de sus asaltantes; entonces los otros dos, tras dispararle y herirlo, huyeron. A su regreso a Inglaterra, asistió a una recepción de corte, y Jorge III, al reparar en su diminuta estatura, dijo: «Eh, eh, ¿qué, qué? ¿Es este el hombrecillo que mató a los bandidos?».

Después de la Paz de Amiens, permutó, como Teniente Coronel, al 19.º Regimiento de Dragones Ligeros y, dirigiéndose por tierra a la India, fue nombrado comandante de Arcot, donde estaba estacionado su regimiento. Pero no llevaba allí muchos días cuando, al cabalgar antes del desayuno el 10 de julio de 1806, se encontró con un oficial que le informó de un motín en Vellore. Esta plaza se hallaba a catorce millas de distancia y era el retiro de los príncipes cautivos de la familia de Tippoo.

Partiendo de inmediato con un escuadrón del 19.º y algo de caballería nativa, y ordenando al resto de los dragones que le siguieran con sus cañones ligeros «galloper», Gillespie se apresuró hacia Vellore, donde descubrió que las tropas cipayas habían masacrado a los europeos, con excepción de unos pocos supervivientes pertenecientes al 69.º de Infantería, que habían agotado sus municiones y estaban haciendo su última resistencia. Con ayuda de una cuerda, Gillespie hizo que lo izaran al fuerte, donde alentó al 69.º hasta la llegada de los cañones desde Arcot; entonces las puertas fueron voladas y los dragones, al entrar, abatieron a más de 800 amotinados. La Logia militar de Vellore, como ya se ha narrado, pereció en esta revuelta.

En 1811, Gillespie, como General de Brigada, acompañó la expedición contra Java, y, tras la reducción de la isla, quedó al mando de las tropas. Al año siguiente, al descubrir que una confederación de jefes javaneses había tomado posición en un fuerte poderosamente atrincherado, defendido por 100 cañones y 30.000 hombres, lo atacó sin demora y lo tomó con 1.500 soldados, salvando así, con toda probabilidad, la vida de todos los europeos de la isla.

De regreso en la India como Mayor General en 1813, después de participar durante un breve periodo en la fraternidad masónica con sus hermanos de la «Moira Lodge», fue nombrado, en 1814, para el mando de una de las cuatro columnas que tomaron parte en la invasión de Nepal. El avance de la columna fue detenido por un fuerte de montaña, Kalanga, guarnecido por apenas un puñado de enemigos. Dos asaltos fueron rechazados, y el general británico y 500 de sus hombres murieron.

La gratitud de una nación ha erigido en la catedral de San Pablo un monumento para perpetuar la memoria de Sir Rollo Gillespie, y en la ciudad de Comber, donde nació, sus hermanos masones han levantado una columna en recuerdo afectuoso del héroe cuyas últimas palabras fueron: «Un disparo más por el honor de Down». Treinta y cinco Logias estuvieron presentes en la inauguración del «Gillespie Monument» («Monumento a Gillespie») el 24 de junio, día de San Juan, de 1844, y se dice que los miembros de la Sociedad reunidos en aquella interesante ocasión formaron la mayor asamblea de francmasones jamás vista en Irlanda.

Durante un breve tiempo después de la partida de Lord Hastings, la masonería continuó floreciendo en Bengala, y se sabe que en 1827 existían en aquella Presidencia —o jurisdicción— diez o más Logias de carácter militar, aunque estacionario. Tres de ellas, «Sincerity» («Sinceridad»), en Cawnpore; «Hastings», en Allahabad; y «Northern Star» («Estrella del Norte»), en Barrackpore, estaban compuestas en cada caso por oficiales del acantonamiento y sus alrededores.

Los miembros de las demás, una de las cuales, «Independence with Philanthropy» («Independencia con filantropía»), fue formada entre los rangos inferiores por la Logia «Hastings», de Allahabad, eran suboficiales y soldados.

Pero el cierre de aquel mismo año trajo consigo por un tiempo la aniquilación de todo orden y autoridad constituida. La Gran Logia Provincial cayó en un profundo sueño, y los hermanos militares de «Independence with Philanthropy» izaron el estandarte de la revuelta devolviendo su patente e insinuando que las reuniones futuras se celebrarían bajo una dispensa obtenida de la Logia «Union» en el 14.º de Infantería, hasta que pudiera obtenerse una carta patente de Inglaterra, para lo cual se había presentado solicitud directamente.

Esta última —anteriormente n.º 338, «Antiguos»— fue trasladada, en la fusión de las dos sociedades, como n.º 432, pero, junto con su anterior retoño bajo una dispensa previa, la «Officers' Lodge» («Logia de Oficiales») en el mismo regimiento, había dejado de existir en 1832. La petición de la primera tuvo éxito, y se concedió una patente civil bajo la cual aún existe como la Logia «Independence with Philanthropy», en Allahabad.

Sin embargo, en general, las cartas de las Logias quedaron sin respuesta y sus peticiones desatendidas, estado de cosas que continuó hasta el año 1840, comienzo de una nueva era en la historia masónica de Bengala.

Son muchos los obstáculos para el éxito de la masonería en la India, y quizá el principal sea la naturaleza peculiar de la sociedad allí existente y su propensión a una fluctuación perpetua. La mayoría de las Logias están compuestas principalmente, y algunas exclusivamente, por miembros militares, todos los cuales pueden ser trasladados de determinadas estaciones en cualquier momento.

Por tanto, que una Logia india, salvo en las principales sedes del Gobierno, continúe prosperando o caiga, al menos temporalmente, en decadencia, depende incluso en nuestros propios tiempos del azar de que un número determinado de quienes formen el último relevo sean miembros de la Fraternidad. Pero en tiempos más remotos, cuando no había ferrocarriles y la población europea de la India era apenas una fracción de lo que es ahora, cualquier traslado repentino de masones desde una estación, si no era compensado por la llegada de nuevos hermanos, casi invariablemente tenía como resultado la extinción de una Logia.

A estas observaciones, las Logias en los regimientos constituían, por supuesto, una excepción, pues allí donde se desplazaban los regimientos, las Logias y sus miembros los acompañaban. Con todo, debe recordarse que, en la práctica, las Logias regimentales estaban limitadas a las tropas de la Reina, con la única excepción de la Artillería de Bengala y Bombay. En los regimientos de Infantería Nativa —aunque el experimento se ha intentado en Madrás—, el número de oficiales es demasiado escaso para permitir la posibilidad de establecer en ellos Logias permanentes.

Es, en efecto, a estas Logias regimentales a las que debo, en la medida de lo posible, restringir mis observaciones; pero fueron frecuentes los casos en que se solicitó su ayuda por parte de hermanos militares en circunstancias del carácter siguiente.

Como ya se ha indicado, las Logias estacionarias estuvieron siempre en gran peligro, debido al posible traslado de todos —o de gran parte— de sus miembros por servicio militar; y a esto debe añadirse ahora que no era en absoluto inusual que los miembros cuya defección involuntaria provocaba tan a menudo una catástrofe en la estación de la que eran trasladados se encontraran en una nueva donde no había Logia. En esta dificultad, era costumbre que tales hermanos solicitaran a una Logia regular una dispensa y trabajaran bajo la protección de aquel cuerpo hasta recibir una patente desde la patria.

Algunos masones de Delhi solicitaron en 1834 a sus hermanos de Meerut una constitución de esta clase, que pudiera servirles hasta la recepción de una patente de la Gran Logia de Inglaterra. En esta última estación había dos Logias, una de las cuales, sin embargo, trabajaba ella misma bajo dispensa y, por tanto, no podía dispensar gracia a otra. La otra pertenecía al 26.º de Infantería, n.º 26, bajo la Gran Logia de Irlanda. Esta Logia declinó conceder una dispensa, por la razón un tanto irlandesa de que la «Cameronian Lodge» («Logia Cameroniana») ya había concedido una a otra Logia, de cuya corrección albergaban grandes dudas; y que, hasta haber recibido respuesta de Irlanda, no podían cometer un segundo acto de dudosa legalidad.

La costumbre era, en efecto, muy antigua, y a los ejemplos ya dados de su prevalencia en numerosas jurisdicciones bastará añadir que, en 1782, las Logias de los Nova Scotia

Volunteers, de la Artillería Real y del 82.º de Infantería trabajaban en Halifax, Nueva Escocia, «bajo dispensa de las Logias patentadas n.º 155 y 211», hoy n.º 1 y 2 en el registro de la Gran Logia de Nueva Escocia. Asimismo, una Logia, «n.º 213 Junior», se reunía en la Artillería Real, bajo dispensa del cuerpo matriz con el mismo número «Atholl» —hoy «Albion», Quebec—, en St. John's, Terranova, en 1785.

La práctica, que alcanzó gran boga, cayó necesariamente en desuso con la existencia más generalizada de Grandes Logias Provinciales, y no se ha registrado supervivencia alguna de esta costumbre después de 1840. En ese año hubo un segundo renacimiento de la masonería en Bengala. Tras la partida del marqués de Hastings, había pasado de moda, y las circunstancias bajo las cuales los hermanos militares de todos los rangos en la principal Presidencia se reunieron de nuevo en torno al estandarte masónico serán relatadas ahora.

En 1813, el 17.º de Dragones estaba estacionado en Kaira, en Gujarat, y una Logia inglesa, n.º 361, estaba adscrita al regimiento, que durante muchos años continuó siendo la única en la Presidencia de Bombay. De sus treinta y cuatro miembros, dieciséis eran Caballeros Templarios y diecisiete masones del Arco Real. Veintinueve eran suboficiales, y los restantes, dragones rasos. Los grados trabajados, además de los «tres pasos regulares», eran los de Past Master —en la Logia—; Arco Real, Superexcelente, Marca y Eslabón —en el Capítulo—; y Caballero Templario, San Juan de Jerusalén y Caballero de Malta —en el Campamento—.

Seis oficiales comisionados —de otros regimientos— y un civil fueron admitidos como miembros de la Logia en 1821, y ese mismo año fue remitida y recomendada por la n.º 361 una petición de los siete para obtener una patente de Gran Logia. En las actas aparece una entrada notable bajo la fecha del 22 de agosto de 1821:

> Propuesto y acordado que la reunión quincenal sea enteramente para los hermanos oficiales —militares— de la Logia n.º 361; pero que todas las tasas y derechos por iniciación, etc., correspondan exclusivamente al fondo general de la Logia, y que aquellos hermanos oficiales que ya hayan sido admitidos en nuestra muy honorable Sociedad puedan asistir a la reunión mensual ordinaria si así lo desean, y en la noche quincenal llamar a cuantos miembros antiguos necesiten como asistencia.

Desde aquel momento, y hasta que el regimiento abandonó la India en 1823, hubo virtualmente dos logias adscritas a él: una compuesta por oficiales con comisión y miembros del Servicio Civil, y otra por suboficiales y dragones rasos. En diciembre de 1821, «los hermanos, oficiales con comisión y oficiales de la Logia» se reunieron, y se dispuso que los primeros ocupasen los diversos oficios con ocasión de la festividad de San Juan.

La «Benevolent Lodge», n.º 746, fue debidamente establecida —por recomendación de la n.º 361— en 1822, y todos los peticionarios militares de ella fueron fundadores de otra Logia, «Orion in the West», «instalada» en la Artillería Montada de Bombay, en Poona, en 1823. En esta última solo podían ser miembros los iniciados de la Logia o los oficiales del regimiento, y los suboficiales eran admitidos únicamente como hermanos sirvientes. En 1832, un subalterno del cuerpo, que era «el único oficial no iniciado de la mesa», fue admitido, «aunque menor de edad», por dispensa.

La «Benevolent Lodge», celebrada en un primer momento en Poona, fue trasladada algunos años después a Bombay, capital en la que había trece suboficiales demasiado pobres para establecer una Logia propia y demasiado modestos para solicitar su admisión en lo que se consideraba una Logia aristocrática. Se reunían, sin embargo, mensualmente en el cuerpo de guardia situado sobre la Puerta de Apolo, para instruirse mutuamente en la masonería. Al llegar esto a conocimiento de la «Benevolent Lodge», los trece fueron elegidos miembros honorarios de la n.º 746, por lo que dieron sentidas gracias. En su primera asistencia, cuando concluyeron los trabajos de la Logia y los hermanos pasaron al banquete, se informó a los trece de que les aguardaban refrigerios abajo. Indignados por la distinción así establecida entre masones, abandonaron todos el lugar. A la mañana siguiente fueron llamados por su oficial al mando, que era también uno de los oficiales de la Logia, y se les pidió que explicaran su conducta. Uno del grupo, William Willis —por quien me fue relatada esta anécdota en Poona en 1859—, le dijo que, como masones, estaban obligados a encontrarse sobre el Nivel y separarse sobre la Escuadra; pero, puesto que este principio fundamental no se practicaba en la n.º 746, de la que habían sido elegidos miembros honorarios, no podían participar de su hospitalidad. El asombrado coronel no pronunció palabra, sino que hizo un gesto con la mano para que se retirasen. Desde entonces, la «Benevolent Lodge» —incluidos los trece— se reunió sobre el Nivel, tanto en la Logia como en la mesa del banquete.

Durante la breve existencia de esta Logia, algunos nombres muy ilustres fueron inscritos en su registro (p. 105), y entre ellos el de un famoso iniciado, una breve relación de cuya carrera, combinada con una memoria de su hermano mayor, sobre quien parece haber recaído el manto del marqués de Hastings como gobernante del Arte, se presentará a continuación al lector.

James y Alexander Burnes llegaron a la India y fueron incorporados al ejército de Bombay, el primero como oficial médico y el segundo como cadete, en octubre de 1821. El hermano mayor, el doctor Burnes, autor de *History of Cutch* (*Historia de Cutch*) y de *A Visit to the Court of Scinde* (*Una visita a la corte de Scinde*), después de un meritorio servicio con la caballería y la infantería, regresó a Europa con licencia médica en 1833.

Alexander Burnes, a una edad en que los jóvenes de su patria apenas salían de la universidad, ya había avanzado mucho por el camino de la fama. «Allí donde las almas nacen para elevarse en esferas más altas, el verdadero valor no espera el avance de los años».

Después de partir en una misión ante Runjeet Singh, «el León del Punjab», en Lahore, el viajero infatigable inició, en enero de 1832, su aventurado viaje hacia Asia Central. Entre los países por los que pasó se hallaba Afganistán, y desde Kabul Burnes escribió a su madre:

> La gente me conoce con el nombre de Sekunder, que es el persa para Alexander, y es un nombre magnánimo. Vivo

con un hombre sumamente amable, un nawab llamado Jubbur Khan, hermano del jefe de Kabul.

De este digno hombre refiere una anécdota que será mejor dar con las propias palabras del viajero:

> Tuve el placer de pasar muchas veladas sociables con nuestro anfitrión, el nawab, a quien encontré, como a muchos de sus compatriotas, en busca de la piedra filosofal. Supimos por él la situación de muchas vetas metálicas del país. El buen hombre declaró que debía recibir parte de nuestro conocimiento a cambio de lo que tan libremente nos había contado. Le informé de que pertenecía a una secta llamada francmasones, y le di alguna noticia del Arte. Era una institución, dije, en la que, aunque no cambiábamos los metales más bajos en oro, procurábamos transformar las pasiones más bajas y negras del hombre en filantropía y caridad. Solicitó particularmente que se le admitiera en la fraternidad sin demora; pero, como el número de hermanos debía ser igual al de las Pléyades, lo aplazé para una ocasión conveniente. Creía firmemente que por fin había seguido el rastro de la magia en su tinte más puro, y, de haber estado en mi poder, lo habría iniciado de buena gana.

Al salir de Kabul, «Sekunder Burnes» se dirigió a la ciudad de Bujará, donde recibió toda la amabilidad y hospitalidad posibles. La historia de sus viajes la resume en unas pocas palabras contundentes:

> Vi todo cuanto, antiguo y moderno, podía excitar el interés e inflamar la imaginación: Bactria, Transoxiana, Escitia y Partia; Jorasmia, Jorasán e Irán. Contemplamos los escenarios de las guerras de Alejandro, de las rudas y salvajes in-

cursiones de Gengis y Timur, así como de las campañas y los festines de Babur. En el viaje hacia la costa, marchamos por la misma línea de ruta por la que Alejandro había perseguido a Darío, mientras que el viaje a la India nos llevó por la senda del almirante Nearco.

Burnes llegó a Inglaterra en noviembre de 1833 y fue recibido con la mayor cordialidad como un verdadero hijo de Britania que había prestado gloriosos servicios en Oriente. Su manuscrito encontró rápidamente editor, y de inmediato se admitió que no había aparecido un libro de viajes semejante desde hacía muchos años. Sobre él llovieron honores de toda clase. Ningún teniente, en ninguna época, había recibido jamás una atención semejante. Habría bastado para trastornar la cabeza de cualquier subalterno ordinario, pero Alexander Burnes no estaba hecho de un molde corriente, y sobrevivió a ello.

En febrero de 1834, el joven oficial, en el curso de un discurso pronunciado ante la St. Peter's Lodge, de Montrose, dio algunos detalles interesantes sobre el estado de la francmasonería en Oriente, y declaró que incluso en los distritos más remotos y rudos de Asia que había visitado había hallado indicios de que la masonería había existido allí en otro tiempo, tanto por la tradición como por los restos de varios símbolos masónicos que particularizó.

En agosto siguiente, en una reunión de la misma Logia, tres de sus hermanos —el doctor James Burnes, K. H.; Charles Burnes, de Montrose, posteriormente Teniente en la 17.ª Infantería Nativa de Bombay; y David Burnes, doctor en Medicina, de Londres, que ingresó en la Royal Navy como cirujano en 1826 y se retiró de ella en 1835— fueron inscritos como miembros, habiendo sido iniciados, pasados y elevados en el curso de la velada.

Alexander Burnes rechazó una oferta de la Secretaría de Legación, que habría de ir seguida por el nombramiento superior de ministro británico en la corte de Teherán. Se rio de Persia y de su política, exclamando: «Apunto mucho más alto, y moriré o lo alcanzaré». La India era su campo de acción elegido, y allí regresó con un «despacho flamígero» de la Corte de Directores en el bolsillo, en junio de 1835.

Los restantes acontecimientos de la vida de Sir Alexander Burnes —como poco después llegó a ser— pertenecen a la historia. La tragedia de Kabul de 1841 comenzó con su brutal asesinato a manos de la multitud afgana, y este breve bosquejo de su carrera concluirá con las palabras de su mejor biógrafo:

> Arrebatado en la flor de la vida —«solo treinta y seis años, tan joven, y, sin embargo, ya tanto hecho para la inmortalidad»—, con tanto tiempo restante, como nos parecía a nosotros, mortales de corta vista, para mantener y extender su fama.

Volviendo al doctor James Burnes, no hay nada más notable en los anales de la masonería que la posición absolutamente única que alcanzó en el Arte en menos de tres años desde la fecha de su iniciación en Montrose. En 1836 fue nombrado Gran Maestro Provincial para la India Occidental, donde, a su regreso, floreció la masonería escocesa, mientras que la masonería inglesa quedó prácticamente dormida hasta el año 1848.

En 1840, el doctor Burnes estuvo durante algún tiempo en Bengala, y el renacimiento de la masonería en la India, que había languidecido en la principal Presidencia desde la partida del conde de Moira —primer marqués de Hastings— en 1823, siempre ha estado asociado con la visita a Calcuta del Gran Maestro Provincial de Bombay.

Los discursos del doctor Burnes ante las Logias de Calcuta fueron de carácter muy elocuente, y uno de ellos, pronunciado ante los hermanos de «Humility with Fortitude» —antiguamente una Logia de Artillería— en Fort William, resulta tan pertinente al propósito del presente volumen que no dudaré en reproducir una parte de él en estas páginas.

Sobre los deberes del soldado masón

Siempre he imaginado la masonería como una especie de guirnalda rosada que pudiera entrelazarse alrededor del pilar de hierro de la disciplina militar, comunicando gracia y belleza a su forma sin menoscabar su integridad ni su fuerza; pues es un sistema enteramente opuesto a la opresión y a la insubordinación, que fomenta el apego al oficial, e incluso la devoción, si este es hermano, al mismo tiempo que acrecienta el respeto propio del soldado al hacerle sentir que, en virtud de su valor moral, existe un punto en el que él y su superior militar pueden encontrarse sobre el Nivel, donde las buenas cualidades de ambos pueden llegar a ser prominentemente conocidas entre sí, y donde ninguno obtendría lugar salvo bajo la lengua de la buena reputación, bien acreditada y verdadera.

Todos saben que, incluso en el furor de la última guerra, las cartas, diplomas e insignias de las Logias solían ser devueltos con cortesía después de un combate. Fue apenas anoche cuando el coronel Logan, un bravo oficial de la Península, me refirió una anécdota auténtica que os interesará. Todo un batallón del 4.º de Infantería había sido hecho prisionero, y los oficiales habían sido despojados de todo; varios de ellos lamentaban su suerte en una morada lúgubre cuando, para su sorpresa, vieron pasar a un subalterno de su cuerpo con paso alegre, vestido de uniforme completo. La explicación era muy sencilla: al haberse descubierto que era masón, su uniforme y su equipaje le fueron devueltos de inmediato, y en aquel momento se dirigía, por invitación especial, a cenar con el mariscal de campo francés.

Algunos de vosotros quizá hayáis oído hablar de un grupo de damas y caballeros que fueron hechos prisioneros en la bahía de Bengala por la fragata francesa *La Forte*, pero a quienes se proporcionaron todos los medios de fuga cuando el capitán descubrió que entre ellos se hallaba el Venerable Maestro de una de las Logias de Calcuta. Por la cualificación requerida en las Logias militares, así como por el carácter de nuestra Institución, la insignia masónica se ha convertido en una distinción honorable en las filas del ejército. El pasado día de San Juan tuve el honor de contar con el apoyo del brigadier Valiant, comandante de la guarnición de Bombay, y del coronel Griffith, comandante de la Artillería, dos distinguidos oficiales y masones, quienes afirmaron, en presencia de la Logia militar «Orthez» —6.º de Infantería—, que los hermanos masones habían sido invariablemente los soldados de mejor conducta. También me consta que el Cuartelmaestre General de este ejército declaró públicamente en Agra que, durante su mando del Regimiento Europeo de Bengala, el nombre de ningún hermano masón había aparecido jamás en la lista de faltas.

Hasta aquí, pues, el efecto de la masonería sobre el soldado. Cómo ha templado al oficial apenas necesito referirlo aquí, pues los anales de esta ciudad contienen un glorioso registro de su triunfo; y muchos aún se encienden de entusiasmo al recordar la augusta escena en que Francis, marqués de Hastings, el carácter más caballeresco de los tiempos recientes, movido por la devoción al Arte y el amor hacia todos sus hermanos, descendió de su elevada condición de Gobernador General y Comandante en Jefe de la India y, dentro de los muros de su propio palacio, ofreció la diestra de la amistad, con su bendición de despedida, a cada soldado, individualmente, que llevaba mandil, reconociendo también su orgullo de que los principios masónicos hubieran sido descubiertos en el ejercicio de su autoridad.

En 1846, el doctor Burnes fue nombrado Gran Maestro de los francmasones escoceses en la India, y tres años más tarde sus colegas en la Junta Médica comunicaron al Gobierno de Bombay su profundo pesar por el hecho de que la mala salud estuviera a punto de privar al Servicio Médico del Ejército de un oficial que durante tanto tiempo había sido «su orgullo y ornamento».

Si, en efecto, el estamento militar tiene derecho a ocupar un rango anterior al de la profesión médica, o junto a ella, pero después, en lo que respecta a la influencia que ha ejercido sobre la francmasonería, es cuestión sobre la que habrá diferencias de opinión; pero puede aducirse con confianza que la combinación de ambos fue la condición más favorable —ciertamente en tiempos pasados— bajo la cual podía alcanzarse la más alta distinción en el Arte.

Burnes y Grant, bajo quienes la masonería prosperó tan notablemente en Bombay y Bengala, eran cirujanos militares del establecimiento indio; y del mismo rango militar y médico fue Terence Gahagan, un tercer Gran Maestro Provincial de fecha anterior, por cuya energía y celo, después de la guerra en el Carnático, se impidió que la masonería cayera en un segundo letargo en la Costa de Coromandel.

La masonería en toda la India no podía dejar de verse profundamente afectada por el motín de 1857. Pocos días antes del sitio de Lucknow, veinte hermanos de la «Morning Star Lodge» celebraron la festividad de San Juan. A finales de septiembre, nueve de los presentes habían muerto en combate y tres yacían gravemente heridos en el hospital. El capitán Bernard M'Cabe, del 32.º de Infantería, que, como uno de la «tropa», había servido durante las campañas de Kabul y del Sutlej en el 31.º, murió espada en mano mientras encabezaba su cuarta salida.

Las reuniones de las Logias fueron suspendidas, y el sentimiento fraternal de sus miembros quedó puesto al servicio de una nueva causa. Un oficial de Estado Mayor consigna en su diario:

> 20 de mayo de 1857. Asistí a una gran reunión de francmasones, en la que se resolvió que los servicios de todos los masones de Calcuta fueran puestos a disposición del Gobierno; y todos se adelantaron para mostrar su lealtad inscribiendo su nombre como voluntarios.

Es curioso y digno de nota que, en medio de la devastación general que se produjo durante el motín, los «Templos Masónicos» de los diversos acantonamientos quedaran a menudo totalmente indemnes. Todo lo inglés en Bareilly —personas, casas, mobiliario— fue despiadadamente destruido, todo salvo la casa que los hermanos militares habían usado como Logia francmasónica. Los pobres y supersticiosos cipayos entendían que allí se llevaba a cabo algo misterioso, y que tal vez no fuera seguro ni propicio interferir en ello de ningún modo. Así permaneció en su integridad —al regreso de aquellos que, afortunadamente para ellos, habían abandonado Bareilly antes de la matanza—, sola e ilesa entre las ruinas de la estación inglesa.

CAPÍTULO VII

«Como la propia voz de Dios, en años posteriores, resuena la fama del guerrero, cuya alma alienta a su patria desesperada, que es su más noble Nombre». ALBERT PIKE

Según la tradición, la primera Logia de Francia fue fundada en París por el conde de Derwentwater en 1725; pero todo lo que puede inferirse razonablemente con algún grado de certeza es que, antes de 1738, existían en París una Logia, y en los departamentos dos, regularmente constituidas, junto con algunas otras más o menos irregulares, y que la moda había sido introducida, en un primer momento, por refugiados en la Corte del Pretendiente.

El primer oficial militar francés de la más alta graduación que se unió a la Fraternidad fue el mariscal D'Estrées, «admitido al coste de diez luises de oro», en 1737. Los dos siguientes fueron el conde de Saxe y el duque de Richelieu, también mariscales de Francia.

El primer Gran Maestro histórico fue el Teniente General duque d'Antin, elegido en 1738; y el segundo, Louis de Bourbon, conde de Clermont —oficial del mismo rango militar—, que fue escogido para presidir la Gran Logia de Francia en 1743.

Cuatro de estos hermanos mandaron ejércitos franceses en campaña: el conde de Saxe, en una serie de gloriosas campañas, y los otros tres, en las operaciones menores de la guerra de los Siete Años. Los dos mariscales —D'Estrées y Richelieu— ganaron renombre en Hastenbeck y Kloster Zeven; pero el conde de Clermont fue completamente derrotado por otro comandante de elevada posición militar y masónica, Fernando, duque de Brunswick, en Krefeld; todos estos acontecimientos ocurrieron en 1757.

Por aquel tiempo se multiplicaban nuevos ritos en Francia y Alemania, y en los llamados «grados escoceses», surgidos hacia 1740, tenemos la primera de la legión de adiciones a la francmasonería en el continente. Después siguieron el Capítulo de Clermont (1754), los Caballeros de Oriente (1756) y los Emperadores de Oriente y Occidente (1758). Muchos de los grados absorbidos posteriormente dentro de estos diversos ritos se originaron en las Logias establecidas por prisioneros de guerra, de las cuales las más laboriosas e inventivas fueron las que trabajaban en Berlín en 1757 y en Magdeburgo en 1759-1761.

Existía una gran rivalidad entre los «Caballeros» y los «Emperadores», y a esto debe atribuirse el lamentable cuadro de discordia que presentó la Gran Logia de Francia desde 1760 hasta el final de su trayectoria.

La Logia «Montmorenci-Luxembourg», en el Regimiento de Infantería de Hainault, fue el tallo o tronco del que brotó el Gran Oriente de Francia en diciembre de 1773. El duque de Luxembourg, coronel del regimiento y brigadier de los ejércitos del Rey, era el Venerable Maestro; los Vigilantes, su hijo y el príncipe de Rohan-Guéménée; y entre los miembros —todos los cuales, salvo una excepción, eran nobles— pueden citarse los príncipes de Condé, Ligne, Tarente, Montbazon, Nassau y Pignatelli, y los duques de Lauzun, Coigny y Fronsac. De los primeros oficiales del Gran Oriente, los seis de rango más elevado —incluido el duque de Chartres, Gran Maestro— y casi todos los Grandes Oficiales honorarios eran miembros de esta Logia.

El duque de Chartres —posteriormente duque de Orleans, y guillotinado como «ciudadano Igualdad» en 1793— mandó una división de la flota francesa en la acción contra Keppel, frente a Ushant, en 1778; y aunque su conducta obtuvo el aplauso del pueblo, es dudoso que no se comportara con pusilanimidad. Este príncipe no mostró ningún afán por asumir los deberes de su oficio masónico, y durante varios años el duque de Luxembourg, que adoptó el título de «Administrador General», fue, en todo salvo en el nombre, el verdadero Gran Maestro.

En los archivos del Gran Oriente se conservan los expedientes de unas doscientas Logias regimentales, junto con diversos documentos que pertenecieron antiguamente a las Logias establecidas en Inglaterra —y en otros lugares— por prisioneros de guerra franceses. Por supuesto, existieron otras, de las que solo queda rastro en las listas oficiales. De las antiguas Logias del ejército francés hubo setenta y seis, siendo la última del registro «Parfaite Amitié», en la Infantería Real Italiana, constituida en 1787, cuyo primer Venerable Maestro fue André —posteriormente mariscal— Masséna, ayudante del regimiento.

Aproximadamente un tercio de ellas fueron fundadas por la Gran Logia, y el resto por el Gran Oriente de Francia. La primera de la lista, «Parfaite Égalité», en el «Regiment Irlandais de Walshe», lleva la fecha de 1688, pero solo fue incorporada al registro de la Gran Logia en 1772. La segunda, en la «Infantería de Vivarais», fue establecida en 1759 y, casi sin duda, debe considerarse la más antigua de las dos y, en consecuencia, la Logia decana de su clase en la monarquía de Francia.

Algunos de los regimientos a los que estaban adscritas Logias sirvieron en América durante la Guerra de Independencia, y entre los oficiales militares superiores que los acompañaron se encontraban el duque de Biron —posteriormente mariscal— y el marqués de Lafayette, ambos miembros prominentes del Arte, y cada uno de los cuales probablemente vio la luz de la masonería en una Logia militar —francesa o americana— de la Revolución.

No se constituyeron Logias de campaña en 1788 ni en 1789, y solo ocho entre 1790 y 1801. Cuarenta y tres regimientos tenían Logias adscritas en 1804, de las cuales solo una era anterior a la Revolución, mientras que no menos de treinta y cinco habían recibido patente entre 1802 y 1804. El año 1804 presenció la fundación de una nueva potencia masónica en Francia, en forma de Supremo Consejo —del Rito Escocés Antiguo y Aceptado, una expansión de los Emperadores de Oriente y Occidente— por el conde de Grasse-Tilly, hijo del almirante derrotado por Lord Rodney, «Capitán de Caballería». Este rito ha logrado hoy asentarse firmemente en casi todos los demás países y, por lo general, rivaliza con la gran autoridad del Arte o solo se halla sometido a ella nominalmente.

Cuando Glogau, en Silesia, fue ocupada por los franceses en 1808, trabajaba allí una Logia militar adscrita al cuartel general del VI Cuerpo del Gran Ejército. El Venerable Maestro era el general —posteriormente conde— Jean Gabriel Marchand, y entre sus miembros se hallaban Joseph Delom, distinguido miembro del Estado Mayor General, y Louis Marcognet, General de Brigada, quien posteriormente ejerció un alto mando en Waterloo.

En 1811, el número de Logias en el ejército francés había aumentado a sesenta y nueve. En aquel tiempo se abrían y cerraban con el grito de «¡Vive l'Empereur!». Hay fundamentos para creer que el propio Napoleón fue francmasón y, según Besuchet, su iniciación tuvo lugar en Malta en 1798.

Otras Logias fueron establecidas en los dos años siguientes, pero en 1815 todas habían dejado virtualmente de existir. El Gran Maestro, Joseph Bonaparte, zarpó hacia América, y la superintendencia del Arte quedó confiada a un triunvirato militar formado por el mariscal Macdonald y los generales Beurnonville —posteriormente mariscal— y el marqués de Valence.

Algunas Logias fueron establecidas en regimientos después de la Restauración, pero en 1844 «Cirus», en el 10.º Regimiento de Línea, la última de la larga serie de Logias militares francesas, desapareció de escena. Al año siguiente, el ministro de la Guerra —el mariscal Soult— declaró en una circular dirigida a los coroneles de los regimientos «que era contrario a las normas del servicio que cualquier militar se convirtiera en miembro de la Institución». Soult era él mismo francmasón, y su diploma —o certificado—, hallado en su tienda tras la batalla de Vitoria, que posteriormente pasó a posesión de una Logia escocesa, le fue devuelto por mediación del embajador británico en 1841.

Muchos otros mariscales de Francia del mismo periodo —o de un periodo ligeramente posterior— fueron también miembros y, en la mayoría de los casos, Grandes Oficiales de la Sociedad; por ejemplo, Augereau, Bernadotte, Beurnonville, Brune, Kellermann, Lefebvre, Lauriston, Masséna, Mortier, Murat, Macdonald, Oudinot, Pérignon, Poniatowski, Sérurier y Sebastiani.

El virrey de Italia, el príncipe Eugène, pertenecía asimismo a la Hermandad, al igual que los generales Dumouriez, el conde de Ségur, Junot y el conde de Fernig, junto con el coronel Godefroy Latour d'Auvergne, el «Primer Granadero de Francia».

El mariscal Magnan fue nombrado Gran Maestro del Gran Oriente por el emperador Luis Napoleón en 1862, y conservó el cargo hasta su muerte en 1865. El general Mellinet fue su sucesor, pero declinó la reelección en 1870.

En todo el Imperio alemán, las Logias de campaña o de campamento se consideran meramente auxiliares de las Logias regulares o estacionarias. Las primeras se erigen en todos los casos para servir a un propósito temporal y, antes de que un candidato sea aceptado para la iniciación, se le exige que nombre una de las segundas como la Logia a la que acudirá para su admisión cuando la patente del cuerpo móvil y transitorio sea entregada o retirada. Solo existen en tiempo de guerra o cuando se cree inminente un recurso a las armas.

En el siglo pasado hubo Logias militares —que a veces se convirtieron en Logias de campaña—, una de las primeras de las cuales, «Parfaite Union», fue fundada por prisioneros de guerra franceses en Magdeburgo en 1761. Pero en una fecha mucho más temprana, tanto en el norte como en el sur de Alemania, oficiales militares de alto rango fueron inscritos como miembros de la Sociedad. Francisco, duque de Lorena, posteriormente emperador de Occidente, fue iniciado en 1731, y Federico, príncipe heredero —posteriormente rey— de Prusia, en 1738. A la muerte de su padre, este último fundó la «Royal Lodge», de la que fue Venerable Maestro hasta 1744, y muchos príncipes y soldados distinguidos recibieron la luz de sus manos. El estallido de la guerra desvió entonces la atención del gran Federico hacia otros asuntos, pero durante su reinado surgieron tres Grandes Logias en Berlín, a todas las cuales extendió formalmente su protección, y en la más antigua de ellas —la Gran Logia Madre Nacional de los Tres Globos— ocupó la silla de Gran Maestro.

La masonería nunca ha florecido verdaderamente en Austria, aunque gozó del patronazgo del emperador Francisco, antiguo duque de Lorena (p. 36). Murió en 1765, y la supresión del Arte en los dominios hereditarios austriacos, decretada pero no ejecutada en 1764, se llevó a cabo implacablemente —en ausencia de su brazo protector— en 1795. Tras su muerte, los hermanos de Viena se referían comúnmente a Francisco como «Gran Maestro de la Antigua Logia». Esta era la «Trois Canons» —al principio llamada Gran Logia—, de la que se hizo miembro en su formación, en 1742. Posteriormente se fusionó, hacia 1760, con la Loge Royal Militaire de Vienne (Logia Real Militar de Viena), título derivado del elemento predominante en su composición.

Una Logia móvil (*loge volante* [*Logia volante*]) apareció en escena en 1765. A la muerte del emperador Carlos VI —padre de María Teresa—, los ejércitos francés, bávaro y sajón ocuparon Bohemia, y en noviembre de 1741 Praga fue tomada por los aliados. A instancias del Comandante en Jefe, el conde Rutowski —hijo natural de Augusto II de Polonia y hermano del mariscal Saxe—, que era Gran Maestro de Sajonia, se formó en Leitmeritz una Logia militar llamada «Sincérité», que poco después quedó inactiva, pero que a comienzos de la década de 1760 despertó a nueva vida, y la encontramos trabajando como *loge volante* (Logia volante) en Pilsen en 1765, y posteriormente en Ellbogen y Klattau.

En la guerra posterior de 1778, un regimiento que había estado de guarnición en Klattau recibió orden de marchar a Silesia. Entre los oficiales había miembros de «Sincérité», que solicitaron y recibieron una patente de Praga, en virtud de la cual se fundó una Logia, «Joseph of the Three Trophies» («José de los Tres Trofeos»), que dejó de existir después del tratado de paz, cuando el regimiento fue enviado de regreso a Bohemia. «La Parfaite Union», formada en Magdeburgo por prisioneros de guerra, ya ha sido mencionada. Entre sus miembros había oficiales de nacionalidad austriaca, húngara y croata, quienes, al regresar a sus países nativos, establecieron allí Logias. De estas, la primera parece haber sido la «Lodge of Military Friendship» («Logia de la Amistad Militar»), fundada en Glina, una pequeña aldea de Croacia, en algún momento entre 1764 y 1769.

Volviendo a los dominios de Federico el Grande, en 1768 se estableció en Potsdam una Logia, «Minerva», que al principio constaba únicamente de oficiales militares. La primera «Logia viajera» fue la «Flaming Star» («Estrella Flamígera»), fundada en 1770, al considerarse deseable «sacar a los hermanos de rango militar de todas las Logias y erigir para ellos una Logia separada, que, en caso de guerra, pudiera seguir al campamento y ejemplificar los beneficios de la masonería en campaña». Desde aquel momento, todos los candidatos militares eran enviados a la «Flaming Star» para su iniciación.

En 1778 se produjo una concentración de tropas tanto en Sajonia como en Silesia, y los deberes militares del Venerable Maestro —el capitán C. A. Marschall von Bieberstein— lo llevaron en la primera dirección; lo acompañó la «Flaming Star», mientras que una rama o Logia de «dispensa», bajo el mayor von Kleist, procedió a difundir la luz masónica en la otra.

En 1779, los hermanos se reunieron de nuevo en una sola Logia estacionaria, que aún existe en Berlín.

Siete Logias de campaña, las más importantes de las cuales fueron «Golden Goblet» («Copa de Oro»), «Finger Post» («Poste indicador») y «Army Lodge No. 1» («Logia Militar n.º 1»), fueron formadas entre 1778 y 1797, y otras cinco durante la Guerra de Independencia, que terminó en Waterloo. Una de estas últimas fue establecida por el conde von

Lottom, en cumplimiento de su deseo de fundar una Logia «al enterarse de que el general Blücher iba a mandar el Cuerpo de Ejército en la costa prusiana del Báltico». Este gran soldado era miembro de la «Field Lodge No. 1» («Logia de Campaña n.º 1») en 1812.

Quedan por mencionar dos Logias militares en Fráncfort. Una de ellas —compuesta principalmente por extranjeros— fue formada por el conde Schmettau en 1743, y la otra trabajaba en el Regimiento Royal Deux-Ponts —sucesivamente sueco, francés y bávaro— hacia 1760. Este regimiento, y sin duda la Logia, acompañaron la expedición del general Rochambeau a Norteamérica en 1780, pues esta última aún existía y transfirió su obediencia al Gran Oriente de Francia al término de la guerra, en 1783.

Cinco Logias adicionales en el ejército prusiano fueron formadas en el periodo que terminó en 1820, y las dos últimas de la serie en 1850 y 1861, pero en la actualidad todas las Logias de campaña o de guarnición que existieron en cualquier fecha en Alemania están extinguidas o han dejado hace mucho de poseer carácter militar alguno.

Desde tiempos de Federico el Grande, todos los reyes de Prusia, excepto Federico Guillermo IV y el actual emperador alemán, han sido francmasones. El difunto emperador Guillermo fue admitido en el Arte en 1840, y en 1853 inició a su hijo —y sucesor— Federico Guillermo, en una Logia especial compuesta por representantes de las tres Grandes Logias prusianas. Sobre uno de estos cuerpos, la «Gran Logia Nacional de Francmasones Alemanes», presidió este último como Gran Maestro desde 1860 hasta 1874.

Las demás familias reales de lo que hoy es el Imperio alemán —entre las cuales hubo muchos soldados célebres— fueron también firmes sostenedoras y protectoras del Arte. El miembro más conspicuo de la Fraternidad en Alemania durante la segunda mitad del siglo XVIII fue Fernando, duque de Brunswick (p. 130), que vio el auge y la caída de la Estricta Observancia y que, salvo en los primeros años de su existencia, fue el eje y rector de sus destinos. A su entusiasmo debió esta su éxito; a su juicio más sereno y a su honor escrupuloso, su decadencia. Solo de aquella maravillosa perversión de la francmasonería eran miembros, en 1774, no menos de doce príncipes reinantes.

Un Gran Maestro anterior y fundador de la «Gran Logia Nacional de Francmasones Alemanes» fue J. W. von Zinnendorff, uno de los masones más notables que jamás existieron. Era cirujano militar, y son más numerosos que en cualquier otra profesión los ejemplos de hermanos pertenecientes a los departamentos médicos de los ejércitos que han alcanzado la más alta distinción como francmasones. Los oficiales de elevada posición militar figuran abundantemente como Grandes Maestros alemanes, y entre la «tropa» del Arte en la «patria alemana» ha habido muchos comandantes victoriosos. De la primera clase bastará citar a los generales Federico Augusto, príncipe de Brunswick, que se distinguió en la guerra de los Siete Años y posteriormente mandó en Holanda; J. H. von Schmidt, que combatió con los turcos contra los rusos en 1791 y fue jefe de la Artillería prusiana en el Gran Ejército de Napoleón de 1812; H. W. von Zerchau, también veterano de la campaña de Rusia; el conde Henckel von Donnersmarck, que desempeñó muchos mandos importantes, prestó numerosos servicios activos, escribió una famosa obra militar y fue el principal «Maestro» en la recepción del príncipe Guillermo —después emperador— en 1840; K. F. von Selinsky, Ayudante de Campo del general York en 1813, que posteriormente prestó servicios de gran bravura; los O'Etzel, padre e hijo; y, acercándonos a nuestros tiempos, August von Reinhardt, actual Gran Maestro de la Gran Logia del Sol en Bayreuth.

De la segunda clase, los ejemplos que podrían darse sobrepasarían con mucho los límites de la presente obra, por lo que me contentaré con citar los nombres de G. L. von Blücher, príncipe de Wahlstadt y mariscal de campo, durante muchos años Venerable Maestro de la Logia de Wesel, quien, a lo largo de todas sus numerosas campañas, nunca vaciló en su lealtad a la Sociedad; y del general F. W. Osten-Sacken, posteriormente príncipe y mariscal de campo, que fue miembro muy celoso de la Logia Minerva, en Leipzig.

El general von Scharnhorst, héroe menor, pero patriota igualmente intenso, que también fue francmasón, acompañó a Blücher como jefe del Estado Mayor en la guerra de 1813. Fue este oficial quien, junto con el general Gneisenau, eludió hábilmente la disposición del Tratado de París de 1808, que limitaba el ejército prusiano a 42.000 hombres, entrenando por turnos nuevos contingentes de soldados.

El archivero de la Gran Logia de los Tres Globos en Berlín, que sirvió durante toda la reciente guerra franco-alemana, me informa de que, durante el armisticio de 1871, en Vesoul, asistió a una Gran Logia de Campaña en la que estaban presentes unos 180 oficiales y empleados militares alemanes, y unos 300 oficiales, empleados militares y civiles franceses.

Antiguamente existieron Logias militares y viajantes (*loges militaires et voyageuses* [*Logias militares y viajantes*]) en Holanda, Suecia, Rusia y Bélgica. La primera Logia de Campaña holandesa fue establecida en Maastricht en 1745; la vigesimosegunda y última, en Alkmaar en 1814. La «Logia del Ejército Sueco» (*Svenska Armeens*) fue formada en Greifswald, Pomerania, en 1761. Durante la continuación de la guerra de los Siete Años, la Logia produjo ramificaciones en Greifswald, Stralsund y Christianstadt. Se estableció un fondo de pensiones para soldados heridos, y los beneficiarios de su generosidad llevaban medallas de plata acuñadas a expensas de la Logia. El príncipe Federico Adolfo, duque de Ostrogotia, hermano del Rey, era su Venerable Maestro en el momento de su fallecimiento. En 1781 sus trabajos llegaron a su fin, y los miembros se incorporaron a otras Logias de Estocolmo.

El soldado más famoso cuyo nombre ha quedado registrado en los anales de la francmasonería sueca fue el mariscal Bernadotte, quien, como Príncipe Heredero, fue Gran Maestro hasta su acceso al trono, momento en que asumió el oficio superior de «Vicarius Salomonis», que siempre ostenta el Rey de Suecia reinante.

James Keith, después de probar fortuna en España, entró al servicio de Rusia y fue Venerable Maestro de una Logia, bien en Moscú, bien en San Petersburgo, en 1732. Estuvo presente con su hermano, el conde Marischal, en la Gran

Logia de Inglaterra en 1740 y, al ser llamado de nuevo a Rusia, llevó consigo una comisión como Gran Maestro Provincial, concedida por su pariente, lord Kintore.

En 1744, tras alcanzar el rango de Teniente General, abandonó Rusia, se unió al ejército prusiano como mariscal de campo y, después de desplegar los mayores talentos y valentía, murió en la batalla de Hochkirch, en 1758.

En 1761 se formó una Logia de Campaña en el ejército ruso, que por entonces tenía su cuartel general en Marienburgo, en Prusia Occidental. Una segunda —posteriormente la Logia estacionaria de «Las Tres Torres»—, con el mayor general von Tscheplin como Venerable Maestro, fue establecida en el mismo lugar en 1765. Otras fueron erigidas en San Petersburgo en 1773, y en Kiev, una de las antiguas capitales rusas, en 1784. Una quinta, bajo la presidencia del coronel von Scheffler, trabajaba en Gumbinnen, Prusia Oriental, en 1814; y la última de todas, «Jorge el Victorioso», fue constituida en Francia en 1817.

Los trabajos de todas las Logias rusas fueron suspendidos en 1794, pero diez años más tarde el liberal Alejandro, de quien con buenas razones se supone que fue francmasón, dejó entender que no interferiría en las reuniones de la Fraternidad. Desde entonces y hasta su supresión definitiva, la masonería floreció grandemente en Rusia, y los principales oficiales del ejército se enrolaron bajo su estandarte.

De esto hay abundantes pruebas, pero el asunto queda expuesto con gran claridad por el testimonio de Sir Robert Wilson, distinguido general británico y escritor militar, cuya reputación de valor y capacidad —adquirida bajo el duque de York, Moore, Abercrombie, Baird, Hutchinson y Wellington— se incrementó aún más con las campañas rusa y alemana de 1812-1814, y el emperador Alejandro reconoció el valor de sus servicios colgándole la cruz de San Jorge al cuello en presencia del ejército.

Durante una campaña anterior en Polonia, de la que Sir Robert escribió un *Sketch* (*Bosquejo*), ocurrió un incidente que se registra bajo la fecha del 7 de junio de 1807: «Mientras el mariscal Ney defendía Guttstadt, el general Platov cruzó el Alle, cerca de Bergfried, y sorprendió un puesto enemigo; el oficial francés al mando salvó la vida mediante una señal de masonería justo cuando la lanza estaba a punto de atravesarlo: un hermano estaba cerca y, mediante un esfuerzo, lo preservó».

El general Platov, el célebre hetman de los cosacos, vuelve a ser mencionado por el mismo escritor un mes después en su *Private Diary* (*Diario privado*): «Dijo al Rey que yo no solo era su ayudante, sino su hermano; y que no tenía otro nombre para mí que "Boatt Wilson", que en lengua rusa significa "hermano"».

Lo que esto implicaba queda muy claro en el diario llevado por Sir R. Wilson durante las campañas posteriores de 1812-1814, donde, bajo la fecha «16 de febrero de 1813, Kladova», leemos: «Me sentí muy complacido al encontrar aquí al hermano Platov».

En una página anterior, el general inglés escribe: «25 de noviembre de 1812. Esta mañana llegó repentinamente el Gran Duque Constantino. Me recibió con pruebas muy notables de amistad y con pruebas masónicas de vínculos amistosos».

En fecha muy temprana, la masonería entró en el antiguo Reino de Polonia, donde fue principalmente fomentada y propagada por oficiales militares de rango. Sin embargo, el mayor nombre entre todos los francmasones polacos es el del gallardo Joseph Poniatowski, creado por Napoleón, en el campo de Leipzig, mariscal de Francia. Este príncipe perdió la vida en el río Elster, mientras cubría la retirada del ejército francés en 1813, y al año siguiente se celebró en Varsovia una solemne Logia Fúnebre en su honor.

El cierre de todas las Logias rusas fue decretado sumariamente por un edicto imperial en 1822. La supresión de la francmasonería polaca se había dispuesto el año anterior, y en ambos casos parece haber existido amplia justificación para la acción del zar.

En 1817, Paul Pestel, con algunos otros oficiales, organizó, bajo el título de «Unión de Salvación», una de las primeras sociedades verdaderamente secretas, cuyos estatutos fueron extraídos de los de algunas Logias masónicas. A esta siguieron la «Sociedad de Caballeros Rusos» y la «Unión para el Bienestar Público». Los conspiradores rusos se volvieron entonces hacia Polonia, donde, tras la supresión de la francmasonería, el general Uminsky había fundado en la provincia de Posen una asociación llamada los «Segadores». Por otros francmasones de Varsovia, bajo la guía del mayor Lukasinsky, se había formado la «Sociedad Patriótica», a la que también se dio el nombre de «Francmasonería Nacional». El verdadero objeto de estas asociaciones era la independencia de Polonia.

La muerte del Maestro Arquitecto era el emblema del desmembramiento del Reino. Sus tres asesinos representaban las tres monarquías que habían cooperado en el expolio. Los hermanos de esta masonería espuria representaban a aquellos que fueron enviados tras los asesinos.

Los planes de los conspiradores rusos y polacos probablemente habrían tenido éxito, pero en noviembre de 1825 el Gobierno fue informado del complot, y doce comandantes de regimientos del ejército del Sur, incluido Paul Pestel, que era el alma de toda la conspiración, fueron arrestados.

La asociación del Norte, sin embargo, bajo su principal dirigente, Conrad Ryleief, subteniente retirado, seguía activa, y se decidió provocar una revuelta cuando Nicolás exigiese un nuevo juramento al ejército, sobre la base de que la renuncia de Constantino, su hermano mayor, era una impostura.

La insurrección del 26 de diciembre de 1825 fue sofocada con mano firme por el emperador Nicolás. Paul Pestel y Conrad Ryleief fueron ahorcados, y con ellos expiraron las sociedades secretas de las que eran jefes. La «Sociedad Patriótica» de Polonia, junto con sus diversas ramificaciones, compartió un destino similar, y el trágico fin del mayor Lukasinsky fue comentado en toda Europa. Arrestado en una reunión de la «Sociedad», fue cruelmente torturado, y nada se sabe con certeza de su destino final; pero algunos campesinos del país por el que pasó el gran duque Constantino durante su retirada de Varsovia afirmaron haber visto, encadenado a un cañón y corriendo tras él, a un hombre engrilletado de manos y pies.

El edicto que prohíbe las reuniones de las Logias sigue en vigor, y el periodo está todavía muy lejano, con toda probabilidad humana, en que pueda esperarse un renacimiento de la verdadera francmasonería en los dominios del zar.

Cuatro Logias de Campaña y dos de guarnición —todas las cuales han desaparecido— fueron establecidas en Bélgica: la primera en 1832, la última en 1836.

No se han concedido patentes para Logias de Campaña o del Ejército en ningún momento bajo las jurisdicciones de Suiza, Grecia, Dinamarca, Hamburgo y Darmstadt. En los dominios austriacos la masonería está prohibida y, aunque la proscripción no se extiende a Hungría, el Arte es contemplado con tal recelo por las más altas autoridades militares que pocos, si alguno, de los oficiales del ejército —que son húngaros— se preocupan de arruinar sus posibilidades de promoción profesional solicitando la iniciación.

Muchos de los héroes nacionales, sin embargo, que sirvieron en la guerra revolucionaria, se hicieron francmasones durante su posterior exilio; por ejemplo, los generales George Klapka y Stephen Türr, ambos fundadores —y el segundo, primer Venerable Maestro— de la Logia «Mathias Corvinus», establecida en tiempos más pacíficos en Budapest.

En 1727, dos refugiados jacobitas, Philip, duque de Wharton, y James Keith —posteriormente mariscal—, combatían en las trincheras españolas ante Gibraltar, y fue el primero de estos hermanos quien estableció la primera Logia de la Península, en Madrid, en 1728. El duque, después de dar muchas volteretas políticas, había echado finalmente su suerte con el Pretendiente. Una noche, el par jacobita estuvo a punto de arrojar su vida avanzando hasta muy cerca de los muros de Gibraltar y desafiando o amenazando a los soldados de la guarnición. Le preguntaron quién era, y él respondió sin vacilar: «el duque de Wharton»; pero, aunque aparecía como un rebelde en armas y agravaba aquella ofensa con el uso de un lenguaje sumamente intemperante, no se disparó contra él un solo tiro, y se le permitió regresar a las trincheras. Después del sitio, el Rey de España lo nombró «Coronel agregado» de uno de los regimientos irlandeses, cargo que el segundo de nuestros «Nobles Grandes Maestros» continuó desempeñando —tras desdeñar la oferta de un indulto condicional y, posteriormente, situarse fuera de los límites del perdón mediante la publicación de un libelo escandaloso contra el Rey inglés— hasta su muerte, en 1731.

Tras esto, el Arte decayó, pero se produjo un renacimiento durante la guerra de la Independencia, que, sin embargo, fue sumariamente detenido en 1814 por Fernando VII, quien de un solo golpe abolió la Constitución y declaró a los francmasones culpables de traición. Entre los hermanos encarcelados entonces se encontraba el general Álava —miembro tanto del servicio de mar como del de tierra—, ayudante de campo del duque de Wellington, y de quien se dice que fue la única persona presente tanto en Trafalgar como en Waterloo.

Otros hermanos militares de fecha posterior fueron el general Gomes d'Antrada, Gran Maestro de Portugal, quien, junto con once de sus compañeros masones, fue ejecutado en Lisboa en 1817; el coronel —posteriormente mariscal— Rafael del Riego, el inmortal patriota español, Gran Maestro del Gran Oriente Nacional, quien, en 1823, después de tres años de gloria y honores, fue acusado de alta traición y ejecutado, entre los aplausos del pueblo; el teniente coronel Gálvez, ahorcado en Barcelona en 1829 por el delito de ser francmasón; Tomás Zumalacárregui, el Cid moderno, el gran capitán vasco de las fuerzas de don Carlos en 1834-1836, vencedor sucesivamente de los principales generales de los ejércitos cristinos; Ramón Cabrera, quien en dos ocasiones estuvo cerca de asegurar el triunfo de don Carlos; y el mariscal duque de Saldanha, al frente de los constitucionalistas y francmasones de Portugal después de la guerra de la Independencia, cuya sabiduría en el consejo solo fue igualada por su valor en el campo de batalla.

Entre los francmasones de Italia deben citarse el infortunado almirante Caraccioli, quien, durante la sanguinaria reacción de Nápoles en 1799, fue ahorcado del palo mayor de su propio buque, y su cuerpo arrojado al mar; los generales Schipani, Mantone y Federici, que también fueron ahorcados; el duque de la Torre, quien, junto con otros cinco hermanos militares, fue quemado vivo; Eugène Beauharnais, virrey de Italia y Gran Maestro del Gran Oriente «de la Division Militaire» en Milán, en 1805; Joachim Murat, rey de Nápoles y Gran Maestro del Gran Oriente Nacional en 1809; el general Ventura, que sirvió en el ejército francés bajo Napoleón, combatió en Waterloo y atravesó Afganistán hasta Lahore, donde llegó a ser el principal general de Runjeet Singh; Giuseppe Garibaldi, libertador de Italia, que fue miembro de todas las Logias de aquel país y de muchas en Inglaterra, Francia y América; y Timoleo Riboli, durante varios años Gran Comendador del Supremo Consejo de Italia, ex cirujano jefe del Ejército de los Vosgos, compatriota y cirujano de Garibaldi.

México debe su independencia a los francmasones. Hidalgo Costilla, sacerdote, encabezó la primera revuelta contra los españoles, pero fue capturado y fusilado en 1811; Morelos, de sangre india, cura de Carácuaro, ayudó a enarbolar contra España la bandera de la Revolución, y también fue ejecutado; el general Xavier Mina, natural de España, desembarcó en México con un grupo de voluntarios y combatió por su independencia. Tras la batalla de Tamaulipas, donde fue derrotado y hecho prisionero, fue ejecutado, y sus restos, junto con los de Hidalgo y Morelos, reposan ahora en la «Grande Chapelle Sepulcrale» de Ciudad de México; Ignacio Comonfort y Benito Juárez, soldados y presidentes de México; los generales Mariano Escobedo y Manuel González, dignatarios del Supremo Consejo; y el general Porfirio Díaz, el más distinguido comandante mexicano de su tiempo, que actualmente combina con el cargo de presidente el de Protector del Arte en la República.

Los siguientes hermanos militares de otros países fueron también miembros de la Fraternidad:

El general Paoli, el célebre patriota corso, miembro sucesivamente de la «Nine Muses» —Londres—, de la sociedad secreta y club masónico de la Rue Saint-Nicaise, en París (p. 91), y de la «Prince of Wales's Lodge» —Londres—; Simón

Bolívar, libertador de Sudamérica; el general Páez, presidente de Venezuela, el más emprendedor de todos los oficiales que combatieron bajo las banderas republicanas contra España; José María Monson, capellán católico romano del Ejército de Independencia peruano y después canónigo de la catedral de Trujillo; Abd el-Kader, el heroico emir de Argelia, iniciado en la «Lodge of the Pyramids» en Alejandría, cuya vida fue una ejemplificación práctica de las obligaciones masónicas y los deberes religiosos; el general López, el infortunado héroe cubano, ejecutado a garrote por los españoles en 1851; y el general García, uno de los comandantes nativos en la reciente lucha entre España y América por la posesión de la «Perla de las Antillas».

CAPÍTULO VIII

> Con sus andrajosos uniformes
> estaban los viejos continentales.
>
> «Lírica de la Revolución»
>
> Bajo el césped y el rocío,
> esperando el día del juicio,
> bajo la rosa, los azules;
> bajo los lirios, los grises.
>
> «Himno funerario»

En 1775, Washington fue elegido comandante en jefe del ejército americano, y el mismo día en que recibió su nombramiento se libró la batalla de Bunker Hill, en la que perdió la vida el mayor general Joseph Warren, Gran Maestro de Massachusetts. Según un biógrafo nacional, «esta fue la primera gran ofrenda de la masonería americana en el altar de la libertad, y el suelo de su templo quedó manchado de sangre en su puerta oriental».

El general Washington fue iniciado en la Logia de Fredericksburg, Virginia, en noviembre de 1752, y llegó a ser Maestro Masón en agosto de 1753. En 1779 declinó el oficio de Gran Maestro de Virginia, pero aceptó el de Venerable Maestro de la Alexandria Lodge, n.º 22, en su Estado natal, en 1788. Como presidente de los Estados Unidos, prestó juramento —30 de abril de 1789— sobre la Biblia de la St. John's Lodge, de Nueva York. En 1793 colocó la piedra angular del Capitolio, y en las actas oficiales se le describe como «Gran Maestro pro tempore y Venerable Maestro de la n.º 22, de Virginia». Su muerte tuvo lugar en 1799, y fue enterrado con honores masónicos el 18 de diciembre de aquel año. Al día siguiente, la noticia de su muerte llegó a Filadelfia, donde se hallaba reunido el Congreso, y el 26 de diciembre se rindió un homenaje nacional a su memoria. La Fraternidad masónica figuró entre los principales dolientes, y el mayor general Henry Lee, miembro del Congreso y también «hermano», fue el orador del día. Las palabras, hoy familiares, «Primero en la guerra, primero en la paz y primero en el corazón de sus compatriotas», que tan justamente describen la estima en que Washington era tenido por la nación americana, fueron empleadas en esta ocasión por el general Lee en su discurso.

Henry Lee —padre del gran general confederado Robert E. Lee—, conocido popularmente como «Light Horse Harry», mandó un cuerpo partisano independiente en 1778, y tres años más tarde se incorporó al ejército del general Greene, en cuya retirada ante lord Cornwallis la «Legión de Lee» formó la retaguardia.

En total, diez Logias trabajaron en el ejército americano durante la Revolución, la más antigua de las cuales, «St. John's Regimental», recibió patente de la Gran Logia Provincial de Nueva York en julio de 1775.

«American Union» (p. 142), en la línea de Connecticut, aunque de fecha posterior, fue la primera Logia organizada en el ejército continental, con el que se la describe moviéndose como una columna de luz por partes de Connecticut, Nueva York y Nueva Jersey. La Washington Lodge, en la línea de Massachusetts —a cuyas reuniones acudía con frecuencia el comandante en jefe—, fue constituida en West Point en 1779. El primer Venerable Maestro fue el general John Patterson, y los primeros Vigilantes los coroneles —posteriormente generales— Benjamin Tupper y John Greaton.

La Army Lodge, n.º 27, en la línea de Maryland, recibió patente de Pensilvania en 1780. El primer Venerable Maestro fue el general Mordecai Gist, y los Vigilantes, el coronel —posteriormente general— Otho Williams y el mayor Archibald Anderson.

No se han conservado registros de las Logias de Campaña americanas de la Revolución, salvo una parte de las actas de «American Union» y algunas listas de la «Washington Lodge». Estas últimas solo nos informan de que, en 1782, doscientos cincuenta nombres habían figurado en el registro de la Logia. Las primeras son de carácter más interesante. Los principales oficiales del ejército, y el general al mando, son citados con frecuencia como visitantes, y en todos los banquetes, mientras que el primer brindis era por «Washington» o por el «Congreso», el segundo era invariablemente: «Warren, Montgomery y Wooster», seguido de la Marcha Fúnebre.

El doctor Warren (p. 138) fue el primer hombre distinguido que entregó su vida por la causa de la libertad americana. Richard Montgomery era de nacimiento irlandés y, después de servir en Louisburg, Martinica y La Habana, ingresó en el ejército americano como General de Brigada, y murió en el ataque a Quebec en diciembre de 1775.

Los servicios de David Wooster como oficial naval y militar se extendieron durante cuarenta años, a través de cuatro guerras: contra España, contra Francia, de nuevo contra

Francia y finalmente contra Inglaterra. Fue herido mortalmente, como Mayor General del ejército americano, mientras encabezaba un ataque contra las tropas británicas en 1777.

Existe abundante testimonio de que, mientras fue comandante en jefe del ejército americano, Washington tanto favoreció la formación como alentó los trabajos de las Logias militares; que encontró frecuentes ocasiones de visitarlas, y que no consideró una degradación de su dignidad situarse allí sobre el Nivel con sus hermanos.

En diciembre de 1777, el ejército se retiró a Valley Forge, y fue allí —según pruebas que parecen dignas de confianza— donde fue iniciado el general Lafayette. El oficial francés, aunque había sido recibido con gran calidez y bondad por el general Washington, experimentaba considerable inquietud por la circunstancia de que nunca se le hubiera confiado un mando independiente. Durante el invierno supo que había una Logia trabajando en el campamento. Como el tiempo le pesaba y la rutina del deber era monótona, concibió la idea de que le gustaría ser hecho masón. Al hacerse saber su deseo a la Logia, pronto fue satisfecho, hallándose presente el comandante en jefe y ocupando la presidencia en el momento de su iniciación.

«Despues de que fui hecho masón —dijo Lafayette—, el general Washington pareció haber recibido una nueva luz. Desde aquel momento nunca tuve causa para dudar de su entera confianza. No pasó mucho tiempo antes de que se me confiara un mando independiente de gran importancia».

El 27 de diciembre de 1779 —hallándose entonces el cuartel general del ejército en Morristown, Nueva Jersey—, la

«American Union Lodge» se reunió para celebrar la festividad de San Juan. En esta reunión se nombró un comité compuesto por miembros de las Logias de cada línea y del Estado Mayor del ejército, para considerar la conveniencia de elegir un Gran Maestro General que presidiese todas las Logias de la República. Estuvieron presentes en la ocasión treinta y seis miembros de «American Union» y sesenta y ocho visitantes, uno de los cuales era el general Washington.

Los masones de las diversas líneas se reunieron tres veces en convención, y aunque el nombre de Washington como Gran Maestro designado no aparece en su discurso al ejército, se comunicó formalmente a los cuerpos gobernantes masónicos entonces existentes en América que él era su elección.

La idea de un Gran Maestro General o de una Gran Logia supervisora ha sido reavivada a menudo, pero en ninguna ocasión, salvo cuando fue planteada por primera vez por las Logias militares de la Revolución, tuvo la más leve posibilidad de llevarse a efecto.

Las principales fuerzas del norte bajo Washington estuvieron estacionadas en las orillas del Hudson, cerca de Newburgh, durante el invierno de 1782. Tan bien establecidas se hallaban por entonces las Logias de Campamento, y tan beneficiosa era su influencia, que se construyó una sala de asambleas o salón destinado a servir —entre otros fines— como sala de Logia para las Logias militares. El proyecto fue confiado al general Gates para que lo llevara a ejecución, y se requirió a todos los regimientos su cuota de trabajadores y materiales. El edificio se utilizó por primera vez a comienzos de 1783, y «American Union» se reunió allí en junio de aquel año, como preparación para celebrar con la «Washington Lodge», en West Point, la festividad de San Juan.

Un venerable hermano, el capitán Hugh Maloy, de noventa y tres años, residente en Bethel, en el Estado de Ohio, vivía aún en 1844, y había sido iniciado en 1782 en la tienda de campaña del general Washington. También en aquella ocasión el general ocupó la silla de Venerable Maestro, y de sus manos recibió el candidato la luz de la masonería.

Los siguientes generales del ejército continental figuraron entre los pares masónicos del fundador y primer presidente de los Estados Unidos:

Richard Caswell, que condujo las tropas de Carolina del Norte —Estado del que posteriormente fue gobernador y Gran Maestro— bajo el mando del general Gates, y participó en la desastrosa batalla de Camden en 1780.

Mordecai Gist, que combatió gallardamente por su país desde el comienzo hasta el final de la guerra de la Revolución, fue Venerable Maestro de la Army Lodge, n.º 27; presidente de la convención de masones de las líneas militares en Morristown, Nueva Jersey; y, finalmente, Gran Maestro de Carolina del Sur.

James Jackson, que sirvió con distinción en el ejército continental, fue posteriormente gobernador y Gran Maestro de Georgia.

Morgan Lewis, que acompañó al general Gates como jefe del Estado Mayor en la campaña de 1776 y mandó una división en la posterior guerra con Gran Bretaña de 1812-1815, fue gobernador de Nueva York en 1804 y Gran Maestro desde 1830 hasta su muerte, en 1844.

Israel Putnam (p. 86) mandó un regimiento en la expedición que capturó La Habana y fue una figura destacada en la guerra de la Revolución. Su lápida lleva la inscripción: «Se atrevió a guiar allí donde cualquiera se atrevía a seguir».

Rufus Putnam (p. 144), «el Padre del Noroeste», fue durante algún tiempo ingeniero jefe del ejército americano y mandó una brigada bajo el general Wayne en 1792. Fue hecho masón en la «American Union Lodge» en 1779, y elegido Gran Maestro de Ohio en 1808.

John Sullivan, uno de los más célebres generales de la Revolución, fue elegido gobernador de Nuevo Hampshire en 1786 y Gran Maestro en 1789.

Anthony Wayne, cuyo título popular era «Mad Anthony», ganó gran renombre por su captura de Stony Point, Nueva York, empleándose únicamente bayonetas. Sucedió a St. Clair en el mando del ejército occidental y obtuvo una brillante victoria sobre los indios miami en 1794. La fraternidad masónica erigió un monumento a su memoria en Stony Point en 1857.

El barón de Kalb, mortalmente herido en la batalla de Camden, fue enterrado con honores militares y masónicos por sus enemigos victoriosos; el conde Casimir Pulaski, célebre jefe de caballería, murió en Charleston en 1779; y Benedict Arnold, cuya valentía y devoción insuperables durante las primeras fases de la guerra quedaron, ay, totalmente oscurecidas por la infamia que caracterizó su conducta hacia el final de la misma.

El comodoro James Nicholson —miembro activo de la fraternidad— fue colocado en 1776 a la cabeza de la lista de capitanes de la Marina continental, posición que conservó hasta el final de la guerra. Sus hermanos, Samuel y John, fueron también masones y capitanes navales. El primero, que sirvió con Paul Jones (p. 112) en el combate entre el *Bon Homme Richard* y el *Serapis,* recibió después el mando de la fragata *Deane,* con la que realizó cruceros con mucho éxito; Stephen Decatur fue miembro de la misma Logia que el comodoro James Nicholson y, como este, capitán de la Marina de los Estados Unidos desde su primera constitución. Mandó el balandro de guerra *Delaware* y después el *Philadelphia*; el comodoro Edward Preble, miembro de la «Ancient Landmark Lodge», en Portland, Maine, ingresó en la Marina en 1779 y mandó la escuadra americana en el bombardeo de Trípoli, en 1804; y el comodoro Whipple, miembro de la «American Union Lodge» durante sus primeros días en Marietta, que incendió el *Gaspee* en 1772, fue uno de los oficiales más brillantes del servicio de tierra o de mar.

La primera Logia de Campaña después de la Paz de Versalles (1783) fue formada en la «Legión de los Estados Unidos», mandada por el general Anthony Wayne, en 1793, y se dice que casi todos sus miembros murieron en la guerra india. En 1814, algunos oficiales del ejército del Norte solicitaron a Nueva York una «patente de marcha», que fue remitida a los grandes oficiales, y más tarde, ese mismo año, la Gran Logia de Pensilvania estableció una Logia militar que habría de celebrarse allí donde estuviera destinado en los Estados Unidos el Venerable Maestro de turno.

El general Andrew Jackson mandó ejércitos en campaña en diversas ocasiones, pero es más conocido por su decisiva victoria sobre los británicos en Nueva Orleans en 1815, que puso fin a la guerra. Posteriormente llegó a ser presidente de los Estados Unidos y Gran Maestro de Tennessee.

El general William H. Winder, que mandó en el bando derrotado en Bladensburg, la otra batalla memorable de la misma guerra (1814), fue elegido Gran Maestro de Maryland en 1821.

Los generales Stephen Austin, libertador de Texas, y «Sam» Houston, reconocido héroe de la guerra de Independencia texana, fueron francmasones; también lo fue el coronel David Crockett, hombre de frontera y miembro del Congreso, que combatió en el mismo bando y, tras un duro asedio, se rindió al general Santa Anna, por cuya orden fue ejecutado junto con los demás supervivientes en 1836.

Dos o más Logias acompañaron al ejército americano durante la guerra de México. Los principales comandantes, los generales Winfield Scott y Zachary Taylor, no eran miembros del Arte, pero este último siempre tuvo una alta opinión de la Institución. Poco después de su toma de posesión como presidente de los Estados Unidos, en 1849, dijo que muchos de sus amigos personales y oficiales del ejército con quienes había estado relacionado eran masones, y que él mismo lo habría sido si las circunstancias hubieran sido más favorables para unirse a una Logia; y añadió: «Lo haría ahora, pero ya soy demasiado viejo».

William J. Worth sirvió durante la última guerra con Inglaterra y estuvo presente en las acciones de Chrystler's Farm, Chippewa y Lundy's Lane. En 1842 mandó el ejército que derrotó a los salvajes hostiles en Florida, y posteriormente se distinguió grandemente en las principales batallas de la guerra de México. La Gran Logia de Nueva York dedicó un monumento a su memoria en 1857.

John A. Quitman, Gran Maestro de Mississippi, mandó una división del ejército del general Scott y, cuando la ciudad de México fue tomada, fue nombrado su gobernador hasta que se proclamó la paz.

Durante la reciente guerra civil se establecieron libremente Logias de Campaña en ambos bandos, pero la experiencia de aquel gran conflicto fue decididamente desfavorable a su utilidad. La práctica consistía en expedir dispensas, y cuando los regimientos en que se celebraban eran licenciados del servicio, o cuando los individuos a quienes se habían concedido volvían a la vida civil, las Logias dejaban de existir. Durante la guerra se expidieron más de un centenar de estas dispensas, siendo treinta y tres el mayor número concedido por una sola Gran Logia, como ocurrió en el Estado y jurisdicción masónica de Indiana. No hay Logias en el ejército permanente de los Estados Unidos, y para ello se hallará razón suficiente en el hecho de que los pocos regimientos del ejército regular se encuentran generalmente —si no invariablemente— divididos en pequeñas fracciones, separadas en puestos muy distantes entre sí.

Los hermanos que ostentaron alto rango militar durante la guerra civil fueron muy numerosos, como puede imaginarse por la circunstancia de que la «Miner's Lodge», n.º 273, de Galena, Illinois, compuesta por unos cincuenta miembros, suministró por sí sola cinco generales al ejército federal. Entre ellos estaban John A. Rawlings (p. 89), Ely S. Parker, indio seneca, y William R. Rowley —todos ellos en el Estado Mayor del general Grant—, junto con John Corson Smith, que sirvió en todos los grados, desde soldado raso hasta oficial general, y que después fue vicegobernador y Gran Maestro de su Estado.

Los siguientes hermanos mandaron ejércitos en campaña:

George B. McClellan; Winfield Scott Hancock, cuya carga de bayoneta en Williamsburg obtuvo de McClellan el elogio, que llegó a hacerse proverbial, de que «Hancock estuvo soberbio»; N. P. Banks; John A. McClernand; John A. Logan; George E. Pickett, que encabezó el célebre asalto final contra las líneas de la Unión en Gettysburg en 1863; Robert E. Patterson; y Benjamin F. Butler, contra cuya vida fue urdido un complot por prisioneros confederados, abandonado al saber que era francmasón.

Entre los veteranos masones de la guerra, el general James A. Garfield fue, y el mayor William McKinley lo es ahora, presidente de los Estados Unidos. Los generales Robert Anderson, célebre por Fort Sumter, y Albert Pike, erudito, orador, poeta y hombre de letras, pertenecieron también a la Fraternidad. La valiosa biblioteca de este último en Little Rock, Arkansas, estaba a punto de ser destruida por las tropas federales durante la guerra, pero el general Thomas H. Benton, Gran Maestro de Iowa, al mando de las fuerzas de la Unión, intervino y, al convertir la casa en su cuartel general, preservó no solo la biblioteca, sino también la residencia.

El general Nelson A. Miles manda actualmente el ejército americano, y otro general —y masón—, Russell A. Alger, acaba de dejar vacante el cargo de secretario de Guerra.

Las Grandes Logias de Kentucky y Dakota del Norte expidieron dispensas para la formación de Logias militares durante la reciente guerra con España. Muchos oficiales destacados del ejército y la marina que tomaron parte en aquel breve conflicto son francmasones, y entre ellos el general William R. Shafter y el almirante Schley, el primero de los cuales mandó las fuerzas terrestres americanas ante Santiago de Cuba, y el segundo, la escuadra que prestó un servicio tan brillante frente a la costa.

Esta obra
se terminó de componer
en las colecciones de la editorial
M A S O N I C A ®
el día 24 de abril del año 2026 (e. v.)
Su edición ve la luz en lengua española
ciento veintisiete años después
de su publicación original en Londres (1899),
y rinde tributo a la memoria de su autor,
ROBERT FREKE GOULD,
soldado, historiador y Maestro,
al cumplirse el CXI aniversario
de su paso al Oriente Eterno
en abril de 1915.
Que el eco de aquellos hermanos
que alzaron templos en el campo de batalla
nos recuerde que la fraternidad
es la única victoria
que sobrevive a la espada.

www.ingramcontent.com/pod-product-compliance
Lightning Source LLC
LaVergne TN
LVHW050759061126
851857LV00012B/610